중국의
13억 경제학

– 상하이특파원의 중국경제 현장리포트

한우덕 지음

한국경제신문

책을 내며

$E=mc^2$. 혹자는 아인슈타인의 상대성이론을 들어 중국과 한국의 성장 에너지를 찾는다. 중국의 힘이 질량(m), 즉 규모에서 나오는 데 비해 한국은 변화의 속도(C)에 동력이 있다는 설명이다. 중국의 규모와 한국의 역동성을 견주어 한 말이다. 그러나 이는 틀렸다. 중국은 규모와 속도를 모두 갖추고 있는 나라이기 때문이다.

13억 인구가 만들어낸 중국 경제 규모는 세계 4, 5위를 다투고 있다. 중국 제품은 세계 편의점을 장악했는가 하면, 그들은 한 해 수백 대의 보잉기를 사들이기도 한다. 세계 모든 기업은 이제 중국의 눈치를 살펴야 할 처지다.

중국의 속도는 더 무섭다. 그들은 후발주자의 이점을 활용, 전통산업뿐 아니라 자동차, 반도체, 정보통신 등 첨단산업 분야도 선진국을 빠르게 따라잡고 있다. 공산당이 이끄는 중국 문제점을 찾아내고, 이를 개혁하는 데 주저함이 없다. 그 속도와 크기가 시너지 효과를 내면서 중국은 초특급 에너지를 방출하고 있는 것이다.

세계는 지금 그런 중국을 우려의 눈으로 바라보고 있다. 급성장한 중국이 세계 정치·경제 구도에 어떤 파괴력을 몰고 올지 주시하고 있는 것이다. $E=mc^2$공식이 원자폭탄 제조로 이어졌듯 말이다.

'가진 것이라고는 역동성밖에 없다'는 우리나라로 눈을 돌려보자. 우리는 정말 중국보다 더 뛰어난 변화의 스피드를 갖추고 있을까? 혹 우리는 13억 중국보다 더 분열되어 있고, 서로 싸우고, 안주하고 있는 것은 아닐까? 중국의 속도에 뒤지면 우리 후손들에게 어떤 일이 벌어질까? 필자가 이 책을 집필하면서 끊임없이 시달렸던 문제다.

책을 낼 때마다 항상 느끼는 감정이지만, 두려움이 앞선다. 짧은 소견이 독자들의 중국 연구에 또 다른 왜곡정보를 주는 것은 아닌지, 내로라하는 강호의 중국통들에게 어떤 질책을 받을지…. 그럼에도 다시 용기를 내본다. 나의 작은 노력이 기업인이나 정책 당국자, 그리고 학생들에게 중국 연구의 작은 기여를 할 수 있지 않을까하는 기대감에서다.

중국 특파원 생활 7년간 베이징(北京)과 상하이(上海)에서 활동하며 진실된 중국을 연구하기 위해 나름대로 애썼다. 기회가 되면 여행을 떠났고, 가급적 많은 사람들을 만나 토론했고, 또 닥치는 대로 책을 읽었다. 그럼에도 항상 부족함을 느낀다. 오늘의 중국이 어제와 다르고, 내일은 또 어떻게 다가올지 가늠키 어렵다. 중국은 언제나 중국을 연구하겠다고 달려는 필자의 당돌함을 비웃기라도 하듯 그렇게 빠르게 변하고 있다.

이 책은 〈한국경제신문〉 베이징 및 상하이 특파원으로 활동하면서 꼭 해보고 싶었던 일이다. 중국 경제의 문제점이 무엇인지를 구체적으로 파헤쳐 보고, 중국은 어떻게 그 문제를 극복하고 있는지를 객관적 시각으로 평가했다. 아울러 중국은 어떤 길을 가려고 하는지, 우리는 그들과 어떻게 보조를 맞춰야 할지 등을 나름대로 정리했다.

가급적 쉽게, 사례를 풍부하게 넣어가면서 만들고자 했다. 독자들에게 중국을 바라보는 시각을 제공하기 위해 간간히 이론을 섞기도 했다. 가급적 최근 통계를 사용해 오늘의 중국을 읽고자 했다. 중국 경제를 분석하고자 쓴 글이기에 지루한 면이 있으리라⋯ 독자의 인내심을 바란다.

이 책에 큰 욕심을 내는 것은 아니다. 기업인, 행정공무원, 학생, 주부에 이르기까지 중국에 관심 있는 사람이라면 누구든 부담 없이 읽어줬으면 하는 바람이다. 독자의 중국 이해에 조금이라도 도움이 된다면 이 책은 성공한 것이리라. 많은 독자들의 반론과 충고, 그리고 애정을 기다려본다.

7년이라는 긴 시간을 중국에 머물며 중국 연구를 할 수 있도록 해준 〈한국경제신문〉의 배려가 이 책을 만들게 했다. 특파원 생활 처음부터 지금까지 물심양면으로 지원과 성원을 아끼지 않았던 김동진 포스코차이나 사장, 중국에 한국굴삭기의 위용을 퍼뜨린 큰 비즈니스맨 채규전 사장, 옆에 있어 힘이 되는 고려아연 김경호 상하이대표에게 고맙다는 말을 전한다. 3평 남짓 사무실에 앉아 자료를 꼼꼼히 챙겨준 티엔위(田宇)군의 노고에 감사할 따름이다.

2006년 3월

古北 明珠堂에서

한 우 덕

PART 1

여는 글
중국 경제가 걸어온 길

2006년 1월 9일. 중국 전역의 주요 과학자들이 베이징 인민대회당에 모였다. 전국과학기술대회에 참석하기 위해서다. 후진타오(胡錦濤) 주석이 연단에 모습을 드러냈다.

"중국은 2020년까지 기술자립형 국가로 성장할 것입니다. 앞으로 15년 동안 국가의 자주적 기술창조(自主創新) 능력을 배양, 국가 산업을 기술자립형 구조로 바꿀 것입니다."

후 주석의 연설은 곧 '15년 내 과학입국을 실현하겠다'는 뜻이다. 국가 과학발전을 위한 거대한 비전을 던진 것이다. 그는 구체적인 방안도 제시했다. 투입에 의존한 성장구조를 기술주도형으로 바꾸고, 기술경쟁력 제고를 위한 인재양성 시스템 구축에 나서겠다고 강조했다. 과학기술 시스템을 바꾸기 위한 정부 차원의 제도개혁도 제시됐다.

공산당 지도층은 지금 중국의 문제가 어디에 있는지를 정확히 알고 있다. 중국이 8억 벌 셔츠를 수출해야 보잉747기 한 대를 겨우 살 수 있다는 게 중국기술의 현실이라는 것을 말이다. 그들의 현실 인식은 거기서 그치지 않는다. 현실을 타개할 수 있는 방안을 마련하고, 해결책을 위한 비전을 제시하고, 추진해 오고 있다. '15년 내 과학입국 실현'이라는 비전은 그렇게 나온 것이다.

중국공산당 최고 지도자들은 그렇게 끊임없이 비전을 제시한다. 개혁개방의 설계사 덩샤오핑(鄧小平)이 그랬고, 중국 경제를 국제무대로 이끈 장쩌민(江澤民) 주석도 그랬다. 그들은 국가가 나가야 할 방향을 구체적이고도 뚜렷하게 제시했고, 그 비전을 실현시킬 수 있는 강력한 리더십을 발휘하고 있다.

"100년 동안 경제만 생각하라"

　　　　　　지난 2003년 2월 21일, 후진타오 중국 국가주석이 성(省)·부(部)급 주요 간부들을 베이징으로 불러모았다. 일장연설이 이어졌다. 제목은 '과학발전관을 수립하고 실천하자(樹立和落實科學發展觀).' 그 후 '과학발전관(科學發展觀)'이라는 말은 거의 매일 빠지지 않고 중국언론에 등장하고 있다. 특히 〈인민일보(人民日報)〉는 과학발전관을 '덩샤오핑(鄧小平) 이론과 장쩌민(江澤民) 주석의 3개대표(三個代表)론을 잇는 주요 전략사상'으로 규정했다. 과학발전관은 2006년부터 5년 동안 경제운용의 청사진이라 할 수 있는 '11차 5개년 계획'의 기본 철학이기도 하다.

　　과학발전관의 내용이 도대체 무엇이기에 덩샤오핑 이론, 3개대표론과 어깨를 나란히 하는 '중대 전략사상' 반열에 오른 것일까. 지금 과학발전을 주장한다면, 이전의 발전은 비과학적이었다는 말인가.

과학발전관을 정확히 알기 위해서는 중국 경제가 걸어온 길을 짚어 봐야 한다. 이 노선은 하루아침에 만들어진 것이 아니라 공산당정권 수립 이후 흘러온 중국 경제의 흐름 속에서 태어난 것이기 때문이다. 공산당 제1세대 정치체제인 마오쩌둥 시기, 제2세대 덩샤오핑 시기, 제3세대 장쩌민 시기, 그리고 제4세대 후진타오 시기로 이어지는 중국의 정치체제가 어떤 경제노선을 걸어왔는지 살펴보도록 하겠다.

마오쩌둥 시기
초영간미(超英赶美, 영국을 추월하고 미국을 따라잡아라!)

1949년 10월 1일. 마오쩌둥을 비롯한 중국공산당 지도부가 베이징 톈안먼(天安門) 누각에 올랐다. 이 자리에서 마오쩌둥은 열광하는 수십 만명의 군중에게 중화인민공화국 중앙정부 수립을 선언했다. 30여 년에 걸쳐 진행된 공산혁명 투쟁이 결실을 맺은 것이다. 이와 함께 혁명투쟁의 선봉에 서 있던 중국공산당은 11억 인구의 국가를 경영해야 하는 정치 주체로 등장했다.

그러나 현실은 결코 낙관적이지 못했다. 정권의 수립과 함께 공산당이 떠안은 첫 번째 사안은 역시 경제였다. 당시 중국의 경제는 중일전쟁, 국공내전 등을 치르는 동안 파탄에 직면해 있었다. 특히 인플레가 심했다. 상하이의 경우 불과 반 년 남짓 사이에 물가가 무려 20배나 뛰기도 했다.

공산정권 수립 이전의 중국 공업은 마오가 공격 대상으로 삼은 관료 부르주아 계급[장제스(蔣介石), 쑹쯔원(宋子文), 쿵샹시(孔祥熙), 천궈푸(陳果夫)

중국공산당 정권 수립. 마오쩌둥
이 1949년 10월 1일 톈안먼 광
장에 모인 군중 앞에서 '중화인
민공화국 중앙정부 수립'을 선포
하고 있다.

등 4대 가족 집단)이 독점하고 있었으며 그나마 붕괴 직전이었다. 공산정
권 수립과 함께 이들이 빠져나가면서 공업 기반은 붕괴 상태로 치달았
고 거리에는 실업자로 넘쳐났다.

마오는 경제체제 개편에 착수했다. 유능한 경제관료 천원(陳雲)을 상
하이로 파견, 인플레를 잡도록 조치했다. 관료자본을 몰수해 사회주의
적 국영기업으로 전환하고, 경자유전(耕者有田) 원칙에 따라 토지개혁을
실시했다. 상업 부문도 국가계획의 궤도로 끌어들였다. 이들 프로그램
은 대부분 성공적으로 추진돼 1952년 말 중국 경제는 공산정권 수립 이
전의 최고 수준을 회복했다. 중국은 이 시기를 '경제부흥기(1949~52년)'
라고 말한다.

마오는 1953년 본격적인 경제계획(제1차 5개년 계획) 사업을 시작힌다.
당시 중국은 미국의 대륙 봉쇄정책, 한국전쟁 등으로 코너에 몰려 기댈
곳이라고는 소련밖에 없었다. 당연히 소련식 중공업우선 정책을 채택
하기에 이른다. 국가의 모든 자원이 중공업 분야에 투자되었다. 이 기간
동안 국가 전체 투자 중 72.9%가 전력, 석탄, 석유, 철강, 자동차, 항공

기 등 중공업 분야에 몰렸다.

문제는 돈이다. 중공업은 투자 규모가 크고, 투자자금 회수가 더딘 분야다. 중국에 축적된 자본이 있을 리 없었고 결국 중국은 많은 자금을 중공업 분야에 쏟아 부어야 했다. 이 과정에서 국가가 자금을 동원하는 주체로 등장했다. 1956년 말 중국에서 사영기업은 사실상 완전히 소멸됐고 시장은 사라졌다. 생필품에서 금리와 환율에 이르기까지 모든 가격은 오직 국가가 결정하는 시스템으로 정착되어 갔다.

1958년 마오의 경제정책은 더욱 급진적으로 발전하는 양상을 보였는데, 이런 배경에는 소련이 있었다. 1953년 스탈린이 사망하자 후루시초프가 그 뒤를 이으면서 중국과 소련 간에 균열이 생긴다. 1956년 2월 후루시초프의 스탈린 비판에서 시작된 두 나라 사이의 균열은 이듬해 마오쩌둥의 모스크바 방문 기간에 첨예한 노선투쟁으로 이어졌다. 그리고 마침내 마오는 소련을 버리기로 했다. 그는 자력갱생(自力更生)의 기치를 들고 다시 한번 경제 총건설에 나섰다. 그래서 나온 것이 1958년 시작된 대약진(大躍進) 운동이다.

마오는 당시 "15년 안에 영국을 추월한다"고 선언했고 이 선언은 이듬해 더욱 공격적으로 바뀌어 영국을 추월하고 미국을 따라잡는다는 의미의 '초영간미(超英赶美)'로 이어졌다. 좀더 구체적으로 말하면 '5년 안에 영국을 추월하고, 15년 안에 미국을 따라잡자'는 것이었다.

그 결과 중국 전역에서 대약진 운동의 불길이 타올랐고, 농업 생산량을 늘리기 위한 식량증산 운동이 벌어졌다. 전체 농민은 인민공사의 직원으로 재편됐다. 철강생산량에서 영국을 따라잡기 위해 전국 각지에 용광로가 설립됐다. 용광로 땔감을 마련하고자 나무가 베어지면서 산은 벌거숭이로 변해갔다.

급진주의적 대약진 운동은 경제를 더욱 심하게 왜곡시켰다. 게다가 1958년부터 3년 동안 흉년이 계속 이어졌고, 그 결과 한 해 수천만 명이 굶주림으로 죽어나갔다. 대약진 운동은 결국 중국 경제를 파탄으로 몰아갔다. 사정이 이렇게 되자 마오는 자리에서 물러날 수밖에 없었고 류샤오치(劉少奇), 덩샤오핑 등 실용주의 지도자들에게 경제재건의 임무가 맡겨졌다.

그러나 황제 마오쩌둥은 자신의 손에서 권력이 빠져나가는 것을 용인할 수 없었다. 이에 그는 복권을 꾸몄고, 그 과정에서 문화대혁명이 잉태됐다. 1966년부터 마오쩌둥이 사망한 1976년까지 중국 경제는 문화대혁명의 광풍에 휩싸이면서 긴 암흑으로 빠져들었다.

덩샤오핑 시기
선부기래(先富起來, 먼저 부자가 되어도 좋다!)

1976년 마오쩌둥 얼굴에서 산소호흡기가 벗겨졌다. 중국 공산혁명의 최고 지도자로 군림해 오던 그가 마침내 사망한 것이다.

마오의 죽음과 함께 권부에서는 권력투쟁이 벌어졌다. 한 측은 예지엔잉(葉劍英) 원수를 거두로 한 세력이요, 또 다른 측은 장칭(江靑) 등 4인방 세력이었다. 이들의 싸움은 4인방의 체포로 막을 내렸다. 예지엔잉은 4인방 체포와 함께 당시 광저우(廣州)에 피신해 있던 덩샤오핑을 불러들였다. 덩샤오핑 시대가 열리기 시작한 것이다.

덩샤오핑이 개혁개방을 외쳤던 1978년, 중국은 문화대혁명의 흔적이 가시지 않은 피폐 그 자체였다. 오뚝이 덩샤오핑은 문화대혁명으로 거덜난 나라를 일으키는 작업에 착수했다. 개혁개방의 설계사 덩샤오핑의 현실인식은 분명했다.

"공산주의는 자본주의가 고도로 발전한 단계에서 자본주의의 내부 모순에 따라 계급투쟁이 발생, 자본가 계층이 타도되면서 수립한다. 그런데 중국은 자본주의 과정을 거치지 않고 사회주의로 진입했다. 자본주의 과정이 도대체 무엇인가. 바로 생산력 발전 및 상품경제의 성숙 단계다. 중국이 자본주의 과정을 뛰어넘었다고 해서 그 단계가 필요하지 않다는 것은 아니다. 우리는 앞으로 최소 100년 동안 이 단계를 스스로 경험해야 한다. 이는 곧 향후 100년 동안 중국이 생산력 발전 및 성숙, 상품유통, 경제부흥 등의 과정을 거쳐야 한다는 얘기다. 그게 바로 사회주의 초급 단계다."

최소한 100년 동안 생산력 발전을 위해 매진하라는 얘기였다. 덩샤오핑은 "발전은 굳은 진리다. 100년 동안 흔들리지 마라"고 일갈했다. 이는 '100년 동안 생산력 발전, 즉 경제발전에만 매달려라'는 선언이다.

덩샤오핑은 방향만을 제시하는 데 그치지 않고 구체적인 수치까지 제시하며 경제발전을 독려했다. 그는 1987년 '3단계 발전(三步走)'론을 제시했다. 제1단계 성장목표로 1990년까지 1인당 국내총생산(GDP)을 1980년대의 두 배인 500달러로 끌어올리고, 2단계로 2000년까지 다시 1,000달러, 그리고 또다시 30~50년 정도의 시간 안에 소득을 4,000달러로 끌어올리자는 내용이었다. 이 3단계 발전론은 지금도 유효하며, 성공적으로 진행되고 있다.

그런데 1989년 6월 베이징에서 톈안먼사태가 터졌다. 학생들의 민주화 열기와 고인플레, 실업 등 경제적인 요인이 뒤엉켜 일어난 사건이었

광둥성 선전에 붙은 대형 포스터. '100년 동안 흔들리지 말고 경제발전에만 힘쓰라'는 덩샤오핑의 말이 선명하다.

다. 그 후 중국은 대외 개방의 문을 살며시 걸어 잠근다. 그렇게 2년 반 정도 흐른 1992년 초. 톈안먼사태 후 칩거에 들어가 있던 덩샤오핑이 돌연 광둥(廣東)성 선전(深圳)에 나타나 주요 개방도시를 돌며 연설했는 데, 이것이 바로 '남순강화(南巡講話, 중국 남부 지방을 돌며 한 연설)'다. 남 순강화의 요체는 '다시 개혁개방의 깃발을 올리자'는 내용이다. 그 중 다음과 같은 말이 나온다.

> "일(工作)의 옳고 그름을 따지는 표준이 있다. 생산력 발전에 유리한가(有利
> 于生産力發展), 종합국력을 키우는 데 유리한가(有利于綜合國力增强), 인민의
> 생활 수준을 끌어올리는 데 유리한가(有利于人民生活水平提高) 등이다. 이
> 세 가지 조건을 충족시킬 수 있다면 그것은 옳은 것이다."

이른바 '삼개유리(三個有利)'론이다. 이를 요약하면 '물불 가리지 말 고 경제발전 이룩하자!'는 구호와 다름없다. 이것이야말로 앞으로 100 년 이상 계속되어야 할 '사회주의 초급 단계'에서 중국이 할 일이라는

것이다.

덩샤오핑의 사회주의 초급 단계론은 1994년 '사회주의 시장경제체제'를 낳았다. 덩샤오핑은 "시장경제는 자본주의 국가의 전유물이 아니다"라고 말한다. 즉 사회주의에도 시장경제가 있을 수 있다는 얘기다. 시장경제가 생산력 발전에 유리하기 때문이다.

그렇다고 덩샤오핑이 개혁을 서두른 것은 아니다. 그의 개혁개방정책은 점진적으로 추진되었다. 그의 개혁 작업은 억눌려 있는 생산력을 '해방'시키는 일에서부터 시작되었다. 농민들로 하여금 생산품의 일부를 스스로 처분할 수 있게 허용했다. 그러자 그들은 더욱 열심히 일했다. 기업 역시 이익의 일부를 스스로 처분할 수 있도록 조치했다. 그러자 기업경영에 활기가 생겼다.

문화대혁명 시기 지방으로 쫓겨갔다 도시로 돌아온 젊은이들에게는 소규모 사업체를 만들 수 있도록 허용했다. 중국 사영기업의 효시 꺼티후(個體戶, 중국 도시 지역에서 상공업에 종사하는 종업원 7명 미만의 자영업체)는 그렇게 탄생했다. 덩샤오핑의 정책은 소련이나 동유럽이 국영기업을 민영기업으로 일시에 전환하는 등 급진주의적 개혁정책을 추진하다가 기득권의 강력한 반발에 부딪혀 좌초된 점과 많은 차이가 있다.

시간이 지나면서 농민과 기업에 더 많은 자율권이 주어졌고, 상품을 거래하는 시장이 형성됐고, 정부의 가격통제는 점점 줄어갔다. 사회주의 국가에서 절대로 용인될 수 없는 불평등·불균형 발전도 허용됐다. 덩샤오핑은 '먼저 부자가 되어도 좋다(先富起來)!'고 선언했던 것이다. 아랫목이 따뜻해지면 윗목도 자연스레 따뜻해질 것이라는 그의 주장이었다.

"잘 살아보세"라는 구호 아래 중국 전역에 공장이 세워졌고, 시골 농부들은 호미자루를 버리고 도시로 몰려들었다. 각 지방정부는 들판을 갈아엎고 그 자리에 '개발구'를 만들어 기업을 끌어들였다. 또한 중국은 대외적으로 개방의 문을 활짝 열었고, 중국의 풍부한 저임노동력을 노린 해외기업들이 중국으로 몰려들기 시작했다. 관리들은 지위고하를 막론하고 외국자본을 끌어들이기 위해 뛰었다. 외국 투자기업들은 생산한 제품을 해외로 수출했고, 달러가 중국으로 몰려들었다.

달러가 들어오고 소득 수준이 높아지면서 소비 시장이 형성됐다. 외국 업체들은 이제 중국 내수 시장을 노리고 중국으로 뛰어들고 있다. '저임노동력→제조업 분야 해외투자→수출증대→소비 시장 형성→내수진출형 해외투자 유치→산업 고도화'라는 선순환을 보이고 있는 것이다. 이렇게 시작된 중국 산업은 가전, 컴퓨터, 통신, 화공, 섬유 등 여러 분야에서 고도화되기에 이르렀다.

장쩌민 시기
3개대표(三個代表, 자본가도 우리 편이다!)

1989년 6월 초, 중국 정치 1번지인 톈안먼 광장에 수만 명의 젊은이가 모여 있었다. 그들이 모인 톈안먼 광장은 40여 년 전 중화인민공화국 수립을 축하하기 위해 수십만 명의 시민이 모인 바로 그곳이다. 그러나 분위기는 그때와는 판이하게 달랐다. 40년 전 톈안먼 광장에 모인 시민들은 공산당 지지자였지만, 1989년 이 자리에 군집한 학생들은 민주화를 요구하며 공산당과 대립하고 있었다.

덩은 학생들의 시위를 무력으로 진압했고, 학생들에게 유화적이었던 당시 총서기 자오쯔양(趙紫陽)이 물러났다. 중국의 권력이 누구에게 돌아갈지 서방 언론은 중국 중앙지도자들의 면면을 소개하며 추측기사를 쏟아냈다. 며칠 후 세계는 검고 굵은 안경을 쓴 상하이 출신의 다소 생소한 정치인을 주목하게 된다. 다름 아닌 장쩌민 상하이 당서기인데, 학생 시위로 얼룩진 불안한 정국 속에서도 상하이를 안정적으로 관리한 그에게 최고의 권력이 돌아간 것이다.

장쩌민의 경제노선은 기본적으로 덩샤오핑의 노선을 답습했다. 장주석은 덩샤오핑이 제시한 개혁개방, 경제개발, 성장 제일주의 노선을 그대로 따랐다. 그렇다고 3세대 정치 지도자 장쩌민 주석 시기의 경제노선에 특색이 없었던 것은 아니다. 이 시기 중국 경제는 더 넓고, 더 깊게 발전했다. 이를 보여주는 것이 장쩌민의 대표적인 정치경제 노선인 '3개대표론'이다.

2000년 2월 광둥을 순시하던 장 주석은 생소한 말을 꺼냈는데, "중국공산당은 세 가지 요소를 대표한다"는 게 발언의 요지였다. 그가 언급한 공산당 3개대표론의 요지는 '선진생산력, 선진문화, 광범위한 인민의 이익'이다. 선진생산력은 경제력과 기술력을 의미한다. 공산당이 경제발전을 추구하는 데 앞장서겠다는 뜻이다. 아울러 선진문화를 대표한다는 것은 당이 건전한 사회문화를 조성하는 데 앞장서겠다는 선언이었다. 이 두 가지 사안은 그다지 새로울 게 없다. 기존에도 공산당은 경제발전, 건강한 사회건설에 앞장서 왔으니 말이다.

3개대표론의 핵심은 '공산당이 광범위한 인민의 이익을 대표한다'는 데 있다. 공산당은 무산계급(노동자, 농민 등)의 이익을 대표하는 정당이다. 따라서 '광범위한 인민의 이익을 대표한다'는 말은 곧 공산당이 이들 무산계층뿐 아니라, 기업가와 유산계급도 포용하겠다는 뜻이다.

젊은이들이 상하이 도로에 설치된 '3 개대표' 표지판 앞을 지나고 있다.

다시 말해 '돈 있는 사람들도 이제 우리 편'이라는 선언이다.

중국은 헌법에 '사유재산은 침해받을 수 없다'라는 말을 삽입함으로써 개인의 재산보호를 헌법으로 명문화했다. 아울러 '사영기업도 중국 경제를 구성하는 주요 요소'로 자리매김했다. 중국을 더 이상 공산주의 국가로 봐야 할지 의문을 제기하게 만드는 대목이다.

이 같은 분위기에 힘입어 장쩌민 시기에는 사영기업이 폭발적으로 늘어났다. 1992년 14만 개에 불과했던 사영기업 숫자가 2003년 말 약 300만 개로 크게 늘었다. 또 외자기업도 8만 5,000개에서 21만 7,000 개로 크게 늘어났다. 중국 경제구조의 외연이 크게 넓어진 것이다.

장쩌민 시기의 가장 큰 경제적 업적은 세계무역기구(WTO) 가입이다. 중국은 2001년 11월 WTO에 가입함으로써 세계 경제의 중심무대로 성큼 다가섰다. 그와 더불어 중국 경제에 대한 예측 가능성과 투명성이 한결 높아지면서 세계 주요 기업들이 중국으로 몰려들었고, 많은 다국적 기업들이 중국을 글로벌 전략의 핵심지로 활용했다. 나아가 국내 시장에서 몸집을 키운 중국 기업들은 자국 내에 머물지 않고 해외로 진출하기 시작했다.

후진타오 시기
과학발전관(科學發展觀, 발전도 이젠 과학의 눈으로 보라!)

1992년 덩샤오핑은 젊은 인재, 즉 10년 후 중국을 이끌 4세대 정치 지도자를 찾고 있었다. 어느 날 그는 자신의 사위 장홍(張宏)과 하마평에 오른 사람들에 대해 얘기했다. 이 과정에서 후진타오라는 인물이 거론되었다. 장홍은 후진타오를 두고 "아주 총명하고 사람됨이 바르다"며 극구 칭찬했다.

같은 해 말 열린 당 대회에서 후진타오는 중국공산당 최고 권력부인 정치국 상무위에 진입했다. 당시 후진타오는 49살이었다. 그는 덩사오핑이 뜻했던 대로 10년 후 당 총서기에 올랐다. 혹자는 장홍의 칭찬이 오늘날의 후진타오를 만드는 데 결정적인 역할을 했다고 말한다. 후진타오를 칭찬한 장홍은 후진타오와 고등학교 동창 사이였다.

후진타오는 준비된 지도자였다. 그는 장쩌민의 각별한 관심 속에서 10년 동안 지도자 수업을 받았다. 그는 중국이 직면한 문제를 정확하게 파악하고 있었으며, 그래서 나온 경제철학이 바로 '과학발전관'이다.

중국 경제는 지난 28년 동안 진행된 개혁개방 기간 중 9% 안팎의 높은 성장률을 보이며 빠르게 성장했다. 그야말로 휘황찬란한 발전이었다. 어느덧 중국은 '세계 공장'으로 부상했다. 그러나 경제에서 '공짜 점심'이란 없는 법이다. 세계를 놀라게 한 외형적 성장의 이면에는 또 다른 문제점이 도사리고 있었다.

우선 중국 경제는 자원부족이라는 복병을 만났다. 중국은 에너지, 수자원, 삼림, 농지 등 모든 분야의 자원이 빈약한 나라다. 중국 1인당 석탄매장량은 세계 평균 수준의 47%에 불과하고, 농지 보유량은 전세계

평균의 15%에도 못 미친다. 전국 상위
600개 도시 중 400개 도시가 물 부족 현
상을 겪고 있으며, 이 중 110개 도시는 이
미 심각한 용수난에 시달리고 있다. 최근
전력난까지 겹치면서 자원(에너지) 부족
현상이 결국 중국 경제에 타격을 주고 있
다. 이는 고에너지 소비형 산업구조가 낳
은 결과다.

'과학발전관' 노선을 홍보하기 위해 마련된 전시관 관
람을 위해 학생들이 기다리고 있다.

저임노동력의 나라 중국이 생산단지로
부각되면서 세계의 많은 저부가가치 산
업이 중국으로 몰려들었다. 투입량이 많
더라도 산출이 적은 산업이 대부분이었
다. 세계 경제에서 중국이 차지하는 비중
(GDP 기준)은 4% 남짓이지만 원유 소비량
은 8%, 철강 소비량 27%, 시멘트 소비량
50%, 석탄 소비량 31% 등에 이른다. 현
재의 자원소비 규모로 볼 때 중국의 성장은 중국뿐 아니라 세계 경제에
커다란 부담을 줄 수밖에 없다.

더군다나 환경오염을 유발하는 공장들도 중국으로 몰려들었다. 외국
자본을 끌어들이는 데 혈안이 되어 있던 중국으로서는 산업의 질을 따
질 형편이 아니었다. 그 결과 하천 단위 면적당 오염도는 세계 평균보다
10배나 높으며, 청두(成都)에서 상하이까지 창장(長江) 주변 오염배출 업
체 중 정화시설을 갖춘 곳은 찾아보기 힘들다. 창장 하류의 물은 이미
음용수로 사용하기에 부적합하다는 판정을 받은 상태다.

고속 성장의 부작용은 에너지·환경 분야에만 그치지 않았다. 중국인들은 '먼저 부자가 되어도 좋다!'라는 말에 돈만 보고 내달렸다. 오직돈이 최고의 가치였고, 그 와중에 '사람'은 뒷전으로 밀려났다. 개혁개방 초기인 1984년만 하더라도 도농(都農) 간 소득격차는 1. 17 대 1에 불과했지만 시간이 지나면서 도시와 농촌의 소득격차는 더욱 벌어져 지금은 3. 3 대 1로 확대됐다.

그러나 이는 수치상의 비교일 뿐, 도시 지역에 제공되는 각종 복지등을 감안하면 도농 간 소득격차는 6배 이상 벌어질 것이라는 게 중국전문가들의 시각이다. 농촌 지역이 경제발전에서 심각하게 소외된 것이다. '아랫목이 따뜻해지면 윗목도 따뜻해질 것'이라던 덩샤오핑의 생각과는 정반대 현상이 나타나고 있는 것이다.

빈부격차는 사회불안을 낳게 마련이다. 현재 중국에서는 부정부패, 한탕주의, 정도를 벗어난 기업경영 등의 사회문제가 점점 팽배해지고있다. 사정이 이렇다 보니 경제가 꼬일 수밖에 없다.

중국 경제가 과열로 치닫고, 경제 전반에 거품이 끼는 현상 역시 너무나 당연한 일이다. 투입 대비 산출이 적은 상태에서 경제를 끌어올리기 위해 더 많이 투입해야만 했고, 여기에 지방정부의 실적주의가 겹치면서 경제는 점점 달아올랐다. 개혁개방 시기에 중국이 겪은 3차례의투자과열 시기(1985~87년, 1992~94년, 2003~04년)가 대체로 이런 과정 중에서 나타났다. 자원이 고갈되고, 각종 사회문제가 첨예화되고 있는 상황에서는 경제발전이 지속되기 어렵고 덩샤오핑이 제시한 3단계 발전론은 성공할 수 없다. 설령 그 목표를 이룬다 한들 무슨 소용이 있을 것인가.

후진타오의 '과학발전관'이 나온 배경에는 이 같은 반성이 숨어 있다. 후진타오의 과학발전관은 균형성장, 지속가능한 발전, 인간을 중심에 둔 발전을 도모한다는 등의 내용을 담고 있다. 합리적·과학적 분석을 통해 지속 가능한 성장을 이루고, 사회 구성원 전체가 소외되지 않고 균형 있게 발전할 수 있는 경제, 그것이 바로 '과학발전관'의 핵심내용이다.

현재 중국 정부가 추진 중인 경제긴축의 바탕에도 과학발전관 철학이 깔려 있다. 무리한 성장정책이 낳은 과열을 과학적인 시각으로 보고, 바로잡자는 것이다. 후진타오 주석이 내건 '허시에(和諧) 사회'도 과학발전관에 뿌리를 두고 있다. 빈부격차, 도농격차, 부정부패 등으로 분열되어 있는 중국 사회의 이중구조를 혁파하자는 것이다.

그렇다고 '과학발전관'이 성장가도에 들어선 중국 경제에 브레이크를 걸자는 뜻은 아니다. 경제의 불협화음을 없애는 길은 '발전밖에 없다'고 강조하는 것으로 이해해야 한다. 즉 발전을 통해 불균형을 바로잡아야 한다는 시각인 것이다. 이를 이루기 위해 시장개혁 조치를 가속화하고, 개방의 폭을 넓혀야 한다는 얘기다.

중국은 2006년부터 11차 5개년 계획을 시작한다. 후진타오 체제는 이미 무리한 성장보다는 지속 가능한 범위 내에서의 발전, 도시와 농촌 그리고 빈자와 부자 간 균형발전, 조화로운 사회건설 등을 11·5 계획의 핵심 사안으로 잡았다. 그게 바로 향후 중국 경제의 방향이기도 하다.

마오쩌둥이 열었던 중국공산당의 경제는 좌우를 오가며 커다란 굴곡을 헤쳐왔다. 그 물결은 후진타오 지도체제의 과학발전관으로 이어지고 있다. 지금 세계의 시각은 과학발전관이 중국을 얼마나 균형 있게 발전시킬 것인지 예의주시하고 있다.

PART 2

위기의 중국 경제,
그 실상

아무리 잘 만들어진 기계라도 오랫동안 사용하면 낡는 법이다. 기계가 그럴진대, 사람이 하는 일이야 오죽하겠는가. 중국 경제도 마찬가지다. 개혁개방의 총 설계사 덩샤오핑이 개혁의 깃발을 치켜든 1970년대 말 이후, 중국은 연평균 9.4%의 높은 성장률을 보이며 성장가도를 달려왔다.

물론 그 과정에는 굴곡도 많았다. 예컨대 1980년대 후반 들어 고물가·고실업의 영향으로 경제가 불안하더니 급기야 1989년 6월 톈안먼사태가 발생했다. 그러나 중국은 약 2년 만에 톈안먼사태의 충격에서 벗어나 다시 부활의 날갯짓을 펴기 시작했다. 1990년대 말 아시아를 덮친 금융위기에서도, 2000년대 초 선진국들이 겪은 경기불황 속에서도 중국의 성장엔진은 무한한 에너지를 발산했다. 마침내 중국은 '세계 경제의 성장엔진'이라는 화려한 찬사를 받기에 이르렀다. 그 엔진이 지금 중국을 세계 경제의 중심무대로 이끌고 있다.

그러나 28년 동안 쉬지 않고 달려온 중국의 성장엔진에 문제가 없을 수는 없다. 그 증세는 경제, 사회 등 각 방면에서 나타나고 있다. 겉으로는 그럴듯해 보이는 중국 경제이지만 한 겹 벗겨보면 너무나 많은 문제가 숨겨져 있다. 계획경제체제에서 시장경제로 이전되는 과정에서 발생하는 체제전환기의 갈등이 표면화되고 있는 것이다.

어쩌면 이들 문제가 멀지 않은 장래에 중국 경제의 걸림돌이 될 수도 있다. 이제부터 현재 중국 경제가 당면한 문제가 무엇인지 조목조목 따져보기로 하자.

활(活) – 난(亂)의 질곡

1978년 대만의 쩡즈(政治) 대학 기업관리학과(경
영학과) 석사과정 졸업생 가운데 린쩡이(林正誼)라는 학생이 있었다. 시
골 출신의 그는 남다를 것 없는 평범한 학생이었다. 그런데 이 청년은
당돌한 생각을 한다. 다름 아닌 대륙(大陸)으로 건너가겠다는 생각을 갖
게 된 것이다. 당시 대륙은 문화대혁명의 여진이 채 가시지 않아 혼란한
시기였다. 더군다나 중국공산당과 대만의 국민당은 서로 대립각을 세
우고 있었다. 이런 시기에 린쩡이는 '적진'으로 가겠다고 마음을 먹은
것이다.

이윽고 그는 1979년 대륙으로 건너가겠다는 자신의 꿈을 실현한다.
진먼다오(金門島)에서 군복무 중이던 린쩡이는 헤엄을 쳐 대륙 푸지엔
(福建)성에 닿았다. 양 겨드랑이에 농구공을 끼고 2km 남짓 거리의 바
다를 건넜다. 조국을 배반하고 적진으로 '투항'한 군인이었기에 그는

린이푸는 대만 출신으로, 중국 경제
의 대표적 전문가다.

지금도 대만으로 돌아갈 수 없다.

그 후 린쩡이는 베이징 대학교 경제학과 석사과
정에 입학한다. 청년은 대륙으로 건너오면서 이름
을 린이푸(林毅夫)로 바꿨다. 린이푸는 베이징 대학
에서 미국 시카고 대학의 저명한 교수이자 노벨경
제학 수상자인 시어도어 슐츠(Theodore W. Schultz)
교수와 만난다. 그 인연으로 린이푸는 미국으로 유
학갈 수 있었고 1986년 시카고 대학에서 경제학 박
사학위를 땄다.

그는 미국의 여러 대학으로부터 교수직을 제의받
았으나 거절하고 다시 한번 대륙을 선택해 모교인 베이징 대학으로 돌
아왔다. 그 후 1994년 베이징 대학에 중국경제연구소를 설립한 이래 지
금까지 소장으로 일해 오고 있다. 여기까지가 중국 경제학계의 거물 린
이푸의 이력이다.

린이푸 사이클

린이푸의 이야기를 꺼낸 것은 그가 제시한 중국 경제의 분석 틀을 활용
해 현재의 중국 경제를 조망해 보기 위해서다. 그는 중국 경제가 1979
년 개혁개방에 나선 이후 뚜렷한 성장주기를 보인다고 분석했다. 4~5
년을 주기로 중국의 경기가 냉탕과 온탕을 반복했다는 것이 그의 주장
이다.

물론 시장경제 국가에서도 경제주기는 있다. 그러나 중국의 경우 그

주기가 너무나 뚜렷하고, 그와 같은 현상이 주기적으로 일어날 수밖에 없는 구조적인 문제점을 갖고 있다고 린이푸는 말한다. 그는 이런 경기 현상을 다음과 같이 표현한다.

일활취란(一活就亂) : 경기가 살아난다 싶으면 곧 어지러워지고
일란취수(一亂就收) : 어지러워지면 곧 긴축에 나서고
일수취사(一收就死) : 긴축하면 곧 경기가 급격하게 죽고
일사취방(一死就放) : 죽으면 곧 규제를 풀어 경제를 살리고
일방취활(一放就活) : 규제를 풀면 곧 활기가 돌고

위의 내용을 잘 살펴보면 경제주기가 '활(活)-란(亂)-수(收)-사(死)-방(放)-활(活) 사이클'로 돌고 있음을 알 수 있다. 그렇다면 이제 위에서 제시한 사이클을 오늘날의 중국 경제에 적용해 보자.

겉으로 본 중국 경제의 모습은 여전히 화려하다. 2005년 10%에 육박하는 성장세를 이어가고 있으며, 무역흑자는 약 1,000억 달러를 넘길 만큼 수출도 호조를 보이고 있다. 물가 상승률은 2% 이하로 매우 안정적이다. 이보다 좋을 수 없다는 말이 나올 법하다. 그러나 그 속을 자세히 들여다보면 얘기가 달라진다. 그 화려한 수치 뒤에는 중국 경제를 위협하는 요소들이 도사리고 있다. 경기과열이 '원흉'이다.

원자바오(溫家寶) 총리가 "이제 긴축이다"라고 선언한 것은 2004년 4월 말이었다. 그의 말 한 마디로 중국의 경제정책이 긴축의 길로 접어들었다. 원 총리의 말은 '어지러워지면 곧 수습한다'는 '일란취수' 주기에 진입했음을 뜻했다. 무엇이 어지러웠다는 말인가. 다름 아닌 무분별한 투자였다. 1997년부터 디플레에 시달린 중국 경제는 2001년에 들어

중국의 주요 경제 지표

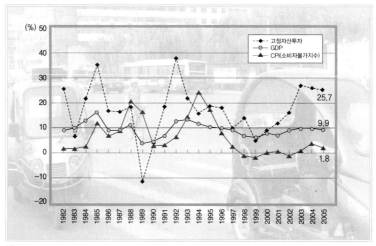

자료 : 중국통계연감 각호 구성

서면서 새로운 성장주기를 맞게 된다. 그리고 2002년 이후 9%를 넘나드는 성장세를 이어갔다. 세계 경제가 불경기에 시달릴 때에도 중국 경제는 '독야청청'했다.

그러나 중국의 경제성장은 투자에 의존한 성장이었다. 중국 GDP에서 차지하는 소비 대 투자 비율은 55% 대 40%다. 이는 세계 평균치인 70% 대 23%와 큰 차이를 보이는데, 소비보다는 투자가 경제성장을 견인한다는 의미다. 투자가 많으면 경제성장률이 높아지고 낮으면 떨어지는 꼴이며, 상대적으로 소비는 죽어 있다.

원자바오 총리가 긴축선언을 하기 수일 전, 중국통계청은 경이적인 수치를 발표했다. 2004년 1~2월 고정자산 투자증가율이 무려 53%에 달했다는 통계였다. 경제전문가들은 물론 중국 정부관리들도 크게 놀랐다. 과잉투자가 너무 심했기 때문이다. 기업이 투자에 나서는 것은 권장할 만한 일이다. 그런데 경제가 흡수할 수 있는 범위를 벗어난 투자는 위험하다.

중국 경제가 세계 경제에서 차지하는 비중(GDP 기준)은 약 4%에 머물러 있다. 그러나 중국은 세계 석유 소비의 약 8%를 차지하고 있으며, 석탄 31%, 철강 27%, 시멘트 50%를 먹어 치우고 있다. 2004년 초에는 중국이 철광석을 싹쓸이하면서 국제 원자재가격이 폭등하기도 했다. 제아무리 규모가 큰 중국 경제라도 이를 감당할 수 없는 노릇이다. 중국은 과잉투자로 인한 심한 열감기 증세로 신음하고 있었다.

원자바오는 혼란을 수습해야 하는 국면으로 경제가 접어들고 있음을 감지했고, 급기야 2004년 5월 경제에 급브레이크를 걸었다. 그게 바로 '일란취수(어지러워지면 곧 긴축에 나서고)'다.

마지막 케인스 제자의 선택

1992년에도 그랬다. 당시 덩샤오핑은 톈안먼사태가 진정된 후 굳게 걸어두었던 개혁개방의 빗장을 풀며 "다시 개혁개방이다"라고 선언했다. 덩은 그 해 1월 우한(武漢) - 주하이(珠海) - 선전 - 상하이 등을 돌며 "검은 고양이든 흰 고양이든 쥐만 잘 잡으면 좋은 고양이"라며 개혁을 외쳤다. 소위 말하는 '남순강화(南巡講話)'다. 그 한 마디로 중국은 투자붐에 휩싸이게 된다. 그 해 고정자산 투자증가율이 50%였다.

중국 전역에 공장이 들어섰고, 이들 공장은 1990년대 중반으로 넘어가면서 엄청난 제품을 시장에 쏟아내었다. 그러나 시장은 이를 소화하지 못했다. 생산 규모가 수요 용량을 크게 웃돌아 공급과잉 현상이 나타난 것이다. 그게 과잉투자의 후유증이다. 제품은 쏟아지는데, 내수는 오히려 위축되고 있었다. 소비자들이 돈을 쓰지 않았기 때문이다.

중국 소비자들은 돈이 생기면 은행으로 달려갔다. 국가에서 제공하던 주택도 이제는 내 돈으로 사야 하고, 자녀교육비 부담은 점점 늘어가고, 사회보장은 줄고…. 이런 환경에 놓인 중국인들은 저축을 해야만 했다. 1990년대 말 이후 중국은행에 쌓인 저축액은 국내총생산(GDP) 규모를 웃돌았고 이런 추세는 지금도 마찬가지다.

시장구조도 변했다. 중국 시장은 1992년 당시의 과열투자로 인해 1990년대 후반에 들어오면서 공급과잉 구조를 보이기 시작했다. 가전 분야가 대표적인 사례다. 상품이 쏟아지자 시장은 '공급자 시장'에서 '수요자 시장'으로 바뀌었다. 소비자들이 시장을 주도하는 '바이어스 마켓(buyer's market)'으로 변한 것이다. 과거 중국 기업은 물건 팔 걱정을 하지 않았다. 생산만 하면 저절로 팔리니까 걱정할 필요가 없었던 것이다. 그러나 이제는 상황이 달라져 소비자들에게 허리를 굽혀야 한다.

당시 주룽지(朱鎔基) 총리는 과잉공급-내수위축의 딜레마를 어떻게 풀어나가야 할지 고민했다. 결국 그는 '중국판 뉴딜 정책'을 들고 나왔다. 재정을 풀고 또 국채를 발행해 대대적인 건설 분야 투자에 나섰다. 1998년부터 매년 1,000억 위안(1위안=약 125원)이 넘는 돈을 국채로 끌어들였고, 그 돈은 건설 사업에 투자되었다. 2004년까지 모두 1조 위안, 우리 돈으로 약 125조 원이 투자됐다. 중국은 전역이 공사판이었다. 곳곳에 널찍한 아스팔트 도로가 깔리고, 주요 도시에 고층 빌딩이 빠르게 들어섰다. 말 그대로 'China Under Construction!'이었다.

주 총리는 어떻게든 소비자들의 지갑을 풀어야만 했다. 설과 노동절, 국경일(10월 1일) 등에 10여 일 정도의 휴가를 주면서까지 내수경기 부양에 안간힘을 썼다. 언젠가 필자는 주 총리를 '케인스의 마지막 제자'

라고 불렀다. 괜찮은 별명 아닌가?

일수취사(一收就死)

다시 2004년으로 되돌아가자. 원자바오 총리의 긴축발언 이후 중국은 여러 분야에서 과열억제책을 내놓았다. 전국에 깔려 있던 개발구 중 70%가 취소됐고, 은행 대출창구를 조였다. 무리한 투자는 중단되었으며, 건설 붐을 낳게 한 원인인 부동산시장 과열을 막기 위해 강력한 투기억제책도 마련했다. 2004년 여름부터 부동산시장 투기대책의 강도를 높이더니 급기야 이듬해 6월에는 부동산 투기꾼들을 겨냥, 핵 펀치를 날리기도 했다.

그 결과, 효과가 뚜렷하게 나타나고 있다. 2004년 초 50%를 넘나들던 고정자산 투자증가율은 하반기 들어 안정세를 유지하면서 전체적으로 28%에 머물렀고, 2005년에도 27%선을 유지했다. 부동산시장도 안정세를 보이고 있다. 그 핵 펀치를 맞아 지금 상하이 부동산시장이 비틀거리고 있다.

그런데 문제가 생겼다. 과잉투자가 잡히는 것까지는 좋았는데, 예상치 않은 부작용이 발생한 것이다. 가장 큰 문제는 디플레다. 2005년 중국 소비자물가지수(CPI)는 전년 동기 대비 1.8% 상승에 그쳤다. 이는 2004년의 절반에도 못 미치는 수준이다. 최근 수년 동안 지속된 과잉투자로 업계 전반에 공급과잉이 심화되고 있기 때문에 나타난 현상이다. 700여 개의 주요 제품 중 80%가 공급과잉 상태다.

자동차와 가전, 심지어 휴대폰에 이르기까지, 지난 수년 동안 이어진

투자 붐으로 전국에 공장이 우후죽순처럼 늘어났고, 공장에서 쏟아진 제품이 시장을 압박하고 있다. 가격이 떨어질 수밖에 없다. 이는 지난 1992~94년 투자과열 이후 중국 경제가 1990년대 후반 겪었던 모습과 너무나 똑같다. 중국 경제는 '린이푸 사이클'에서 벗어나지 못하고 있는 것이다.

그런데 더 큰 문제는 시장가격은 떨어지고 있는 반면, 생산원가는 높아지고 있다는 점이다. 2005년 생산자물가지수(PPI)는 4.9%로 전년보다 낮아지기는 했지만 여전히 고공행진을 계속하고 있다. 원자재 및 에너지 가격상승이 주요 원인이다. 중국 전역에 전력난이 심화되고 있고, 국제 석유가격이 천정부지로 오른 상태에서 이는 너무도 당연한 현상이다.

2005년 CPI와 PPI의 차이는 3.1%포인트로 1996년 이후 가장 크게 벌어졌다. 시장가격과 출하가격 차이에서 발생하는 부담은 고스란히 기업에 이전되고 있어, 기업의 순익구조가 급속히 악화될 수밖에 없다.

2005년 상반기 중국의 대형 제조업체(전체 국유기업 및 매출 500만 위안 이상의 민영기업) 중 이익을 보고 있는 업체의 총이익증가율은 16.42%에 달했다. 물론 높은 수준이다. 그러나 이는 2004년 전체 수준인 38.1%와 비교하면 절반에 불과하다. 기업수익성이 악화되고 있는 것이다. 이익 성장률이 주춤하고 있는 반면, 적자 규모는 크게 증가했다. 같은 기간 대형 제조업체 중 적자업체의 전체 적자 규모는 전년 동기 대비 56.1%나 증가했다. 특히 석유, 화학 업체 전체가 적자를 기록했고 철강, 시멘트 등의 분야에서도 많은 업체가 적자를 봤다.

'일수취사(긴축하면 곧 죽고)'라고 했던가. 기업은 허리가 휠 지경이다. 원가부담이 높아가고 있지만 시장가격은 꿈쩍 않고 있으니 말이다. 이

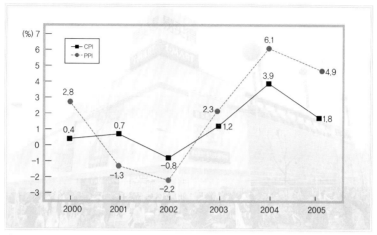

중국의 소비자물가지수(CPI)와 생산자물가지수(PPI) 추이

자료 : 국가통계국

런 어려움을 극복할 돌파구로는 수출밖에 도리가 없다. 2005년 중국의 수출액은 7,620억 달러로 전년 동기 대비 28.4% 증가했다. 중국에서 생산된 저렴한 제품은 전세계 할인점 매장을 장악해 가고 있다. 저가 중국 제품이 세계 시장에 쏟아지면서 중국은 세계적인 디플레 진원지로 비난받고 있기도 하다. 즉 중국의 과잉 투자가 세계 시장의 디플레를 조장하고 있는 것이다.

정부의 강력한 긴축정책이 시행된 지 약 1년 만에 도산하는 기업이 하나둘 등장하고 있다. 멀지 않은 장래에 기업이 줄줄이 쓰러질 수도 있다. 특히 그 동안 엄청난 폭리를 취하며 성장해 온 부동산개발 분야의 많은 기업이 도산 위기에 직면해 있다. 그런데 여기서 중국 특유의 경제 현상이 하나 더 발견된다.

분명 적자는 늘어났는데, 문을 닫는 대형 국유기업은 거의 없다는 것이다. 그 이유는 정부가 뒤에서 받쳐주고 있기 때문이다. 정부가 은행으로 하여금 적자기업에 돈을 지원해 주도록 주선하고 있으며, 은행은 심사분석도 없이 자금을 넘겨준다. 국가와 은행, 그리고 국유기업의 부패 삼각고리가 경제 전반을 왜곡시키고 있는 것이다.

투자, 투자, 또 투자, 그리고 왜곡

그렇다면 중국 경제는 왜 이 같은 질곡에서 벗어나지 못하는 것일까. 그 이유를 추적하다 보면 바로 중국 경제의 구조적인 문제점을 발견하게 된다.

우선 성장구조가 허약하다는 점을 들 수 있다. 중국의 경제성장은 지나치게 투자에 의존하는 구조를 갖고 있다. 투자가 없으면 경제성장이 없다고 할 정도로 투자의 비중이 크다. 경제 실적을 보여줘야 하는 지방정부가 중앙정부의 눈을 피해가면서 투자에 나선 것도 바로 이 때문이다. 승진하기 위해서는 정치적 업적을 보여줘야 하는데, 가장 확실한 정치적 성과물은 GDP성장률일 수밖에 없다. 이는 결국 경제성장 수치를 제시해야 하는 일로 이어진다. 경제성장을 위한 유일한 길은 투자뿐이다. 그들은 소비로는 GDP를 끌어올릴 수 없는 상황에서 끊임없이 투자 증가에 나선다.

2005년 중앙정부의 투자는 전년 동기 대비 14.3% 증가하는 것에 그쳤다. 중앙정부가 앞장서 긴축에 나선 것이다. 그러나 지방정부의 경우는 다르다. 이 기간 지방정부의 투자는 무려 23.6%가 늘어 무분별한 투자가 지속되고 있음을 보여줬다. 이들은 투자자금 마련을 위해 각 지방정부가 통제하고 있는 국유 상업은행 지점 및 지방 상업은행을 끌어들

투자, 투자 또 투자. 현재 중국 전역은 공사장이라고 할 만큼 건설사업이 한창이다.

였다. 아직도 은행돈은 정부가 언제든지 가져다 쓸 수 있다는 의식이 지방정부에 남아 있다.

중국 전문가들은 중국 경제를 위협하는 가장 큰 요소로 지방정부의 정책이탈을 지적한다. 중앙정부의 통제가 지방에 먹혀들지 않는다면 경제 시스템의 붕괴를 가져올 수 있다는 말이다. 그들은 자신의 지역발전을 위해 정부의 눈을 속이기도 한다. '위에서 정책을 세우면 아래에는 대책이 있다(上有政策, 下有對策)'는 식이다.

더욱 근본적인 이유는 시장의 기능이 미약하다는 점이다. 시장경제가 발전한 나라라면 '경제가 보이지 않는 손'에 의해 균형을 맞추면서 앞으로 나아가게 된다. 그러나 중국은 다르다. 아직도 정부의 통제와 계획에 이끌려 억지로 경제균형이 맞추어지는 성향이 강하다.

린이푸 교수는 중국 경제가 질곡에서 벗어나지 못한 또 하나의 이유로 금융을 꼽는다. 금융자원(돈)은 수익률이 낮은 곳에서 높은 곳으로 흘러야 한다. 이를 결정하는 것이 시장이다. 그러나 중국의 금리는 여전히 정부의 통제에 따라 움직인다. 금융자산은 주로 생산성이 떨어지는 국유기업으로 흐르고 있다. 또 국유기업 대출자금은 부실채권이 되어 은행개혁에 커다란 부담이 되고 있다. 그래서 정부의 지원에 경제가 금방 일어났다가, 지원이 중단되면 즉시 꺼지는 현상이 반복되고 있는 것이다. 즉 중국 경제는 악성 경기순환을 지속할 수밖에 없는 구조를 갖고 있는 셈이다.

투자위축으로 고민하고 있는 우리의 입장에서 볼 때 중국의 활발한 투자는 부럽기까지 하다. 일부에서는 "투자가 많으면 좋지 뭘 그런 걸 가지고 문제 삼느냐"라는 반론이 제기될 수도 있다. 물론 이 같은 주장이 틀린 건 아니다. 그러나 그 투자가 시장이 받아들이는 수준을 벗어나고, 또 투자가 심화될수록 경제구조가 꼬여간다는 데 문제가 있다. 이 구조가 개선되지 않는 한 중국 경제가 활(活)-란(亂)의 질곡의 늪에서 빠져나오기는 어려워보인다.

양분되는 경제, 쪼개지는 삶

2

"중국에는 국내에도 식민지가 존재한다."

중국 경제의 양극화를 설명할 때 자주 인용되는 말이다. 중국 동부 연안 주요 도시에 '지배층'과 '피지배층'이 공존하고 있다는 얘기다. 지배층은 일반적으로 해당 도시의 원거주민이고, 피지배층은 내륙에서 돈을 벌기 위해 흘러들어온 외지인들이다. 다소 과장이 섞인 이 말은 중국의 빈부 · 도농 격차가 얼마나 심각한지를 단적으로 보여준다.

상하이의 한 부동산개발업체 부사장 왕씨. 그는 푸둥(浦東)의 한적한 별장에서 거주하는데, 구(顧)씨 성을 가진 두 사람을 집안에 두고 있다. 한 명은 왕씨의 부인이고, 또 한 명은 안후이(安徽)성 출신의 파출부다. 이 두 사람은 2005년 춘지에(春節, 설)때 가는 길이 서로 달랐다. 왕 부사장의 부인은 하와이로 해외여행을 떠났고, 가정부는 기차를 타고 15시간을 달려 고향으로 갔다.

두 사람의 평소 생활 역시 다르다. 가정부 구씨가 집에서 빨래와 청소를 할 때, 왕 부사장의 부인은 아파트 분양사무소를 옮겨다니며 투자처를 물색한다. 가정부 구씨가 찬거리를 사기 위해서 재래시장을 갈 때, 왕 부사장의 부인은 친구와 함께 호화 쇼핑가인 난징시루(南京西路)의 명품상점을 찾는다. 가정부 구씨가 한 달 900위안을 벌 때 왕씨 부인은 9,000위안짜리 명품 핸드백을 구입한다.

지배층과 피지배층이 공존하는 도시

앞에서 소개한 사례는 상하이에서 흔히 볼 수 있는 풍경이다. 마치 상하이는 본지인과 외지인이 지배층과 피지배층으로 나뉘어 있는 도시 같다. 식당종업원, 건설공사 인부, 청소부, 가정부, 가라오케 접대원 등 3D업종은 외지인의 몫이다. 그들은 1,000위안 안팎의 월급에도 묵묵히 일한다.

이런 현상은 비단 상하이에만 국한되지 않는다. 다롄(大連), 베이징, 칭다오(靑島), 상하이, 광저우 등으로 이어지는 중국 동부 연안 개발도시의 3D업종은 여지없이 외지인으로 채워져 있다. 중국의 공식통계에서 잡히는 도시 지역 실업률은 약 4% 정도다. 이 수치는 해당 도시에 주소지를 둔 사람 중 실업신고를 한 사람의 비율일 뿐이다. 도시 지역에 존재하는 실업인구는 실제 10%를 넘을 것이라는 게 전문가들의 공통된 시각이다. 농촌에서 무작정 상경한 민공(民工, 시골 출신 노동자)들이 도시 지역의 빈곤층을 형성하고 있다.

중국 전체 소비의 50% 이상은 상위 20% 이내 부자들의 몫이다. 하위 빈곤층 20%가 전체 소비에서 차지하는 비중은 4.7%에 불과하다. 심각한 양극화 현상이 벌어지고 있는 것이다. 중국에는 중간 제품이라는 게 없다. 비싼 것 아니면 싼 것, 두 가지만 존재한다. 심지어 사람도 부자와 가난한 사람 두 종류만 있다는 얘기를 심심찮게 들을 수 있다.

중국 연안 도시의 발전은 농촌 출신 외지인들의 피와 땀으로 이루어졌다고 해도 지나치지 않다. 필자는 에어컨이 없는 공장에서 뜨거운 선풍기 바람을 맞으며 재봉틀을 돌리는 직공들을 숱하게 봐왔다. 그들은 돈 부쳐주기만을 학수고대하는 고향의 가족들을 생각하며, '나도 언젠가는 잘 살 수 있겠지' 라는 희망으로 열심히 일하지만 빈곤에서 쉽게 벗어나지 못한다.

노동자의 인권보장이 잘 되어 있는 나라에서는 직원들이 파업이나 쟁의를 통해 자신의 권리를 찾는다. 즉 그들은 기업수익의 상당 부분을 자신의 몫으로 쟁취해 그 돈으로 소비한다. 그리고 그 돈 덕분에 내수시장이 발전하고, 결국 기업도 발전하는 구조를 갖고 있다. 그러나 중국의 사정은 이와 사뭇 다르다. 직공들의 권익보호 장치가 마련되지 않은 상태에서는 경영자가 직원의 복지에 신경 쓸 리 없다. 경영자는 배가 부르지만 노동자의 허기는 가시지 않고, 잘 사는 사람과 못 사는 사람으로 양극화되는 것이다.

중국 전문가들은 "점점 양극화되고 있는 소득구조를 개선하지 않는다면 중국의 미래는 없다"고 입을 모은다. 양극화의 근본 원인은 도농의 빈부격차 때문이다. 덩샤오핑은 개혁개방을 추진하면서 '먼저 부자가 되어도 좋다'는 선부론을 제창했다. 아랫목이 데워지면 부(富)가 확산돼 윗목도 따뜻해질 거라는 생각에서였다. 그러나 실제로는 그와 반대 현상이 나타났다.

푸둥의 그늘. 휘황찬란한 상하이를 응시하고 있는 한 농촌 출신 노동자의 시름이 깊다.

중국의 도·농 소득격차 추이 (평균 연수입, 위안)

연도	농촌	도시	격차(도시/농촌)
1985	397	752	1.9
1990	630	1,387	2.2
1995	1,578	3,893	2.5
2000	2,253	6,280	2.8
2005	3,255	10,493	3.2

　농촌개혁으로 농촌소득이 상대적으로 향상된 1984년 이후에도 도농 간 소득격차는 더 벌어지고 있다. 1984년 1.7 대 1 수준이던 도농 간 소득격차는 꾸준히 늘어 2005년 3.2 대 1로 벌어졌다. 중국의 지니계수(빈부격차 정도를 보여주는 지수로서, 1에 가까울수록 부의 편중을 나타냄)는 현재 0.454로, 위험 수준이라 여겨지는 0.4를 넘어선 상태다.

2·8정률

상하이 교외에 살고 있는 티엔펑(田鵬)은 쓰촨(四川)성 출신의 노동자다. 현재 32세인 그는 6년 전 상하이로 건너와 한 중소기업에서 일하고 있다. 필자와 가까운 그는 최근에 다녀온 고향 얘기를 들려주었다.

　"2년 만에 방문하는 고향이었다. 가난에 찌든 고향은 변한 것이 하나도 없었다. 아직도 흑백 TV를 시청하고 있었으며, 돈이 아까워 전화도 걸지 않았다. 젊은이들은 달리 할 일이 없어 빈둥거리고 있었다. 내 눈에 비친 고향의 풍경은 너무 낯설었다."

　티엔펑은 결국 일정을 단축하고 3일 만에 상하이로 돌아왔다. 상하이 생활에 익숙한 그에게 고향은 낯설고 불편했다. 그렇다고 그의 상하이 생활이 편한 것은 결코 아니다. 그가 받는 월급은 2,000위안(약 25만 원)인데, 그는 이 중 800위안을 고향에 부치고 나머지 1,200위안으로 한 달 동안 생활한다. 그 중 의식주로 드는 돈을 제하면 그가 쓸 수 있는 돈이라곤 500위안에 불과하다. 혹 감기라도 들면 약을 사 먹기에도 버거울 정도다.

티엔펑은 자신이 '회색지대'에 살고 있다고 말한다. 농촌으로 돌아갈 수도 없으며, 도시에서도 환영받지 못하는 어정쩡한 위치에 놓여 있다는 뜻이다.

티엔펑처럼 농촌을 떠나 도시에서 일하는 노동자들을 '농민공(農民工)'이라고 부른다. 약 1억 명 정도의 농민공은 도시인들이 외면하는 3D 업종 공장에서 힘겨운 노동을 하고 있는데, 그들의 땀과 피가 오늘의 중국을 만들었다고 표현해도 지나치지 않다. 그럼에도 그들의 생활은 좀처럼 나아질 기미가 없다. 중국 경제는 매년 9% 안팎의 성장세를 기록해 왔지만, 그들의 생활은 더욱 궁핍해지고 있다. 티엔펑과 같은 농민공들이 피와 땀을 흘려 벌어들인 돈은 모두 어디로 갔을까.

광둥성 순더(順德)에 세계적인 전자레인지 업체 거란쓰(格蘭仕)라는 회사가 있다. 중국 전자레인지 시장의 70%, 세계 전자레인지 시장의 약 35%를 차지하는, 그야말로 이 분야 세계 최대 업체다. 이 회사에는 약 2만 3,000여 명의 직원이 근무하고 있는데, 그들 대부분은 쓰촨, 광시(廣西), 후난(湖南) 등 시골 오지에서 온 농민공이다.

이들의 한 달 평균 임금은 899위안, 우리 돈 10만 원에 불과하다. 숙련공이라고 해도 1,200위안을 넘지 못한다. 하루 3교대로 24시간 풀가동하는 이 공장의 야근조는 하루 35위안, 약 450원의 야간 특근비를 받는다. 회사가 크게 성장했어도 근로자들에게 돌아가는 혜택은 거의 없

산시 탄광촌. 최근 전력난 여파로 석탄가격이 크게 올랐으나, 탄광의 인부들은 그 혜택에서 소외되어 있다고 중국언론은 전한다.

다. 수출로 벌어들인 돈은 모두 회사의 몫일뿐, 노동자들은 경제발전의 혜택에서 소외된 것이다.

중국 산시(山西)는 탄광으로 유명하다. 이곳은 석탄자원이 풍부함에도 불구, 주민들이 빈곤에 시달리는 성(省)이기도 하다. 그런데 지난 2년 동안 이 지역에 '돈벼락'이 떨어졌다. 전력난이 심각해지면서 석탄 수요가 급증, 가격이 크게 올랐기 때문이다. 당연히 이 지역의 경제가 좋아지고, 주민들의 소득 수준이 높아져야 했다. 그러나 석탄가격 인상은 오직 '라오반(老板, 사장)'의 높이었다. 분명 회사 경영이 나아졌지만, 직원의 임금은 월 500위안 선에서 오르지 않았다. 석탄가격 상승으로 돈을 거머쥔 산시의 부호들은 베이징 부동산시장으로 몰려가 고급 아파트를 사들였다. 중국언론들은 2004년 한햇동안 100억 위안 이상의 자금이 베이징 부동산시장으로 유입됐다고 전한다.

신장(新疆)에서 우유를 팔아 성공한 기업이 상하이에서 부동산개발 사업을 하고, 쓰촨에서 사료로 돈을 번 기업이 상하이 빌딩을 매입하는 것도 같은 현상이다. 사정이 이렇다 보니 농촌에 돈이 남아 있을 리 없다. 노동자들이 피땀 흘려 번 돈은 라오반이 모두 가져가고, 라오반은 그 돈을 갖고 도시로 나가 부동산투기를 한다. 중국언론들은 "라오반들이 돈을 벌어 부자가 되는 동안 노동자들은 거지와 같은 생활을 하고 있다"고 한탄한다.

중국인들은 이 같은 경제·사회의 이중구조를 '2·8 정률(定律)'이라고 말한다. 20% 기업이 80%의 돈을 벌고, 20% 부자들이 80%의 부를 소유하고 있다는 얘기다.

징통스(景統仕) 자살사건

농촌은 중국공산당의 혁명 발원지였다. 중국공산당 혁명사가 이를 보여준다. 혁명 시기 마오쩌둥은 혁명의 중심을 어디에 두어야 하는 문제로 소련에서 파견된 국제공산당 지도부와 마찰을 빚었다. 소련측은 러시아에서 그랬던 것처럼 도시노동자를 중심으로 혁명을 발전시켜야 한다고 주장했다. 그러나 마오쩌둥의 생각은 달랐다. 중국은 농업국가인 만큼 당연히 농민과 농촌을 중심으로 혁명투쟁을 전개해야 한다고 맞섰다.

양측 간의 노선투쟁은 대장정 중이었던 공산당이 귀저우(貴州)성 준의(遵義)에서 열린 당대회에서 마오의 승리로 결말이 난다. 그 이후 마오는 1976년 사망할 때까지 중국공산당 권력의 핵심이었다. 마오가 권력을 유지했다는 것은 곧 농촌과 농민이 공산당 권력의 모체였음을 암시해 준다.

그런 중국의 농촌이 지금 흔들리고 있다. 흔히 삼농(三農, 농민, 농촌, 농업) 문제로 표현되는 중국의 농촌문제는 중국이 해결해야 할 최우선 과제로 등장했다.

중국 농촌의 현실을 보여주는 사례를 소개한다. 2003년 7월 샨시(陝西)성에 거주하던 농민 징통스(景統仕)가 농약을 마시고 자살한 사건이 벌어졌다. 사건의 경위는 이렇다. 징통스에게는 징이엔메이(景艶梅)라는 눈에 넣어도 아프지 않을 딸이 있었다. 그녀는 공부를 잘 해 2003년 창춘(長春)의 명문대학인 동베이(東北) 사범대학에 합격했다. 그러나 합격의 기쁨도 잠시, 징통스는 고민에 빠졌다. 약 1만 위안(약 125만 원)에 달하는 학비를 도저히 마련할 수 없었기 때문이다. 그는 돈을 마련하기 위해 백방으로 돌아다녔지만 허사였다. 결국 그는 장학금을 받기 위한 '극빈자 증명서'를 떼기 위해 지방정부를 찾아갔다. 그러나 기다리던 증명서는 끝내 나오지 않았다. 징통스는 돈이 없어 딸을 대학에 보내지 못한다는 자괴감에 빠져들었고 결국 자살을 택했다.

지난 10여 년 동안 중국의 대학 학비는 천정부지로 올랐다. 1995년 약 800위안 수준이었던 1년 학비(기숙사비 포함)가 현재 약 6,000위안으로 뛰었다. 어림잡아도 7.5배 오른 수준이다. 이는 같은 기간 중국의 소득증가가 4배에 그친 점을 감안할 때 엄청난 증가폭이다. 여기에 학생들이 도시에서 필요한 생활비와 책값 등이 한 달 평균 500위안, 1년에 6,000위안이 든다.

농촌의 한 학생이 도시에 나가 대학에 다니려면 1년에 약 1만 2,000위안, 4년간 4만 8,000위안이 필요한 것이다. 2004년 중국 농촌 지역의 연평균 소득이 2,936위안임을 감안하면, 결국 농민 부부가 자녀를 도시 대학에 보내기 위해서는 약 8년 치 소득을 꼬박 모아야 한다는 계산이 나온다. 그들에게는 팔아치울 소도 없고, 땅도 없다. 징통스의 사례는 자녀교육의 출구가 막힌 오늘날 중국 농민들의 모습을 대변해 준다.

개혁개방 초기인 1980년 무렵, 전체 GDP에서 차지하는 동부와 중부, 서부의 비율은 50%, 30%, 20%였다. 그러나 지금은 58%, 25%, 17%로 바뀌었다. 이 수치를 통해 농촌 지역이 경제발전에서 소외되어 있음을 분명하게 알 수 있다.

허물어지는 공산당의 터전

중국의 농촌이 오늘날 피폐하게 된 데에는 크게 3가지 원인이 있다. 가장 큰 문제는 '사람이 많지만 토지가 부족하다(人多地少)'는 점이다. 현재 중국의 인구는 대략 13억 명에 달한다. 이 가운데 농촌인구는 약 9억 명으로 전체 인구의 약 70%를 차지한다. 중국 정부는 농촌 노동력을 대략 5억 명으로 추산하는데, 이 중 1억 3,000만 명은 농촌기업인 샹전(鄕鎭)기업에서 일하고 있다. 따라서 나머지 3억 7,000만 명은 농업에 종사해야 하는 것이다.

농업이 수익을 내기 위해 필요한 최소 경지면적은 약 10무(畝, 1무 = 약 200평)다. 중국의 경지면적을 감안할 때 필요 농업인구는 1억 5,000만 명 정도다. 농촌에 남아 있는 농업인구 중 2억 2,000만 명은 잉여 노동력인 셈이다. 필요 노동력의 2배 이상이 논밭에서 일하고 있으니 농업생산성이 높아질 리 없다. 결국 수익이 줄고, 농민소득 문제가 발생한다. 농촌에 남아도는 인력은 언제든지 도시로 뛰어나갈 준비가 되어 있는 사람들이다.

그러나 도시 역시 농민들을 수용하는 데에는 한계가 있다. 현재 도시 지역에서 발생하는 신규 일자리는 1년에 약 800만~900만 개에 달하지만, 도시의 잉여 노동력을 흡수하기에도 턱없이 모자란 실정이다. 매년 대학에서 쏟아져 나오는 예비 노동자 숫자가 500만~600만 명에 달하니 농민들에게 돌아갈 일자리가 없는 것이다.

농촌문제의 두번째 원인은 '농촌 이원화정책'이다. 농업은 중국의 경제개혁이 시작된 곳이다. 덩샤오핑은 1979년 개혁을 시작하면서 국가 할당량을 제외한 나머지 농산품을 농가가 처분할 수 있도록 조치했다. 개인의 생산의욕을 고취시킨 것이다. 덕택에 농업생산성이 높아졌고, 농가소득이 크게 늘었다. 그러나 1980년대 중반 이후 개혁의 초점이 도시기업으로 옮겨가면서 농촌은 점점 소외되기 시작했다. 국가 개혁정책 대부분이 도시와 기업을 대상으로 한 것일 뿐, 농민들은 개혁의 혜택에서 점점 멀어져갔다.

이 과정에서 중국 정부의 정책은 도시와 농촌이 서로 다르게 나타났다. 가장 대표적인 것이 사회보장이다. 도시 지역 노동자들은 실업보험, 주택보험, 양로보험 등의 사회보장 혜택을 받는다. 그러나 농민들에게는 이런 수혜가 없다. 당연히 농촌에 자리한 학교나 병원은 낙후될 수밖에 없었다. 농촌의 생활환경은 점점 악화되어갔고 국가재정은 당장 논을 많이 벌 수 있는 연안 도시에 몰렸다.

도시 지역에는 외자유치를 위해 도로나 전력 등이 건설됐지만, 외자기업이 찾지 않는 내륙 농촌에 돈이 몰릴 리 없었다. 그래서 현재 중국의 여러 농촌에서는 용수난을 겪고 있으며, 아직도 1970년대의 거리 모습을 간직하고 있다. 내륙 농촌 오지에 살고 있는 많은 아낙들이 물동이를 머리에 이고 하루 30㎞를 걸어 물을 길어오는 모습은 낯선 풍경이 아니다.

그렇다고 도시로 갈 수도 없다. 도시 지역 주민들과 농민을 분리시키는 후코우(戸口) 때문이다. 우리나라로 치면 주민등록증에 해당하지만 내용은 다르다. 농촌 지역에서 태어나면 당연히 농촌 후코우를 갖게 되고, 이 후코우는 도시 지역으로 옮길 수 없다. 즉 도시 지역으로 진학하거나, 직장(노동, 가정부 등 임시직이 아닌 도시의 정식 회사)을 잡는 경우가 아니면 법적으로 옮길 수 없게 되어 있다. 이주의 자유가 제한되는 것이다. 그래서 도시로 몰려든 농촌 노동력들은 도시에 주소도 갖지 못한 '떠돌이 인생'이 되고 만다.

세번째는 재정에 있다. 중국은 1994년 재정개혁을 실시하면서 국가재정에서 차지하는 중앙 및 성급 정부의 재정비율을 높였다. 중앙정부의 경우 1993년 22%에서 2003년 현재 52%로, 성급 정부의 경우 16.8%에서 28.8%로 높아졌다. 당연히 기초 지방자치정부의 몫은 줄어들 수밖에 없다. 성급 이하 지방정부에 돌아가는 현재 몫은 20%에도 못 미친다. 그러나 하급 지방정부가 써야 할 돈의 60%는 교사들의 월급을 주는데 사용되고 나머지는 지방정부 공무원 월급을 주고 나면 끝이다. 게다가 하급 정부기관들은 막대한 부채를 안고 있다. 농촌생활 개선이나 농민의 복지는 꿈도 꾸지 못한다.

그런데도 중앙정부의 재정 지출은 주로 도시 지역에 몰려 있다. 정부 통계에 따르면, 의료보조금의 경우 정부지원자금의 80%가 도시에 책정되고 있다. 전체 인구의 70%를 차지하는 농촌 지역에는 20%가 배당된다. 사정이 이렇다 보니 농촌 지역의 복지시설이 온전할 리 없다.

빈부격차, 출구가 없다

많은 전문가들은 빈부격차가 몰고 올 중국 사회의 충격을 우려한다. 최근 중국의 농촌 및 중소도시에서 발생하는 각종 시위의 근저에는 소득 불균형이 자리잡고 있다. 개발혜택에서 소외된 농민이나 빈곤층들은 이제 공공연하게 정부와 행정기관에 대항하며 집단행동도 마다하지 않는다.

중국당국이 이 사실을 모를 리 없다. 따라서 후진타오 체제는 도시와 농촌의 균형발전, 지역 간 균형발전, 소득계층 간 균형복지 등을 강조하고 있다. 후진타오 체제가 들어선 후 '농촌 살리기' 대책이 이어지고 있는 것 역시 같은 맥락에서 이해할 수 있다. 후진타오 주석이 설에 농촌 가정을 방문하여 함께 떡을 만들고, 원자바오 총리가 농민들의 어려운 생활을 듣고는 눈물을 훔치는 장면이 신문에 나기도 한다.

중국 정부는 2004년 농촌 지역 주민의 세금 451억 위안을 탕감해 주었는데, 이는 농민 1인당 약 40위안 꼴이다. 2005년에 농민과 관련된 세금을 모두 없앴다. 그렇다고 해서 농민들의 소득 수준이 얼마나 향상

중국의 집단시위 발생 빈도 추이

연도	1993	1995	1997	1999	2000	2004
집단시위 건수	8,700	1만 1,000	1만 5,000	3만 2,000	4만	5만 8,000

자료 : 홍콩언론 종합

될지에 대해서는 부정적인 시각이 많다. 농자재가격 상승, 교육비 상승, 의료비용 증가 등을 감안하면 별다른 효과를 발휘하지 못할 것이라는 전망이다.

물론 중국 정부가 농촌문제에 손을 놓고 있는 것은 아니다. 2005년 중국 국무원(정부)의 첫 국정 지시는 농촌문제였다. 모퉁이에 '2005년 국무원 1호 문건(國務院一號文件)'이라는 번호가 붙은 이 문서에는 '농촌 종합생산력 강화를 위한 정책 의견'이라는 긴 제목이 붙어 있다. 내용은 제목 그대로 농촌의 생산력을 높이기 위한 방안으로 채워져 있으며 농민소득 증대, 농업기술화, 농산품 생산량 증대 등을 위한 각종 정책이 제시되어 있다.

2006년에는 중국 농촌에서 우리나라의 새마을운동을 벤치마킹한 신(新)농촌운동이 시작된다. 중국 농촌에서도 초가집을 없애고 마을길도 넓히는 식의 새마을운동이 벌어질 모양이다. 중국이 농촌문제에 각별한 정책적 배려를 하고 있음을 알 수 있다.

일각에서는 이를 두고 "중국이 중농주의(重農主義)정책을 실시할 것"이라는 얘기도 흘러나온다. 그러나 이 대책이 어느 정도의 효과를 거둘지는 아직 미지수다. 직접적으로 자금을 지원해 주고, 세금을 깎아 해결될 문제가 아니기 때문이다. 도농격차, 빈부격차 등을 유발하는 구조적 문제를 해결하지 않는다면, 소득격차는 더욱 심화될 수밖에 없다. 중국 정부의 농촌 살리기 운동이 농민들의 생활고를 얼마나 해소해 줄지 지켜볼 일이다.

삐걱거리는 세계 공장 3

'세계 경제의 성장 엔진'이라 불리는 중국의 가장 큰 경쟁력은 역시 사람이다. 개혁개방 초기, 황무지 중국이 외국기업을 끌어들일 수 있었던 가장 큰 요인은 바로 풍부한 저임노동력에 있었다. 중국은 풍부한 저임노동력을 바탕으로 세계 제조업체를 자국에 유치함으로써 '세계 공장'으로 성장했다. 그 세계 공장에 지금 어떤 일이 벌어지고 있는지 살펴보자.

상하이 인근 제조업 도시 타이창(太倉)의 완구업체 T사는 공장을 내륙으로 옮기기 위해 안후이성의 부지를 물색 중이다. 수익구조로 볼 때 타이창에서 더 이상 사업을 꾸려나갈 수 없는 처지에 몰렸기 때문이다. 이 회사 P사장은 2005년 초 겪은 노동자 파업 이후 이전을 결심했다. 그는 중국 진출 11년 만에 겪는 대규모 파업이라고 소개하며 다음과 같이 말했다.

"일부 외지 변호사들이 파업을 선동했다. 처우 개선에서 시작된 쟁의는 곧 임금인상으로 이어졌고, 점점 조직화되었다. 외지 변호사들은 '임금 올리기'에 성공하면 임금 인상분을 나누어 갖는 것으로 알고 있다. 그들은 자체 방어력이 떨어지는 외자기업들을 공격한다."

설 명절이 두려운 사장들

중국이 자랑하던 '안정적 노사관계'는 이제 옛말이 됐다. 중국 노동자들은 회사가 제공하는 복지와 급여 수준이 부당하다고 판단되면 쉽게 파업으로 맞선다. 우리나라처럼 과격한 모습을 보이지는 않지만 생산에 차질을 주기에는 충분하다. 특히 상하이, 광저우, 톈진(天津) 등 대도시에 근접한 지역일수록 파업이 자주 발생한다.

상하이 근교 칭푸(靑浦)에 자리한 직원 1,500여 명 규모의 완구 생산업체 N사. 이 회사 L사장은 설(春節) 명절이 두렵다고 한다. 명절을 보내기 위해 고향으로 돌아간 직원들이 과연 얼마나 돌아올지 걱정이다. L사장은 "2004년 약 10% 직원이 돌아오지 않아 제품 생산에 애를 먹었다. 수년 전부터 시작된 민공부족 현상이 노동자의 대이동 시점인 설만 되면 현실로 나타난다"고 귀뜸한다.

그래도 상하이 지역은 그나마 나은 편이다. 민공부족 현상이 심한 광둥, 푸지엔(福建), 쩌장(浙江) 등에서는 기업 사이에 인력 구하기 전쟁이 벌어지고 있다. 중국언론에 따르면, 광저우, 선전, 동관(東莞) 등 주장(珠江)삼각주 지역만 해도 약 200만 명의 노동자가 부족한 실정이다. 동관에 진출한 완구업체 B사는 약 1,200명의 직원을 고용하고 있지만, 20%

정도의 인력이 모자라는 형편이다. 이 회사 C사장은 "광둥 지역으로 유입되는 외지 민공들의 수가 크게 줄면서 업체 간 '직원 모시기' 경쟁이 벌어지고 있다"며 한숨을 몰아쉰다.

저장성 청저우(嵊州)에 자리한 섬유업체 S사의 경우 직원모집 공고를 통해 직공을 모집하지만, 여전히 적정 인원을 채우지 못하고 있다. 이 회사 관계자는 "10% 정도의 인원을 채우지 못해 차질을 빚고 있다. 직원을 잡아두기 위해서는 임금을 올릴 수밖에 없어 원가상승 요인이 발생한다"고 들려주었다.

'주장삼각주 도시 중 하나인 푸산(佛山)의 경우 약 10만 여 명의 직공이 모자라는 실정이다. 이 지역에 자리한 105개 기업은 최근 직공모집을 위해 공동으로 광시 지역에 인사 담당자를 파견하기도 했다. 약 8,000여 명을 모을 계획이지만 얼마나 구할 수 있을는지 미지수다.

'푸지엔성의 촨저우(泉州)는 하루 평균 20~30개의 기업이 직원모집을 위해 인력시장에 담당자를 파견, 상주토록 하고 있다. 그러나 이들의 직원채용 규모는 계획의 50%에도 못 미치고 있다'는 것이 중국언론이 전하는 현실이다.

직공부족 현상은 도시에서 떨어진 곳일수록 심각하다. 산둥성 원덩(文登)의 피혁업체 Y사는 2,000여 명의 적정 인원 가운데 10%에 달하는 200명의 직공 결손이 발생해 공장 가동을 멈춘 상태다. 이 회사의 K사장은 다음과 같이 들려준다.

"젊은이들이 시골 근무처를 기피하면서 직원 구하기가 점점 어려워지고 있다. 허난, 쓰촨 등의 농촌에서 중고교 졸업생을 많이 데려오지만, 상당수가 고향으로 되돌아가거나, 엔타이(烟台), 칭다오(靑島) 등 인근의 큰 도시로 빠져나간다."

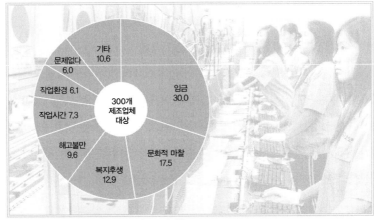

중국 내 한국 투자기업의 노사갈등 요인 (단위 : %)

기타 10.6
문제없다 6.0
작업환경 6.1
작업시간 7.3
해고불만 9.6
복지후생 12.9
300개 제조업체 대상
임금 30.0
문화적 마찰 17.5

자료 : 〈한국경제신문〉, KOTRA 공동조사(2005년 7월)

이전에는 월 600위안(약 8만 원)의 월급으로도 일하겠다는 농민들이 줄을 섰고, 원하는 대로 직공을 구할 수 있었지만 전반적인 소득 수준이 높아진 지금은 사정이 다르다. 민공들은 좀더 좋은 조건을 제시한 기업을 찾아 움직이고 있다. 특히 중국 내륙에 하나둘 공장이 들어서면서 민공의 절대 숫자가 점차 줄고 있는 실정이다.

민공들의 반란

'차고 넘치는 게 사람'이라는 중국에서 사람이 없어 공장을 돌리지 못한다? 이해하기 힘든 일이다. 그러나 엄연한 사실이다. 도대체 무엇이 문제일까.

가장 큰 이유는 열악한 노동조건에 있다. 특히 정부의 간섭을 적게

받는 민영기업들은 임금도 제대로 주지 않으면서 갖가지 수단을 동원해 직공들의 노동력을 착취한다. 광둥성 둥관의 경우 직공들의 임금은 일반적으로 600~1,000위안에 달하지만 최저 생활비는 500위안 수준이다. 직공들은 돈을 조금이라도 더 벌기 위해 연장근무를 해야 할 형편이다. 이 과정에서 근로 여건이 극도로 악화되고 있다.

노동자들은 지역적으로 '상대적인 박탈감'을 느끼기도 한다. 상하이, 톈진 등은 민공자녀학교, 민공보험, 민공취업센터 등을 개설하는 등 민공복지정책을 내놓고 있어 민공들의 눈높이가 높아졌다. 매년 봄 일고 있는 '민공차오(民工潮, 농촌 노동자의 도시유입 흐름)'는 이제 푸지엔, 광둥, 쩌장 등을 외면하고 있다.

게다가 시골 지역을 탈출해 도시로 몰려드는 민공 수는 감소하고 있다. 전통적으로 민공이 가장 많이 발생하는 지역은 쓰촨, 후난, 허난(河南), 그리고 동북 3성이었다. 그러나 이들 지역에도 공장 설립이 늘면서 해당 지역 노동력을 흡수하고 있다. 일자리를 찾아 먼 곳까지 갈 필요가 없어진 것이다.

중국 근로자들의 생활 수준이 높아지면서 파업이나 쟁의 등을 통해 불만을 표출하는 사례가 늘고 있다. 중국에 진출한 500개 한국 기업을 대상으로 〈한국경제신문〉과 KOTRA가 2005년 7월 공동으로 조사한 투자실태 조사에 따르면, 조사대상의 15%가 파업을 경험했으며, 20% 정도가 노사갈등을 겪고 있는 것으로 니다났다. 중국에서도 안정적인 노사관계가 위협받고 있는 것이다. 또 2004년의 경우 중국 노동자들이 회사를 대상으로 제기한 소송은 2만 2,600건에 달해 2003년보다 50% 이상 증가한 것으로 나타났다. 중국에서의 노무관리가 더욱 어려워진 현실을 엿볼 수 있다.

광둥성 후이저우(惠州)의 가전제품 공
장. 이 지역은 민공부족 사태로 직원 구
하기가 쉽지 않다.

임금도 가파르게 오르고 있다. 중국 〈국제금융보(國際金融報)〉에 따
르면, 2005년 중국의 임금상승률은 8% 안팎으로 아시아 국가 가운데
인도 다음으로 높았다. 중국의 최저임금은 지역에 따라 다르지만 지난
4~5년 동안 매년 10% 안팎 상승했다. 상하이의 경우 최근 발표된 최저
임금은 690위안(약 8만 6,200원)으로 2004년보다 8.7%가 올랐다. 현재
상하이 인근에 진출한 많은 임가공업체들은 임금인상을 견디다 못해
공장을 내륙으로 옮기고 있다. 상하이 남동완구의 이태훈 사장은 "절대
치로 보면 중국 노동자들의 임금은 우리나라보다 크게 낮다. 그러나 기
존 수출단가를 임금 수준에 맞추어 결정했기 때문에 타격이 크다"고 전
한다.

노무관리에 어려움을 겪기는 화이트칼라(영업, 사무직) 직원 역시 마찬
가지다. 업무에 곧바로 투입할 만한 근무능력을 갖춘 인재 구하기가 어
렵고, 있더라도 턱없이 높은 임금을 요구하고 있다. 삼성물산 상하이지
사의 경우 한때 헤드헌터와 인터넷 등을 통해 국내유통 분야 경력자를
찾았다. 이 회사가 제시한 급여는 5년 차 경력자의 경우 월급 약 6,000
위안, 여기에 반드시 가입해야 하는 각종 보험 등을 포함하면 약 9,000

상하이 노동자의 법정 최저임금 증가 추이

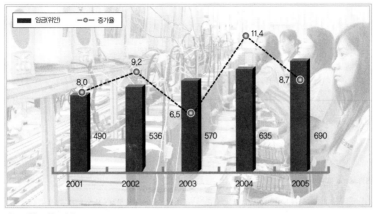

자료 : 〈第一財經日報〉

위안 수준이다. 우리 돈으로 약 117만 원을 제시하고 있지만 적당한 사람을 찾기 어렵다는 게 회사 관계자의 설명이다.

중소기업의 경우에는 더 심각하다. 업무능력을 제대로 갖춘 인재를 찾기 힘들고, 애써 가르쳐놓으면 2~3년 후 다른 업체에 빼앗기는 사례가 비일비재하다. 상하이 근교 자씽(嘉興)의 스피커 생산업체 ESTec전자 관리부 김 과장은 "대도시에서 대학을 나온 학생들은 지방근무를 꺼려 구하기 어렵고, 또 대기업 수준의 임금을 원하기 때문에 직원 구하기가 힘들다"고 하소연한다.

중국이 지대물박(地大物博)의 나라?

중국을 두고 흔히 '지대물박(地大物博)의 나라'라고 말한다. 땅이 넓고 물자가 풍부하다는 뜻이다. 물자가 풍부하다면 제조업 공장을 돌리는 최근 중국언론에서 '황(荒)'이라는 말을 자주 접할 수 있는데, 이는 '결핍'이란 뜻이다. 중국이 최악의 전력난에 시달릴 때는 '디엔황(電荒)'이라 했고, 일부 도시가 용수 부족에 직면하자 '수이황(水荒)'이라는 말이 유행했다. 또 농지가 크게 줄자 '띠황(地荒)'이라고 표현했다. 중국언론은 이 세 가지 부족을 '3황'이라고 표현한다. 요즘에는 이 '3황'에 일부 지역의 노동자 부족을 뜻하는 '민황(民荒)'을 더해 '4황'이라고 표현한다. 중국 경제가 3황의 늪에 빠지면서 성장의 한계에 봉착할 것이라는 우려도 나온다.

공장을 돌리는 데 가장 중요한 것은 에너지다. 그러나 중국의 에너지 사정은 현재 최악의 상황이라고 할 만하다. 전력난은 이제 중국이 매년 여름마다 겪는 연례행사처럼 되어버렸다. 2005년에는 사정이 조금 나아졌지만 전력 부족 규모는 약 3,000만kw에 달한 것으로 추산된다. 이 정도 양은 전체 필요 전력량의 약 15% 수준이다.

지난 해 여름, 상하이 근교 한 골프장은 평일임에도 손님이 적지 않았다. 자영업자들이 몰려들기 때문인데, 그들이 평일에 골프장을 찾을 수밖에 없는 이유가 바로 전력난에 있다.

"1주일에 의무적으로 3일을 쉬어야 한다. 주말에는 일하고 평일에 쉬는 경우가 많다. 멈춘 공장을 보고 있노라면 속이 타서 차라리 골프장에 나온다."

쿤산(昆山)에서 포장용기 제작 중소기업체를 운영하고 있는 J사장의 푸념이다.

중국의 석유자원 역시 한계에 달해 있다. 중국은 지난 10여 년 사이 연간 석유소비량이 100% 이상 증가했으나, 생산 증가율은 정체 상태를 보이고 있다. 전체 수요량의 약 40%에 해당하는 1억 톤가량의 석유를 수입에 의존하고 있다. 오는 2010년이면 3억 2,000만 톤의 수요량 중 절반 이상을 수입에 의존해야 할 형편이다. 2005년 여름에는 급기야 '유황(油荒)'이라는 말이 나오기도 했다. 중국의 석유유통 시스템의 미비와 석유 수입량 감소로 도시의 주유소는 기름 판매를 중단해야 했다.

중국의 석탄보유량은 600억 톤으로 비교적 풍부한 편이다. 그러나 이 중 경제성이 있는 광산은 10분의 1 수준에 불과한 것으로 알려져 있다. 소규모 광산이 산재하고, 게다가 기술 낙후로 채굴에 어려움을 겪고 있다. 중국은 세계 인구의 20%를 차지하지만 세계 매장량 대비 석유매장량은 1.8%, 천연가스 0.75%, 철광석 9%, 구리 5%에 그친다. 절대적으로 보면 많다고 볼 수 있지만, 객관적 기준치인 인구 대비로 비교하면 턱없이 부족한 수준이다.

수향(水鄕)의 도시에 물이 없다

중국은 연례행사처럼 해마다 물난리를 겪고 있으며, 홍수로 수백, 수천 명이 목숨을 잃는다. 그러나 사실 중국은 만성적인 물 부족 국가다. 중국 국토자원부 통계에 따르면, 현재 중국의 1인당 평균 수자원보유량은 2,076㎥로 세계 평균의 4분의 1 수준에 그치고 있다. 특히 강우량 부족 현상을 보이고 있는 북·서부 지역의 용수난이 심각하다. 산시성의 경우 1인당 평균 수자원보유량은 세계 수준의 1.4%에 불과하고, 허베이(河北) 역시 5%선에 그친다. 북서부의 많은 지역은 식수를 얻기 위해 물동이를 메고 수십 리 길을 걸어야 하는 마을이 적지 않다.

문제는 서북부뿐 아니라 동부, 남부 지역으로 물 부족 사태가 확산되고 있다는 점이다. 동부 연안 도시인 저장(浙江)성 닝뽀(寧波)는 거대한 강줄기가 흐르는 아름다운 도시다. 그런 닝뽀조차 1인당 수자원보유량은 1,180㎥에 그쳐, 중국 전체의 절반 수준에 불과하다. 남부 광둥성 역시 공업용수 부족에 시달리고 있다.

중국의 수자원 부족은 기후 탓도 있지만 무리한 개발에 따른 오폐수 방출에 더 큰 원인이 있는 것으로 지적된다. 중국 도시들은 대부분 거대 하천을 끼고 발전했지만, 공장 및 생활 오폐수 처리시설 낙후로 정화능력이 한계에 달한 실정이다.

중국 화동 지역 경제의 젖줄 창장은 서쪽 쓰촨성에서 시작해 상하이까지 장장 5,000km를 흐르는 거대한 강이다. 이 창장을 끼고 많은 공장이 들어서 있다. 그런데 이들 공장 중에서 오폐수 시설을 제대로 갖춘 업체가 드물다는 게 중국언론의 보도다. 공장에서 나온 오폐수는 강을 오염시키고, 이렇게 오염된 물이 상하이까지 내려왔을 때에는 공장용수로도 쓰기 어려운 폐수로 변한다.

중국이 세계의 공장으로 부각되면서 세계 각지의 제조업체들이 중국으로 몰려들었다. 물론 그 중에는 오염을 배출하지 않는 IT 분야 업체도 많다. 그러나 제조업체 가운데 상당수는 오염배출 업체였다. 중국 입장에서 볼 때 성장을 위해서는 외국기업을 유치해야 했고, 오염을 얼마나 배출하느냐는 중요하지 않았다. 그 성장제일주의의 아픔이 지금 중국의 산하를 멍들게 하고 있다.

토지 사정도 여의치 않다. 중국은 세계에서 세번째로 큰 땅덩어리를 갖고 있다. 그러나 전 국토의 30% 이상이 사막으로 덮여 있다. 게다가 매년 1만km²의 땅이 사막으로 변하고 있다. 중국의 수도 베이징 역시

'사막화 위험'에 시달리고 있는 실정이다. 중국의 1인당 평균 경지면적은 세계 평균 수준의 절반에 불과하다. 국토자원부 통계에 따르면, 지난 7년 동안 약 1억 무의 경작지가 유실된 것으로 나타났다.

이렇듯 경작지가 줄어든 이유는 기후 탓도 있지만 무리한 개발구 건설도 무시할 수 없는 요인으로 지적된다. 지방정부가 세수 확대를 위해 농지를 갈아엎어 공업단지로 만들고 있는 것이다. 2003년에만 약 22만 9,000ha의 농지가 공업단지로 전환됐다. 이듬해 중국의 식량가격이 급격하게 상승한 것은 경지유실이 가장 큰 요인이다.

중국 정부는 최근 각 지방정부의 토지개발을 전면 중단시키고, 기존 개발구를 대폭 정리했다고 밝혔다. 2004년 6,015개 개발구에 대한 정리 작업을 벌여 이 중 2,426개 개발구를 폐지했다. 맹목적인 개발구 조성, 무분별한 토지 점용, 불법적인 토지 사용 등에 대해 더 이상 묵과할 수 없다는 것이 중국당국 방침이다. 이는 경작지 유실 문제가 얼마나 심각한지 단적으로 보여준다.

하청공장의 비애

전문가들은 중국 제조업체들이 위기에 직면한 것은 세계 분업구조에서 부가가치가 낮은 제품을 생산하고 있기 때문인 것으로 분석한다. 세계 공장이란, 곧 세계 하청공장에 불과하다는 얘기다.

시계를 예로 들어 설명하겠다. 중국의 시계 생산량은 전세계 생산의 70%를 차지한다. 그러나 금액 면으로 치면 10%에 불과하다. 중국에서 만들어진 시계가 부가가치가 낮은 싸구려임을 알 수 있다. 실제로 부가

가치가 높은 고급 시계는 스위스, 일본 등에서 만들어진다.

광둥성 선전 주변은 세계적인 시계 생산단지다. 이곳에 흩어져 있는 약 900개의 기업이 한햇동안 약 8억 개의 시계를 만들어 세계 각지로 수출한다. 2005년 1~5월 동안 선전의 시계 수출량은 5억 5,200만 개에 달했다. 그러나 수출액은 4억 4,200만 달러로, 개당 1달러가 채 안 되는 가격에 시계가 수출되고 있는 것이다. 중국이 1달러에 수출한 시계는 미국의 할인매장에서 약 4달러에 팔린다. 중국의 수출구조로 볼 때 1달러짜리 수출품의 경우 중국 기업이 창출한 부가가치는 35센트에 불과하다(나머지 65센트는 원부자재 구입 및 고정비용). 결국 4달러짜리 시계 중에서 중국인에게 돌아가는 몫은 전체의 8.7%에 불과하다는 계산이 나온다.

중국 제조업의 투자 대비 이익률은 선진국 수준의 5분의 1에도 못 미친다. 노동 투입에 의존한 중국 제조업이 세계 시장에서 성장의 한계에 직면할 수 있다는 지적이다. 베이징 대학 종형(縱橫) 컨설팅의 천장(陳江) 소장은 "중국 제조업은 세계 분업구조에서 가장 하급 단계에 위치하고 있어 세계적인 경쟁력을 가질 수 없는 구조다. 기술개발, 브랜드 마케팅 등이 따르지 않는다면 중국은 영원히 선진기업의 하청공장에 머물 것"이라고 경고한다. 그래서 "중국의 공장에는 '두뇌'가 없다"는 얘기가 나온다.

중국은 지난 28년 동안 진행된 개혁개방 과정 중에서 해외직접투자(FDI) 유치를 위해 피나는 노력을 전개해 왔다. 중국이 FDI 끌어들이기에 적극 나선 이유는 자금도 자금이지만 더 큰 목적은 기술에 있다. '시장을 내어줄 테니 기술을 가져와라(市場換技術)'는 전략이다. 특히 기술수준이 높은 다국적기업에 과감한 혜택을 제시하며 투자를 유치했다.

그러나 이 같은 당초 목표가 성공했는지 그 여부를 놓고 의견이 분분

한 실정이다. 중국 상무부가 최근 발표한 〈다국적기업의 중국 산업 영향 보고서〉에 따르면, 폴크스바겐, GM, 혼다 등 외국 자동차업체들은 중국에서 기술개발을 하기보다는 기존 기술을 들여와 현지에서 조립하는 데 그쳤다. 기술 분야는 외국 합작사가 장악, 오히려 자체 기술개발을 억제했다. 보고서는 "외국의 자동차업체들은 중국 합자회사의 기술개발 능력을 위축시켰고, 이 과정에서 중국 합작 파트너는 기술개발 능력을 상실했다"고 분석했다.

상무부 다국적기업연구소의 왕즈러(王志樂) 소장은 "중국 기업들은 다국적기업과 합작하면서 합작 파트너의 기술을 습득, 소화시키는 데 등한시했다. 다국적기업의 진출은 중국의 기술개발을 오히려 후퇴시켰다"고 분석한다.

제후경제에 막힌 판로

중국 허난성의 슈왕후이(雙匯)그룹은 중국 육류가공 시장의 시장점유율 42%를 차지하는 대형 업체다. 이 회사는 최근 허베이성 이창(宜昌)에 식품가공센터 설립을 추진했다. 중국의 중부 지역 시장공략을 위한 포석이었다. 공장을 짓고 본격적인 영업에 나서기 직전, 슈왕후이는 이창 시정부로부터 뜻하지 않은 통보를 받았다.

'시정부의 육류가공 감독 규정을 위반, 영업을 허가할 수 없다'는 내용이었다. 개선을 약속해도 소용이 없었다. 여러 경로를 통해 로비를 가해도 시정부 관계자들은 꿈쩍도 하지 않았다. 시정부 감독당국은 육류 냉동창고를 일방적으로 폐쇄했다. 슈왕후이 그룹은 결국 이창 진출 계획을 접어야 했다. 무엇이 슈왕후이의 이창 진출을 막았을까. 답은 '지방보호주의'다. 슈왕후이가 이창 시장에 진입하는 것을 시정부가 막은 것이다. 물론 자기 시의 기업들을 보호하기 위해서다.

슈왕후이의 이창 진출 사례는 중국에서 쉽게 목격할 수 있는 지방이기주의의 단면이다. 31개 성(省)으로 구성된 중국은 지금 각 지역별로 담을 쌓아놓고 다른 지역 기업이나 상품의 진입을 막고 있다. 이러한 이유 때문에 "중국은 한 시장이 아닌 31개 시장, 아니 더 나아가 수백 개의 단위 시장으로 구성된 나라"라는 말도 나온다. 우리가 중국의 지역별 시장 특색을 분명하게 파악해야 하는 이유이기도 하다.

중국 상무부는 최근 22개 성을 대상으로 '지방보호주의 실태조사'를 벌였다. 이 중 20개 성이 '매우 심각한 지방보호 조치를 취하고 있다'는 결론을 얻었다. 4,000개 기업을 대상으로 실시한 기업별 지방보호주의 피해조사에서도 응답 기업 중 3분의 2 이상이 생산 및 유통에 커다란 차질을 빚고 있다고 답했는데, 특히 전국 규모의 사업을 하고 있는 대기업의 피해가 큰 것으로 나타났다.

중국의 지방보호주의 수법은 날로 교묘해지고 있다. 기존 지방보호주의는 타지역 상품의 시장진입 규제, 외부 시장으로의 자원유출 차단 등 직접적인 수단에 의존했다. 그러나 지금은 기술표준, 인증제도, 위생검사 등 간접적인 방법을 통해 외지 기업의 진출을 방해하고 있다. 특히 해당 지역 정부는 정부조달에서 자기 지역 상품을 우선 구매하는 형태를 보이고 있다.

중앙정부의 감독이 심해지면서 그 수법도 치밀해지고 있다는 게 상무부의 지적이다. 많은 도시가 자(自)도시의 맥주 산업을 보호하기 위해 다른 지역에서 들어온 맥주에 엄청난 세금을 부과한다. 일부 지방은 화물 운송권을 자기 지방 회사에만 부여, 수천 리 외지에서 물건을 싣고 온 트럭을 돌려보낸다. 원활한 물류가 차단되는 것이다.

지방보호주의의 가장 큰 폐해는 시장 규모의 확대가 어렵다는 점이다. 경쟁력 있는 제품도 지방보호의 문턱에 막혀 시장 진입에 어려움을 겪는다. 당연히 기업 입장에서는 규모의 경제를 달성하기가 어렵다. 또 전국적인 브랜드 창출도 쉽지 않다.

중국언론의 보도에 따르면, 중국의 최대 자동차 메이커인 이치(一汽) 그룹의 경우 28개 지역에서 보호주의에 막혀 대리점 설립을 포기해야 했다. 월마트, 까르푸 등 국제적인 유통업체 역시 영업매장 설립에 애를 먹고 있다. 그래서 "중국 13억 인구의 시장은 환상에 불과하다"는 지적이 나온다.

지방보호주의의 또 다른 문제는 가짜상품이다. 각 지방정부들은 세수 및 고용증대를 위해 불법 가짜상품 제조업체에 대해 강력한 단속을 벌이지 못하고 있다. 중앙정부의 가짜상품 퇴치운동에도 불구하고 허난, 푸지엔, 광둥 지역에서 가짜상품이 근절되지 않는 이유다. 지방보호주의는 부패와 쉽게 연결되기도 한다. 더군다나 지방법원은 법리와는 상관없이 타지역 기업과 소송이 붙은 자기 지방 기업에 유리한 판결을 내리기도 한다. 일반적으로 1심 재판은 해당 지역에서 열리게 되어 있어, 외부 기업이 승소하기가 쉽지 않다.

전문가들은 지방보호주의가 쉽게 사라지지 않는 이유를 중국 전통의 '제후(諸侯)정치 사상'에서 찾고 있다. 중앙의 지배에 반발, 지방의 독립을 꿈꾸는 고대 제후정치와 맥을 같이 한다는 설명이다. 제후정치 사상이 현대 지방정부지도자들의 실적주의와 맞물려 중국 경제를 쪼개고 있는 것이다.

모럴해저드, 국가재산도 꿀꺽

권력이 있는 곳에 부정부패가 있게 마련이다. 하지만 부정부패에 관한 한 중국은 역사적으로나, 지금 상황으로나 최고 수준이라고 할 만하다.

인의(仁義)와 도덕을 정치 이상(理想)으로 내걸었던 중국 왕조시대 관리들의 부패는 왕조의 몰락을 가져오기도 했다. 순수성을 내건 현 중국 공산당 치하에서도 부정부패는 광범위하고, 깊게 뿌리내리고 있어 사회를 옥죄고 있다.

여기서는 중국 사회에 만연한 부정부패의 근원과 부정부패 시스템을 연구해 보고자 한다. 중국공산당이 '국기(國基)를 흔드는 요소'로 지목한 부정부패를 한 가지씩 추적해 보자.

인민 빌딩 사건

중국 관리들의 도덕불감증은 어제 오늘의 일이 아니다. 공개처형 등 단
호한 사정(司正)과 숙청에도 불구하고 부정부패는 좀처럼 근절되지 않
고 있다. 하루가 멀다 하고 부정부패 사건이 신문을 장식한다. 2004년
여름 중국언론에 '인민 빌딩 이야기'가 화제로 등장했다. 그 내막은 이
렇다.

중국 광둥성 루펑시(陸豊市) 런민루(人民路)에 '인민(人民)'이라는 이름
의 빌딩이 있었다. 겉으로 보기에는 별다른 특징이 없는 평범한 6층 건
물이었다. 그런데 이 건물에 식당이 하나 있는데 현대판 아방궁이라고
할 만한 12개의 호화 룸과 커다란 실내정원이 꾸며져 있었다.

이 식당은 루펑뿐 아니라 광둥에서도 음식 값이 비싼 집으로 유명했
다. 신선탕, 보건탕 등 야릇한 이름의 요리에 800~1,000위안의 가격표
가 붙어 있었다. 코스 요리 가격은 혀를 내두르게 한다. 1인당 3,000위
안, 5,000위안하는 게 있는가 하면, 최고 15만 위안짜리도 있다. 한 끼
에 우리 돈 2,000만 원이 넘는 셈이다.

이 식당을 드나들며 한 끼 식사비로 2,000만 원을 지불한 사람들은
누구였을까. 〈인민일보〉는 루펑시 정부지도자들이 이 식당을 주로 찾는
다고 전했다. 루펑시뿐 아니라 산토우(汕頭), 산웨이(汕尾), 차오저우(潮
州) 등 인근 도시의 고급 관리들도 주 고객이었다.

"루펑시는 1인당 GDP가 500달러가 채 안 되는 빈곤 도시다. 지방재정이 바
닥나 한 달 1,000위안이 안 되는 교사들의 월급도 제대로 주지 못하고 있다.
그럼에도 지방정부 지도자들은 한 끼 15만 위안짜리 식사를 하며 인민들의

고혈을 짜내고 있다. 이 건물을 어찌 '인민 빌딩'이라 하겠는가. '인민'이라는 이름을 더럽히지 마라."

〈인민일보〉는 이 보도를 전하면서 중국 관리들의 부정부패와 그릇된 정치의식을 질타했다. 박봉의 관리들이 도대체 어디서 돈을 끌어왔기에 호화 점심식사를 즐기는가. 공금을 끌어다 쓰거나, 누군가 상납한 부정자금이 아니라면 가능하지 않을 얘기다. 신문은 중국 관리들의 1년 불법예산 남용 규모가 1,000억 위안(약 15조 원)에 이른다고 덧붙인다.

혹자는 "그 정도 일을 갖고 난리냐"라고 말할 수도 있을 것이다. 정도의 차이는 있을지 모르지만, 우리나라에서도 비슷한 일이 벌어지고 있다는 얘기도 나올 법하다. 그러나 '인민 빌딩' 사건을 예로 든 것은 행정 관리층 저변에 부패의식이 폭넓게 자리잡고 있다는 사실을 보여주기 위해서다. 잇따라 터지고 있는 대규모 부정부패는 공직사회 저변에 '모럴해저드'를 바탕으로 생성되고 있다. 그 '모럴해저드'가 부패의 영양분을 제공, 매년 발각되는 부패 건수가 증가하고 있으며 규모도 커지고 있다. 또 부패가 제도화되고 있다는 점에서 중국당국을 긴장시키고 있다.

'왕삼억(王三億)' 별명의 유래

한때 안후이성 부(副)성장을 지낸 왕화이중(王懷忠)은 주민들로부터 '왕삼억(王三億)'이라는 별명을 얻었다. 그의 이름에 '3억'이라는 호칭을 붙여준 것이다. 그가 '왕삼억'이라는 별명을 얻게 된 내력은 다음과 같다.

왕화이중은 1946년 안후이성 하오저우(毫川)시에서 태어났다. 1960년대 말 중학교를 마친 그는 고향으로 돌아와 관직에 나섰다. 초기 그는 당(黨)성이 강하고, 총명하기로 이름 높았다. 매일 10시까지 남아 일을 했고, 휴일에도 출근할 만큼 열성적인 공무원이었다. 당연히 그는 상부의 눈에 들었고, 초고속 승진의 길을 걷기 시작했다. 가장 말단 행정조직인 전(鎭)정부 전장을 시작으로 급기야 1994년 상급 도시인 푸양(阜陽)시 당위원회 부위원장으로 자리를 옮겼다.

그런데 푸양으로 자리를 옮긴 그는 변하기 시작했다. 부패의 유혹을 뿌리치지 못한 것이다. 1994년 그는 한 기업의 탈세를 도운 대가로 6만 위안을 받았다. 그게 시작이었다. 이후 왕화이중의 부패행각은 더욱 대담해졌고, 그의 주변에는 부패로 물든 공무원들이 몰려들었다. 그가 받은 뇌물액은 10만 위안, 30만 위안, 50만 위안으로 점점 늘어났다. 주로 기업에 토지를 매각하거나, 세금 징수 과정에서 부패를 일삼았다.

뇌물뿐 아니다. 그는 1995년 푸양 비행장 건설 사업에 관여하게 되었다. 초기 건설 예정자금은 6,000만 위안이었지만, 1998년 이 비행장이 건설됐을 때까지 들어간 돈은 모두 3억 위안이 넘었다. 건설과정에서 부정부패가 끼어들어 사업비가 더 들어간 것이다. 덕택에 그는 '왕삼억'이라는 별명을 얻었다. 그 비행장은 이용객이 없어 1999년 문을 닫아야 했다. 중국언론은 '왕삼억'이 만든 비행장이 지금 새들의 낙원으로 변했다고 꼬집는다.

그러나 꼬리가 길면 잡히는 법, 그의 부패행각은 2001년 4월 발각됐고 조사를 거쳐 이듬해 10월 체포됐다. 그가 받은 뇌물 총액은 517만 위안, 그가 갖고 있던 출처 불명의 돈은 480만 위안에 이르렀다는 게 인민검찰원의 보고다.

조사과정에서 부패연루 공무원 160명이 체포됐다. 그만큼 부패가 조직적으로 이뤄졌다는 얘기다. 왕삼억은 2004년 초 사형선고를 받고 형장의 이슬로 사라졌다.

공산당의 대표적인 선전지 〈치우스(求是)〉는 최근 '부패가 당을 무너뜨리고 있다'며 부패의 실상을 고발했다. 〈치우스〉는 직급에 따라 뇌물의 대략적인 액수를 지적하기도 했다. 가장 말단의 행정단위인 샹(鄕), 전(鎭)정부 공직자 뇌물은 1만 위안, 그보다 한 단계 높은 시엔(縣), 취(區)는 5만 위안 정도를 먹는다. 성(省), 시(市) 정부관리로 가면 10만 위안으로 액수가 크게 늘어난다.

중국 검찰(최고인민검찰원)은 2005년 연례보고를 통해 2004년 부정부패에 연루된 공직자 수가 43만 7,000명에 달한다고 밝혔다. 이들로부터 추징한 자금만도 45억 6,000만 위안에 달한다. 우리나라 감사원에 해당하는 선지수(審計署)에서는 2004년 부정부패와 관련이 있는 754명의 고위공직자, 기업간부, 금융업계 인사 등을 철창으로 보냈는데, 회수한 예산만도 208억 위안에 달한다. 그러나 이는 밝혀진 부패일 뿐이다.

오랫동안 중국 사회를 연구한 경제학자 공리성(巩利勝) 박사는 중국 공직사회의 부정부패 거래 규모가 연간 1조 5,000억 위안에 이른다고 주장한다. 이는 중국 전체 국내총생산(GDP)의 약 7분의 1 수준이다. 관리들의 부패는 국민과 공직 사이의 간극을 넓히고 있다. '관리 = 부패'라는 인식이 중국 인민들 사이에 폭넓게 형성되고 있는 것이다. 관리들의 부패에 격분한 지역 주민들이 관공서에 몰려가 과격시위를 벌이는 현상이 자주 일어나고 있다는 게 이를 증명한다.

부패의 역사

중국의 부패를 한 개인의 문제로 치부하자면 아무런 의미가 없다. 선진국에서도 부패에 젖은 관리가 많기 때문이다. 중국의 부패가 생성, 발전하는 부패 시스템을 알 필요가 있다. 중국 공무원들의 부정부패는 중국경제가 계획경제에서 시장경제로 이행되는 과정 가운데 생성, 심화됐다는 특징을 갖는다. 그 역사를 살펴보면 다음과 같다.

제1단계는 개혁개방을 시작했던 1978~88년의 기간이다. 중국의 개혁개방은 철저히 점진적으로 추진됐다. 시장구조개혁 역시 단계별로 시작된다. 이를 상징적으로 보여주는 것이 가격 쌍궤제(雙軌制)다. 동일한 상품이라도 정부가 설정하는 '계획가격'과 시장수급에 따라 가격이 결정되는 '시장가격'으로 양분된 시스템이다. 계획경제와 시장경제가 공존하는 것이다.

당시는 물품이 귀한 때였는데, 일반적으로 정부의 계획가격이 시장가격보다 훨씬 낮았다. 이는 곧 계획가격으로 물품을 매입해 이를 시장가격으로 팔면 앉아서 돈을 벌 수 있다는 얘기다. 계획가격으로 물품을 살 수 있을지의 여부는 전적으로 관리의 손에 달렸다. 해당 관리의 서명이 곧 돈이었던 셈이다. 주로 철강, 석탄, 석유, 자동차, 가전제품, 수입품 등이 주요 폭리의 대상이었다.

이 같은 구조 하에서 관리들은 쉽게 부패로 빠져들었다. 계획가격 구입권을 준 뒤 업자와 시장가격과의 차이를 나눠먹는 식이다. 밀수역시 관리부패의 주요 대상이었다. 수입관세가 높았던 당시에는 밀수가 곧 돈이었다. 중국 거리에 정식으로 허가되지 않은 외제 자동차가버젓이굴러다닐 수 있었던 것도 바로 이 때문이었다. 밀수와 관련된

재판받는 부패 공무원. 공무원 부패가 끊이지 않으면서 신문에 자주 등장하는 모습이다.

부패는 주룽지 총리가 강력한 밀수척결 작전을 벌인 1990년대 말까지 지속된다.

제2단계는 1989~93년의 '부패 과도기'다. 지난 1989년 톈안먼사태로 홍역을 치른 바 있는 중국공산당은 대대적인 사회정화운동을 전개했다. 부정부패에 연루된 관리들을 잡아들이는 한편, 관리를 대상으로 사상 작업에 나섰다. 1989년 한 해에만 약 6만 건의 부패행위가 적발됐는데, 전년보다 약 2.6배 많은 수준이었다. 이 시기의 부패는 다른 양상으로 발전한다. 사정작업이 가속화되면서 부패는 더욱 은밀하고 치밀하게 진행되었다. 부패가 만성적인 문제로 변질된 것이다. 이와 함께 중국 행정 부문이 속으로 썩어들어가기 시작했다.

제3단계는 1994년 이후 현재까지의 시기다. 중국은 1994년 '사회주의 시장경제'를 채택하면서 경제 방면의 개혁이 탄력을 받는다. 정부의 가격일원화 정책으로 쌍궤제의 계획가격이 사라지면서 부패의 성격도 달라졌다. 가장 두드러진 특징은 부패가 단순 관리의 문제가 아닌 정부와 기업(국유기업), 그리고 은행으로 연결되면서 조직화됐다는 점이다.

최근 발생한 행정집행 반발 시위

장소	시기	원인	주요 상황
푸지엔	2004. 9	주택 강제철거	화염병, 가스통으로 무장한 주민과 경찰의 충돌
충칭(重慶)	2004. 10	공무원 사칭 상대방 구타	수만 명이 시청사로 몰려가 차량을 전복시키고 시위
쓰촨	2004. 10	수력발전소 토지 수용에 따른 보상 문제	10만여 명의 시위로 교통 및 통신망 일시 마비
저장	2005. 4	유해 화학공장 건설 반대	시위 해산 과정에서 수만 명의 농민이 참가, 사상자 발생
안후이	2005. 6	경찰의 편파적 공무집행에 대한 반발	약 1만 명의 군중이 파출소에 방화, 약탈 사태 발생

자료 : 홍콩언론 종합

1990년대 중반 들어 중국은 국유기업 민영화에 나서게 된다. 이 과정에서 정부의 관리들은 기존 국유기업의 자산가치를 낮게 책정, 기업을 헐값에 민간에 넘기곤 했다. 또 부실한 국유기업에 은행 자금을 끌어다주면서 정부관리, 은행 관계자, 기업경영자 간 부패의 삼각 고리가 형성됐다. 이 과정에서 공무원의 부당 행정집행에 대해 해당 지역 주민들이 시위를 벌이는 일도 빈발하고 있다.

제3단계 시기의 또 다른 특징은 토지에서 나왔다. 중국의 토지는 모두 국가 소유다. 이를 민간이 개발하려면 국가로부터 토지사용권을 사야 한다. 1990년대 들어 불기 시작한 부동산개발 붐은 토지를 부패의 온상으로 만들었다. 정부관리가 토지를 개발업체에 넘기는 과정에서 뇌물을 수수하는 일이 관행으로 굳어신 것이다. 개발상은 토지사용권을 구입하면 곧 돈이 됐다. 구태여 개발하지 않고 제3자에게 넘겨도 어마어마한 돈을 벌 수 있었다. 특히 일부 관리들은 헐값에 토지를 넘긴 뒤, 그 지역을 도시개발 지역으로 선정해 땅 값을 올리기도 했다. 차익은 개발업체와 관리의 호주머니로 들어간 것은 물론이다.

국가재산은 먼저 빼먹는 놈이 임자

지린(吉林)성 창춘시의 창춘반도체공장. 한때 마오쩌둥으로부터 '중국 과학기술의 선두주자'라는 찬사를 받은 바 있는 기업이다. 지난 1964년에 설립된 이 회사는 반도체 발광(發光)부품, 광전기부품, 마이크로 기계 등을 생산하는 군수전문 과학기술 업체로 성장해 왔다.

그러나 이 회사는 현재 '기왓장 하나 남지 않은' 빈털터리가 됐다. 잘 나가던 회사가 불과 10여 년 사이에 쪽박을 차게 된 사연은 다음과 같다.

지난 1990년대에 들어 이 공장은 경영난에 부딪혔다. 국유기업의 비효율성이 표면화된 것이다. 1997년 이 회사는 결국 민영화의 길을 밟아 5,410만 위안에 민영기업인 항허(恒和)그룹에 넘어갔다. 그러나 실제 자산가치는 매각대금의 3배에 해당하는 1억 5,200만 위안에 달한 것으로 알려졌다. 게다가 매각자금에는 6,800만 위안을 들여 새로 투자한 디스켓 작업실은 포함되지 않았다. 국유자산이 헐값에 민간으로 넘어간 것이다. 이 과정에 보이지 않는 부패의 손길이 작용했다는 게 중국언론의 분석이다.

항허가 창춘반도체를 인수한 목적은 경영에 있지 않았다. 창춘반도체가 보유하고 있던 대규모의 부동산을 손에 넣겠다는 계산이다. 항허는 창춘을 인수하자마자 직원을 해고하기 시작했다. 한편으로는 회사부지 매각에 나서, 2000년 7월까지 공장의 90%를 허물고, 토지를 내다 팔았다. 이 회사의 기구한 운명은 여기서 끝나지 않았다.

창춘에 미국의 실리콘밸리와 같은 전자산업단지를 만들겠다는 창춘 시정부의 뜻에 따라 이 회사는 또다시 국유기업으로 탈바꿈하게 된다. 2000년 7월 창춘시 산하 업체인 창춘광학은 항허그룹이 지고 있던 3,410만 위안의 부채를 떠안는 방식으로 창춘반도체를 인수했다. 1억 5,200만 위안짜리가 두 번 팔리는 과정에서 3,000만 위안짜리로 바뀐 것이다.

창춘시가 이 회사를 다시 사들인 이유 역시 공장가동에 있지 않았다. 공장 실체가 있어야 중앙정부의 '863(국가과학기술진흥)프로젝트' 자금을 받을 수 있었기 때문이다. 이미 껍데기만 남은 공장에 정부의 자금지원 이 있을 리 없었다. 자금지원을 받지 못한 창춘반도체공장은 가동을 멈 췄고, 그나마 남아 있던 공장부지마저 또 다른 민영기업에 팔려야 했다. 창춘반도체는 국유 → 민영 → 국유의 길을 거치는 과정에서 아무것도 남은 것 없는 빈털털이가 돼버렸다. 중국에서는 '국유자산은 먼저 빼먹 는 놈이 임자'라는 말까지 나오고 있다.

이 사건은 현재 경찰의 조사를 받고 있다. 부패에 깊게 관여한 항허 그룹 책임자가 잠적했고, 창춘시 고위 공직자들이 경찰서를 드나들고 있다. 그 부패의 끝이 어딘지 중국당국조차 가늠하지 못하고 있다.

기업으로 파고드는 모럴해저드

중국의 부패는 공직 분야에만 국한된 것이 아니다. 시장경제가 발전하 면서 행정 분야의 비리가 업계로 확산되고 있다. 업계에도 모럴해저드

랑시엔핑 교수는 중국 경제의 불합리한 부분에 대해 직격탄을 날린다. 그는 2005년 중국에서 가장 존경받는 경제학자 중 한 명으로 꼽힐 만큼 중국인들의 신임을 한몸에 받고 있다.

현상이 심화되고 있는 것이다. 현재 논란이 되고 있는 국유자산의 유실 문제는 이를 잘 보여주는 사례다.

2004년 8월 9일, 상하이 푸단(復旦) 대학교에서 한 초빙교수 특강이 열렸다. 강사는 랑시엔핑(郎咸平) 홍콩 중문 대학 수석교수. 그는 칠판에 강의 제목을 써 내려갔다.

'格林柯爾：在國退民進的盛宴中狂歡(거린커얼 : 민영화 파티에서의 쾌락).' 거린커얼이 민영화 과정에서 국유자산을 빼돌려 부당 경제이익을 얻었다는 게 강의의 주제였다.

거린커얼은 커룽(科龍), 메이링(美菱), 야싱(亞星), ST시앙조우(襄軸) 등의 상장기업을 거느린 중국의 대표 민영기업이다. 이 회사 구추쥔(顧雛軍) 회장은 '민영기업의 대부'로 존경받아 온 인물인데, 구 회장을 랑 교수가 공격하고 나선 것이다.

"구 회장은 지난 2002년 이후 4개의 상장회사를 손에 넣었다. 이들 기업의 총 장부 매입가는 41억 위안이다. 그러나 구 회장이 실제 지불한 돈은 단지 3억 위안에 불과했다. 국가재산이 유출된 것이다."

랑 교수가 밝힌 구 회장의 '작전'은 이렇다.

구 회장은 지난 2001년 11월 광둥성의 유명 국유 가전업체인 커룽(科龍) 회장에 올랐다. 그가 회장에 취임한 후 커룽은 경영이 악화되기 시작했다. 중국은 결국 국유기업이었던 커룽을 민영화시키기로 결정, 당시 도입된 MBO(관리층 매입) 계획에 따라 커룽을 구 회장에게 헐값으로 넘겼다.

그런데 이상한 일이 생겼다. 커룽은 민영기업으로 전환하자마자 경영상태가 갑작스럽게 호전됐다. 언론은 구 회장이 다 쓰러져가는 국유기업 커룽을 회생시켰다며 그를 '민영기업의 대부'라고 극찬하기에 이르렀다.

그러나 이는 구 회장의 시나리오에 불과했다는 게 랑 교수의 주장이다. 구 회장은 커룽의 회장으로 임명되자마자 회사 경영 상태를 고의로 악화시켰다. 편법 회계였다. 당연히 매각자금이 낮아졌고, 구 회장은 헐값에 커룽을 사들였다. 랑 교수는 구체적인 수치도 제시했다. 구 회장이 사들인 나머지 회사들도 모두 이런 식으로 헐값 매각됐다는 게 랑 교수의 설명이다. 구 회장은 "말도 안 되는 소리"라고 반발하며 어려운 국유기업을 살려놨더니 딴소리라는 반응이다. 구 회장은 결국 랑 교수를 홍콩법원에 제소함으로써 이 문제는 법정으로 비화됐다.

랑 교수가 '민영기업 스타'를 공격한 것은 이번이 처음은 아니다. 중국의 대표적인 민영기업 하이얼의 장루이민(張瑞民) 회장, IT 분야 최대 민영기업 TCL의 리둥성(李東生) 등이 비슷한 이유로 랑 교수의 직격탄을 맞았다. 랑 교수는 특히 "민영기업에 대한 환상을 버려라"며 민영화 작업을 공격한다. 많은 민영기업이 국가재산을 헐값으로 사들이고, 또 국가의 전폭적인 도움으로 쉽게 돈을 벌었을 뿐이라는 얘기다.

랑 교수는 한 발 더 나아가 현재 진행되고 있는 민영화는 국가재산

유출에 불과할 뿐이라고 강조한다. 민영화 과정에서 관리와 기업가가 결탁, 자산을 빼돌리는 부조리가 성행하고 있다는 것이다. 민영화는 마땅히 재검토되어야 한다는 게 그의 주장이다.

"정부는 합법이라는 미명 아래 국가재산을 헐값에 팔아넘기고 있다. 국유기업을 산 개인은 은행돈을 끌어들여 쉽게 자산을 사유화한다. 이는 결국 국민들의 손해로 이어진다. 국유재산은 곧 국민들의 재산이기 때문이다. 지금 우리가 보호해야 할 것은 국유재산이지 민영기업이 아니다."

당시 업계에서는 '민영기업의 대부' 구 회장을 공격하는 랑 교수의 태도에 반신반의했다. 그러나 1년이 지난 2005년 8월 구 회장은 기업회계 비리 등으로 조사받았고, 결국 경찰에 체포되기에 이른다. 물론 랑 교수의 주장이 직접적인 이유는 아니었지만, 그의 공격이 민영기업의 모럴해저드를 부수는 데 결정적인 역할을 한 것은 분명하다.

이 밖에도 기업의 모럴해저드 사례는 많다. 광둥성 푸산에서 민영기업 화광(華光)그룹을 경영했던 펑밍창(憑明昌)은 2004년까지만 해도 광둥성 '민영기업의 별(民企之星)'이었다. 그러나 지금은 철창 안에서 콩밥을 먹는 신세로 전락했다.

13개 계열 기업을 거느리고 있는 펑밍창은 2004년 74억 위안의 은행자금을 불법으로 대출받아 유용한 혐의로 감옥에 갇혀 있다. 그는 허위 재무제표를 작성해 해당 지역 공상은행(工商銀行)에 제출했고, 은행은 신용조사 없이 74억 위안을 그에게 내줬다. 펑밍창은 이 돈을 개인 금고에 넣었고, 일부는 해외로 빼돌리기도 했다.

이렇듯 부정부패가 기승을 더해가자 중국 정부는 반부패 운동의 강도를 높여가고 있다. 그럼에도 불구하고 부패는 줄어들 기미가 보이지 않는다. 중국의 부정부패는 개인의 차원을 넘어선 국가 경제시스템과 관련된 문제이기 때문이다.

모럴해저드, 우리가 IMF로 허덕이고 있을 당시 가장 많이 듣던 말이 지금 중국에 넓게 퍼져가고 있다.

5 레드오션 차이나

'치킨게임.' 자동차를 서로 마주보고 달려 충돌직전 먼저 피하는 사람이 지는 게임이다. 담력이 큰 사람이 승리하게 마련이다. 지금 중국 소비시장에서 벌어지고 있는 가격전쟁을 보고 있노라면 이 말이 절로 떠오른다. 각 업체들은 파국을 향해 달려가고 있는 모습이다. 살아남기 위한 경쟁이 아니라 남을 도태시키기 위한 무한경쟁 양상이다. 경쟁 마지막 순간에서 '핸들'을 꺾는 기업이 결국 시장을 떠나야 하는 숨 막히는 게임이 진행 중인 것이다.

치킨게임, 피하면 죽는다

휴대폰 시장은 키친게임이 벌어지고 있는 대표적인 시장이다. 그 현장을 추적해 보자. 베이징의 '용산전자상가'로 통하는 중관춘의 한 휴대폰 매장. 이곳에서는 중국을 비롯한 세계 유수 업체가 생산한 수십 종류의 휴대폰이 팔리고 있다. 필자가 이곳을 취재했던 2005년 여름 30만 화소 카메라 기능을 갖춘 삼성애니콜 휴대폰에 '2,388위안 → 1,988위안'이라는 가격할인 표시가 붙어 있다. 고급 브랜드의 대명사인 삼성애니콜이 가격 세일에 나서고 있는 것이다.

같은 층에 있던 중국브랜드 렌상(聯想)휴대폰 매장. 카메라 해상도가 훨씬 높은 200만 화소짜리 휴대폰에 '1,999 위안' 가격표가 눈길을 사로잡는다. 언뜻 이해가 가지 않는다. 아무리 브랜드가 중요하다고는 해도 어떻게 30만 화소짜리와 200만 화소 휴대폰 가격이 같을 수 있다는 말인가. 그게 바로 중국식 가격파괴다. 상대방이 겁을 먹고 핸들을 꺾을 때까지 가격공세를 펼치고 있는 것이다.

각 업체들이 이 같이 가격전쟁에 나서야 하는 이유는 공급과잉이다. 2004년 말 현재 중국 휴대폰 생산은 약 2억 3,300만 대, 반면 판매량(수출 포함)은 2억 1,000만 대에 그쳤다. 전문가들은 약 4,000만~ 5,000만 대의 휴대폰이 재고로 쌓여 있을 것으로 추산한다. 사정이 이렇다 보니 업계에서 가격전쟁이 벌어지는 것은 당연한 일이다.

문제는 시장에 제품이 쏟아져 가격이 폭락하고 있는데도 중국 휴대폰 생산능력은 오히려 증가하고 있다는 점이다. 기존 업체들은 생산 규모를 대폭 확장하고 있다. 렌상이 앞으로 5년 동안 생산 규모(연간)를 2배로 확대해 1,000만 대 규모로 늘리기로 했고, TCL도 지금보다 2배 많은 4,200만 대의 생산시설을 갖추기로 했다. LG는 옌타이(煙台)공장 생산 규모를 현재 연 1,000만 대에서 2006년에는 2,000만 대로 늘릴 예정이다.

휴대폰 생산 5억 대, 전세계 80%

신규 업체도 늘어나고 있다. 중국 정부는 2005년 잉화다(英華達), 밍지(明基), 창웨이(創維), 진리(金立) 등 모두 22개 업체의 휴대폰 사업을 허가했다. 게다가 중국 정부는 신규 신청업체를 모두 허가해 준다는 방침이어서 현재 57개인 휴대폰 생산업체가 2006년 말 70여 개 사로 늘 것으로 예상된다.

중국의 업계 전문가들은 수년 내 중국의 휴대폰 생산 능력이 5억 대에 달할 것으로 전망하고 있다. 전세계 생산 규모의 약 80%에 해당하는 수준이다. 이는 중국산 휴대폰이 머지않아 세계 시장을 휩쓸 것이라는 점을 시사한다. 업계 관계자들은 중국의 휴대폰 시장이 이미 '임계점(臨界點)'에 이르렀다고 분석한다. 중국 시장만으로는 생존할 수 없다는 얘기다.

IT 업계 컨설팅업체인 CCID의 장리펑(蔣利峰) 부사장은 "기존 휴대폰업체 중 상당수가 이미 적자상태를 보이고 있다. 아직 도산하는 업체는 없지만 머지않아 많은 업체가 시장에서 퇴출되는 대규모 구조조정이 있을 것이다"라고 경고한다. 장 부사장의 경고는 현실화되고 있다.

중국 토종업체들은 이미 가격하락에 따른 수익성 악화를 겪고 있다. 최대 토종 휴대폰업체인 보다오(波導)의 2005년 1/4분기 순익은 전년 동기보다 무려 47%나 감소했다. TCL은 더 심해 적자를 기록했다. 슝마오(態猫)와 중커젠(中科建) 등 공장 문을 닫는 토종 휴대폰업체들까지 잇따르고 있다. 중국 최대 가전업체는 핸드폰 사업에서의 저조로 2005년 매출액이 급감하기도 했다. 2006년 기존 업체의 20%가 퇴출될 것이라는 전망이 설득력 있게 제기된다. 외국 업체도 예외가 아니다.

일본 휴대폰업계의 철수 움직임이 가시화된다는 중국언론의 보도가 주목을 끈다. 일본의 한 업체는 한 달에 10만 대를 파는데, 80만~100만 대가 유통재고라고 털어놓기도 했다.

휴대폰뿐만 아니다. 지금 대부분의 업종에서 공급과잉, 업체 간 피를 말리는 가격전쟁, 가격급락 현상이 벌어지고 있다. 공급과잉은 이제 세계의 공장 중국이 지닌 만성병이 됐다. 중국 상무부에 따르면 900개 주요 공산품의 70% 이상이 과잉공급 상태에 있다. 경쟁으로 피 범벅된 레드오션(red ocean)의 높은 파고가 중국 시장을 휩쓸고 있는 것이다.

자동차 시장도 마찬가지다. 독일 폴크스바겐의 합작사 상하이폴크스바겐은 2005년 여름 모델별로 최고 14%에 이르는 가격인하를 단행함으로써 업계에 가격폭풍이 휘몰아칠 것을 예고했다. 폴크스바겐이 2005년 상반기 중국 사업에서 거둔 순익은 2004년 같은 기간의 10분의 1수준으로 추락했다. 그럼에도 대대적인 가격인하를 단행한 것은 20여 년간 지켜온 자동차 시장의 절대 우위 자리를 지키기 위해서다. 폴크스바겐은 2005년 초 중국시장 점유율 1위 자리를 GM에 내줘야 했다. 폴크스바겐의 가격 인하는 빼앗긴 중국 승용차 1위 자리를 되찾기 위한 몸부림이라는 게 업계의 해석이다.

레드오션의 물결

가전 시장은 레드오션이 된 지 오래다. 에어컨의 경우 400개 업체가 난립해 있는데다, 내수의 2배를 훨씬 넘는 생산능력으로 연간 700만 대의 유통재고가 쌓이고 있다. 세계 에어컨 1위 업체 LG전자도 중국 시장 내

레드오션 핸드폰 시장. 업체 간 가격경쟁이 치열해지면서 하루가 다르게 가격이 떨어지고 있다.

생산 규모는 4~5위에 머물러 있는 실정이다.

"아무리 따져봐도 그들의 가격구조를 이해할 수 없다. 설비 면에서는 별 차이가 없을 것이고, 게다가 그들은 일부 핵심부품의 기술 로열티를 물어야 한다. 그럼에도 상상하기 어려운 저가에 제품을 판매한다."

중국에서 영업활동을 하고 있는 LG전자 관계자는 중국의 시장 상황에 대해 이렇게 말한다.

그렇다면 중국 업체들은 어떻게 가격을 맞출까. 답은 근로자들에게 있다. 그들은 인건비 인하를 통해 가격을 맞추고 있는 것이다.

세계 최대 전자레인지 업체인 광둥성의 거란쓰는 업계에서 '가격 파괴의 선두주자'로 불리는 업체다. 이 회사에서 근무하는 수천 명의 공장근로자 월 평균 임금은 800위안으로 LG, 마쓰시타 등 외국 업체보다 20% 정도 싸다. 또 그들이 자고 먹는 기숙사는 외국 업체와 비교할 수 없을 만큼 열악하다. 이 같은 근로조건이 중국 업체와 외국 업체의 가격 차이를 낮게 하는 주 요소라는 게 관계자의 설명이다. 그러기에 "치킨 게임의 가장 큰 피해자는 근로자"라는 얘기가 설득력 있게 들린다.

제품뿐 아니다. 원자재 분야도 가격폭락을 피해가지 못한다. 철강의 예를 들어보자. 상하이 주재 포스코 영업담당 관계자들은 2005년 상반 기에 전쟁하듯 하루하루를 넘기고 있었다. 중국 철강가격이 급락했기 때문이다. 그 동안 '좋은 시장 환경'에 익숙해 있던 그들로서는 다소 당황스럽기까지 했다.

잘 나가던 중국 철강가격이 급락세로 돌아선 것은 2005년 3월 하순 이었다. 당시 톤당 5,500위안 수준이던 열연가격이 6월 말 3,850위안으로 주저앉았다. 같은 기간 냉연가격은 7,580위안에서 5,760위안 선으로 밀렸다. 4개월 사이에 무려 25~30%가 급락한 것이다. 한 포스코 주재원은 이를 두고 "이제 중국 철강시장에서 좋은 시절은 지나간 것 같다"며 깊은 한숨을 쏟아낸다.

과잉투자에 따른 공급과잉이 문제였다. 중국 철강업체들은 지난 2~3년 동안 투자수요가 증가하자 너도나도 신규 공장건설 및 생산량 확대에 나섰다. 약 4,000개에 달하는 크고 작은 철강업체 공장에서 제품이 쏟아지고 있는 것이다. 현재 중국의 철강 생산량은 수요보다 1억 2,000만 톤 많다. 그럼에도 불구, 지금도 중국 곳곳에서 7,000만 톤 규모의 공장이 건설 중에 있다. 철강생산 주기로 볼 때 향후 5년 동안 중국의 철강생산은 꾸준히 증가할 전망이다.

중국의 과잉투자 및 이로 인한 공급과잉은 새삼스러운 일이 아니다. 지난 1992~93년에도 같은 현상이 일었다. 당시 과잉투자 생산품은 중국 시장에 쏟아졌고, 1990년대 중반 이후 중국은 디플레에 시달려야 했다.

이번에는 그 충격이 더 심각할 것으로 전문가들은 분석한다. 당시 쏟아진 제품은 중국 국내시장에 충격을 준 반면, 이번에는 국제시장으로까지 확대될 것이라는 지적이다. 중국 내수시장은 더 이상 과잉공급분을 흡수할 수 없기 때문이다.

소비자들의 지갑을 열어라

1990년대 중반 이후 주룽지 총리의 내수부양 정책은 가히 눈물겹다고 할 정도로 처절했다. 그는 소비자들의 지갑을 열기 위해 갖은 수단을 모두 동원했다. 그럼에도 소비자들은 쉽게 지갑을 열지 않았다. 중국이 소비자들과 지갑열기 게임을 한창 벌이던 2002년 5월, 당시 베이징 특파원으로 근무하던 필자가 쓴 칼럼을 소개한다.

베이징 톈안먼 광장 뒤편 치엔먼(前門)에 '취엔쥐더(全聚德)'라는 식당이 있다. 베이징카오야(북경 오리구이) 전문 식당이다. 노동절(5월 1일) 휴일 기간 이 식당의 하루 매출액이 75만 위안을 돌파해 화제가 됐다. 언론이 더 흥분했다. 베이징 각 신문은 사장을 인터뷰하는 등 취엔쥐더의 신기록 경신에 야단법석이었다.

언론이 이를 크게 부각시킨 데에는 속뜻이 있다. '휴일경제(暇日經濟)의 효과'를 홍보하겠다는 의도가 깔려 있는 것이다. 노동절 휴가 때 취엔쥐더의 매출액이 급증한 것은 휴일경제 효과를 상징적으로 보여주는 사건이란 것이다. 휴일경제를 우리말로 옮기면 '휴일에 이뤄지는 소비 효과' 정도로 해석된다. 많이 쉬게 해줄 테니 여행도 떠나고, 쇼핑도 하며 돈을 쓰라는 취지다.

그러나 중국인들은 웬만해서 지갑을 열지 않는다. 월급을 받으면 곧장 은행으로 달려간다. 내수 위축은 중국 경제의 가장 큰 골칫거리가 됐다. 휴가를 줘서라도 소비자들의 지갑을 열어야겠다는 게 중국 정부의 뜻이다. 이를 통해 공급과잉으로 시달리는 기업의 시름을 덜어주고자 한다.

중국은 지난 5월 1일 노동절을 맞아 1주일을 공휴일로 정했다. 이 밖에도 음력 설인 춘지에, 공산당 건국기념일인 10월 1일 역시 1주일 이상 논다. 그들은 토요일에도 쉰다. 토 · 일요일을 합치면 중국의 공휴일은 연간 약 130일에 달한다. 이틀 일하고 하루 쉬는 꼴이다.

휴일경제는 이제 본궤도에 올랐다는 게 중국 정부의 분석이다. 국가통계국은 2005년 노동절 연휴 동안 모두 331억 위안(약 5조 1,300억 원)의 소비유발 효과가 있었다고 발표했는데, 이는 2004년 노동절 연휴보다 14.9% 정도 늘어난 수준이다.

치우샤오화(邱曉華) 통계국 부국장은 내외신 기자들에게 휴일경제를 설명하면서 "수출이 중국 산업을 이끌어 가는 시대는 지나가고 있다"고 자신 있게 말했다. 내수가 중국 경제의 가장 큰 동력이 될 거란 얘기다.

그로부터 3년 반이 지난 지금, 치우 통계국장의 말은 틀렸다. 그때나 지금이나 상황은 크게 변하지 않았다. 중국 정부와 소비자들은 여전히 지갑열기 샅바싸움을 벌이고 있다. 정부는 내수부양을 위해 소비자들에게 제발 돈을 쓰라고 독촉한다. 그러나 소비자들은 여전히 돈이 생기면 은행으로 달려간다.

지금 중국은행금리는 1년 정기예금의 경우 2.25%다. 이자수익에

20%의 이자소득세가 붙는다. 소비자물가상승률 약 2%를 감안할 때 실질금리는 마이너스다. 그럼에도 중국 주민들의 돈은 은행으로 몰리고 있다. 현재 금융기관에 쌓여 있는 예금 총액은 1년 GDP보다 많은 약 13조 위안에 달한다.

그들은 왜 지갑을 열지 않는 것일까. 그 이유는 미래가 불투명하기 때문이다. 계획경제에서 시장경제로 넘어가면서 중국인들은 자신의 생활을 스스로 꾸려나가야 한다. 자녀를 대학에 보내기 위해 저축해야 하고, 또 내 집 마련을 위해 돈을 모아야 한다. 돈이 없는 상황에서 가족 가운데 누군가 병이라도 들면 큰일이다. 과거에는 이런 일들을 모두 국가에서 책임졌지만 지금은 그렇지 않다.

적절한 투자대상도 없다. 부동산시장이 뜨고 있다 해도 이는 부유층들이 벌이는 잔치에 불과하다. 증시는 지난 수년 동안 내리막길을 걷고 있다. 게다가 주민들의 지갑을 유혹할 만한 서비스 시장 발달도 여의치 않다. 내수위축에는 이 같은 중국 경제의 구조적인 문제점들이 도사리고 있는 것이다.

질시받는 디플레 수출국

내수시장에서의 가격전쟁은 점점 격렬해지고 있다. 중국 업체들이 해외 시장으로 눈을 돌리는 것은 너무 당연하다. 싸구려 중국 제품은 이미 세계 할인매장의 상품진열대를 장악한 지 오래다. 완구, 신발, 의류, 손목시계…. 조금 싸다 싶으면 어김없이 '메이드인차이나(made in China)' 라벨이 붙어 있다.

테니스의 도시 영국 윔블던에서 판매되는 테니스 라켓도 중국에서 만들어진 제품이다. 심지어 우리나라의 전통 하회탈도 중국에서 만들어진다. 이런 현상은 잡화에만 국한되지 않는다. 중국은 이미 가전제품 왕국으로 등장했고, 휴대폰, 모니터, 노트북PC 등 IT 제품 분야에서도 세계 시장을 휩쓸고 있다.

자동차 역시 마찬가지다. 중국은 2004년 10월을 기점으로 자동차 산업 순 수출국이 됐다. 2005년 중국의 자동차 및 관련제품의 수출은 197억 2,000만 달러로 전년 동기 대비 무려 56.0%가 늘어났다. 반면 수입은 153억 달러로 이 기간 약 43억 달러의 흑자를 기록했다. 물론 중국산 자동차는 저가 제품이다. 하지만 중국의 자동차는 중동, 동남아시아, 남미 등지의 경차시장을 잠식해 가고 있다. 중국 시장에서 판매하는 것보다 해외 시장에서 판매하는 게 그래도 이익이 나는 상황이 지속된다면 중국 제품의 해외 시장 수출은 끊이지 않을 것이다.

완제품뿐만 아니라 중간재에서도 중국 제품은 세계 시장에 충격을 주고 있다. 철강의 경우 품질은 좀 떨어지지만 가격경쟁력은 뛰어난 제품을 수출선에 실어 나르고 있다. 중국 철강공업회 통계에 따르면, 2005년 상반기에만 중국 철강수출이 1.54배 올랐다. 미국과 유럽연합(EU), 그리고 한국이 주요 수출대상국이다.

서방국가가 중국을 '디플레 수출국'이라고 비난하는 이유가 여기에 있다. 낮은 인건비를 무기로 한 싸구려 중국 제품이 자국내 기업을 위협하고 있기 때문이다. 당연히 서방국가의 기업들은 자국 정부로 하여금 대(對)중국 무역보복 압력을 행사하도록 한다. 이는 서방국가와 중국의 무역마찰로 표면화된다.

2005년 9월, 유럽 주요 국가의 항구는 거의 마비상태에 이르렀다. 컨

중국의 연도별 수출액 추이

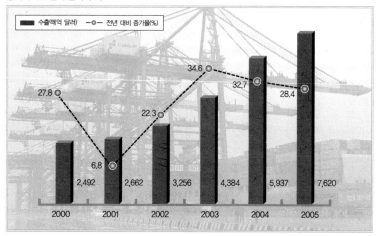

수출액(억 달러) ─○─ 전년 대비 증가율(%)

27.8

6.8

22.3

34.6

32.7

28.4

2,492   2,662   3,256   4,384   5,937   7,620

2000   2001   2002   2003   2004   2005

자료 : 중국통계연감

테이너 야적장에 쌓인 중국산 섬유 때문이었다. EU는 WTO 규정에 따라 2005년 1월 1일을 기해 섬유제품 무역자유화 조치를 발동했다. 연초가 되면서 중국산 섬유제품이 이들 국가로 쏟아져 들어가기 시작했다. 그러나 이도 잠시, EU는 중국산 섬유제품에 대해 세이프가드(긴급수입제한조치)를 발동했다. 2005년 8월 들어 중국산 섬유의 EU수출 쿼터는 소진됐고, 통관이 되지 않아 항구 컨테이너 야적장에 쌓여 있던 것이다. 통관되지 못한 채 쌓여 있는 의류가 약 8,000만 장에 이르는 것으로 알려졌다.

1995년 WTO 수립 이후, 중국은 세계 최대 반(反)덤핑 제소국이라는 오명을 얻었다. 2004년 말 현재 중국의 반덤핑 보복관세는 137개 품목에 달한다. 2005년 한햇동안 51건의 반덤핑 조사 판정을 받았고, 이에 관련된 금액만 해도 18억 달러가 넘는다. 초기에는 신발, 의류 등 잡화와 관련된 보복조치가 많았으나 최근에는 컬러 TV, 에어컨, 철강, 화학 섬유 등 거의 전 산업으로 확산되고 있다. 서방국가의 중국에 대한 무역 보복은 날이 갈수록 강도를 더해가고 있다.

안으로는 가격경쟁에 허리가 휘고, 밖으로는 거센 무역압력에 시달려야 하는 것, 그것이 바로 중국 기업들의 운명이기도 하다.

6 투기로 일그러진 경제

상하이 중심지 루완(盧灣)구에 선장밍웬(申江名園)이라는 고급 아파트 단지가 있다. 시 중심에 자리잡고 있으며, 인근에 '신천지'라는 유명 상가가 있어 아파트 값이 비싸기로 유명하다. 이 아파트는 지난 2001년 10월 평방미터당 6,000위안에 첫 분양을 시작했다. 우리 개념으로 치자면 평당 약 250만 원 정도하는 셈이다. 다음해 제2차 분양 때에도 가격은 비슷했다.

그러나 상하이에 부동산투기 붐이 일었던 2003년 들어 가격이 폭등하기 시작하여 2003년 말 이 아파트 가격은 초기 분양가가의 2배인 1만 2,000위안으로 올랐고, 2004년 여름에는 1만 6,000위안으로 급등했다. 가격 오름세는 2004년 하반기 들어 더욱 가파르게 상승해 급기야 2005년 3월에는 2만 4,000위안에 거래됐다. 4년이 채 안 되어 가격이 무려 4배나 뛴 것이다. 이는 상하이에 불고 있는 부동산 투기 붐을 단적으로 보여주는 사례다.

　사회주의 국가 중국이 부동산투기로 골치를 앓고 있다. 중국 전역에서 벌어지고 있는 부동산투기로 부동산가격은 주민 평균 연수입의 10배 이상 폭등했다. 그 결과 빈부격차, 빈곤층의 상대적 박탈감 심화 등 사회문제가 불거지고 있다. 중국언론의 지적처럼 부동산투기 문제가 '국가를 흔들 만큼 중요한 문제' 로 등장한 것이다.

아파트 쇼핑

상하이의 아파트 가격이 떨어질 줄 모르는 근본 요인은 부유층들의 '주택관(觀)' 에 있다. 상하이 '복부인' 들은 주택을 삶의 공간으로 보기보다는 단순 투자상품으로 여긴다. 이들은 상품진열대의 물건을 쇼핑백에 담듯 아파트를 사들이고 있다. 여기에 대만, 홍콩, 싱가포르, 말레이시아 등의 화교들이 상하이 부동산시장에 꾸준히 유입되는데다 미국, 일본 등 투자펀드들도 상하이시장을 기웃거리고 있다.

　"중국인이나 대만 사람들 중에서 아파트 7~8채를 갖고 있는 경우가 흔하다. 이들은 분양시장에서 신규 아파트를 산 뒤 분양 후 가격이 오르면 되팔아 차익을 챙긴다. 이들에게 아파트는 주식과 같은 단순 투자상품일 뿐이다." 상하이에서 부동산중개업을 하는 부동산랜드 김형술 사장의 말이다.

　중국의 부동산투기는 자금의 도시집중이 만든 현상이다. 중국의 돈은 모두 동부 연안 도시로 집중되고 있다. 농촌이나 지방 소도시에 돈이 모이지 않는다. 돈은 더 많은 이득을 낳는 곳으로 이동하기 때문이다.

산시(山市)에서 석탄을 팔아 번 돈은 베이징 부동산 시장으로 몰리고, 우루무치에서 우유 팔아 번 돈은 상하이 건설시장으로 몰린다. 당연히 상하이, 베이징 등의 주요 도시 부동산 값이 오를 수밖에 없다.

중국 부동산가격이 폭등한 이면에는 '중국의 유대인'으로 통하는 원저우(溫州) 사람들이 있었다. 그들은 부동산투자단을 형성, 주요 도시를 돌며 집단으로 아파트를 매입한다. 가격이 충분히 올랐다고 판단되면 이를 팔아 차액을 챙기고는 유유히 사라지는 것으로 유명하다. 이렇게 움직이고 있는 원저우 투자자금은 전국적으로 약 400억 위안에 이르는 것으로 알려져 있다. 상하이와 항저우 등의 부동산가격이 초기에 급등한 배경에는 여지없이 원저우 자금이 있었다. "그들이 훑고 지나간 뒤에는 반드시 집값이 폭등한다"라는 말이 나올 정도다.

상하이의 경우 지난 2000년경 원저우 투기단들이 집값을 끌어올려 놓았다고 중국언론은 전한다. 그들이 만들어놓은 투기 분위기에 상하이 현지인들이 뛰어들었고, 이어 홍콩, 대만, 싱가포르 등 화교자본이 가세했다. 한국인들은 상하이 주재원을 중심으로 부동산 사재기에 나섰고, 2003년 여름 이후 서울의 '강남 복부인'들이 출현하기도 했다.

바다를 건너온 투기꾼들

2004년과 2005년 상반기 중국 경제의 최대 화두는 위안(元)화 평가절상이었다. 중국 정부의 거듭된 부인에도 불구하고 골드만삭스(Goldman Sachs Group), 모건스탠리(Morgan Stanly) 등 해외 기관투자가들은 '위안화 평가절상이 임박했다'는 보고서를 경쟁적으로 발표했다. 그들은 '중국이 위안화 평가절상을 단행하지 않는다면 커다란 경제적 위기를 맞을 수도 있다'고 경고하기도 했다. 이는 마치 중국에 압박을 가하는 모습이기도 했다.

모건스탠리와 골드만삭스가 그토록 위안화 평가절상을 주장한 이유는 무엇이었을까. 일부 중국언론들은 부동산시장에서 그 중 한 가지 이유를 찾는다.

상하이 중심부에 오피스빌딩인 상하이광창(上海廣場)이라는 건물이 있는데, 건물 주인이 2005년 초에 바뀌었다. 매입자는 다름 아닌 모건스탠리다. 모건스탠리가 1억 2,000만 달러를 지불하고 이 건물을 사들인 것이다. 모건스탠리는 2004년 말에도 상하이에서 진린(錦麟)빌딩과 세계무역빌딩을 각각 6,000만 달러, 2,400만 달러에 사들이기도 했다.

모건스탠리가 상하이광창을 사들이던 바로 그 시간, 골드만삭스는 1억 달러에 달하는 상하이 바이텅(百騰)빌딩 매입계약을 체결하고 있었다. 결국 모건스탠리와 골드만삭스가 위안화 평가절상을 외친 것은 투자수익을 겨냥한 것이라는 게 중국언론의 시각이다. 위안화 평가절상이 단행될 경우 매입해 둔 빌딩의 달러표시 자산가치가 더 늘어 투자수익을 거둘 수 있다는 얘기다. 중국언론들은 해외 투자기관들의 '부도덕성'을 들먹이며 위안화 평가절상 압력의 부당함을 강조하고 나섰다.

부동산 컨설팅업체 지창(基强)은 2005년 5월 발표한 시장보고서에서 "2004년 9월부터 2005년 4월말까지 외국 투자펀드의 오피스빌딩 투자금액은 약 13억 달러에 이른다. 2005년 최고 20억 달러의 외국투자자금이 상하이 오피스빌딩 시장으로 밀려올 것"이라고 내다봤다.

중국인민은행(중앙은행)이 2005년 8월에 밝힌 〈2004년 중국부동산 금

해외 투자자금의 중국 오피스빌딩 매입 최근 사례

기관	매입 건물	투자 규모(단위 : 만 달러)
골드만삭스	바이텅빌딩(상하이)	10,000
이탈리아	펀드 원진빌딩(상하이)	12,000
멕쿼리	신마오빌딩(상하이)	9,800
모건스탠리	상하이광창(상하이)	12,000
	진린빌딩(상하이)	6,000
	세계무역빌딩(상하이)	2,400
	푸리빌딩(베이징)	5,000
캐피털랜드	중환스마오(베이징)	22,000
메릴린치	타이센터(베이징)	3,000

자료 : 중국언론 보도 종합

용보고〉에 따르면 2004년 1~11월 동안 상하이 부동산시장에 유입된 해외자금은 약 26억 달러에 달했다. 이 중 18억 달러는 부동산개발 분야에, 나머지 8억 달러는 부동산매입에 투자된 것으로 알려져 있다. 상하이 부동산거래의 23.2%는 외국자금이었다. 이들 해외자금은 집값 상승과 위안화 평가절상이라는 두 마리 토끼를 노리고 중국의 부동산 시장에 몰려들고 있다.

부동산 버블의 메커니즘

10년 전만 해도 대부분의 중국 사람은 적어도 집 걱정만큼은 하지 않았다. 국가 또는 회사가 집을 마련해 주었으니까 말이다. 넓지는 않지만 그래도 내 집이 있었기에 만족할 수 있었다. 그런데 1990년대 초 '상품방(商品房)'이라는 게 등장했다. 말 그대로 시장에서 상품으로 거래되는 집(방)이 생겨난 것이다. 중국 각지에 건설회사가 생겼고, 그들은 상품 방을 쏟아내기 시작하면서 중국 부동산시장이 형성되기 시작했다.

그러면서 집은 중국 서민들에게 아픔을 주는 존재로 바뀌었다. 집값 이 너무 올라버린 것이다. 꼬박 10년간 모은 월급을 쏟아 부어도 살 수 없는 수준이다. 특히 신혼부부는 집을 사기 위해 빌린 은행 돈을 갚느라 허리가 휠 지경이다.

한편 부동산투기로 떼돈을 버는 사람이 등장하기 시작했다. 그들은 집을 팔고 사는 식으로 일반 서민가정 3년 치 수입을 단 3일 만에 벌기 도 했다. 빈부격차는 더 심화되고 있으며, '쪽방이라도 계획경제 하던 시절이 좋았다' 라는 얘기가 나오는 것은 당연했다. 일부 투기꾼들이 시 장경제의 달콤한 꿀맛을 보고 있는 반면, 대부분의 중국 서민들은 지금 '시장경제의 쓴맛' 을 보고 있는 것이다.

시장경제의 달콤한 열매를 따 먹는 사람들, 그들은 부동산시장에서 거금을 챙겼다. 그들은 부동산가격이 오르고, 또 오르기를 기다린다. 심 지어 오르라고 부채질도 한다. 그들이 중국 부동산시장을 투기장으로 몰고갔다. 과연 그들은 누구일까.

중국 부동산이 투기장으로 변한 뒤에는 개발업체-지방정부-은행으 로 이어지는 삼각고리가 있다. 이들이 바로 부동산가격을 올려놓은 주 범이다.

중국에서 가장 거부가 많은 분야가 바로 부동산개발이다. 이 분야에 뛰어든 사람은 최근 수년 동안 엄청난 돈을 벌었다. 쓰촨에서 100만 위 안(약 1억 3,000만 원)의 자본금으로 시작한 한 업체는 설립 4년 만에 자산 규모 6억 위안 업체로 성장하기도 했다. 정상적인 수단으로는 이렇게 성공할 수 없다. 폭리가 있었기에 가능했다. 중국 부동산 개발업계에서

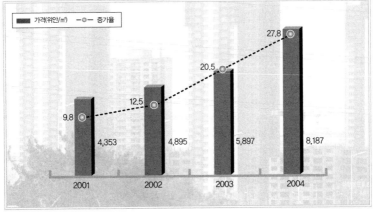

상하이 소재 신규 아파트 평균 분양가 추이

가격(위안/㎡) — 증가율

9.8
12.5
20.5
27.8

4,353
4,895
5,897
8,187

2001
2002
2003
2004

자료 : 상하이 부동산협회

는 수익률 30%가 공공연한 사실로 통한다. 아파트 분양가격의 3분의 1 가량을 개발업체들이 가져가는 것이다.

주택개발의 시작은 토지확보다. 중국의 토지는 모두 국가 소유이며 대부분 지방정부가 국가를 대신해서 관리한다. 국가는 주택개발 부지에 대해 보통 70년 동안의 토지 사용권을 개발업체에 매각한다. 최근에는 토지매각을 공개입찰로 하고 있지만 불과 수년 전만 해도 수의계약이 전부였다.

개발업체와 공무원이 결탁하는 것은 당연한 현상이었다. 개발업체들은 공무원을 돈으로 매수해 좋은 땅을 확보한다.

"홍바오(紅包, 촌지 봉투)는 최소한 10만 위안 정도 넣어야 하고 명절은 꼭 챙겨야 한다. 그래야 공무원을 움직일 수 있다. 어정쩡한 액수를 넣는다면 공무원은 홍바오를 상부에 신고할 수도 있다. 그는 짜잘한 돈을 먹느니 차라리 상부에 신고해서 '모범 공무원상'을 받으려 할 것이다."

중국 관영 〈신화통신(新華通信)〉이 업계 관계자의 말을 인용해 보도

한 내용이다. 주택가격의 2~3%가 공무원의 주머니로 들어가고 있다는 보도다.

개발업체는 땅(토지사용권)을 사기 위해 자금을 끌어모은다. 투자자를 모집하기도 하고, 또 사채를 끌어 쓰기도 한다. 이 자금으로 정부로부터 토지사용권을 산다. 땅은 같은 위치라도 천차만별이다. 공무원들의 재량에 따라 달라지기 때문이다.

일단 땅을 사면 그때부터 은행이 개입하는데, 사들인 토지를 담보로 은행에서 운영자자금을 빌려오게 된다. 은행은 개발업체에게 땅값의 70%까지 대출해 준다. 개발업체는 그 돈으로 고리 사채(땅 사기 위해 꾼 돈)를 갚기도 한다.

대출업체는 은행돈을 빌리기 전 보유 토지에 대한 감정평가를 다시 한다. 감정평가 결과는 국가 매입가격을 크게 웃돌게 되어 있다. 공무원과의 결탁으로 싸게 산데다, 땅을 산 뒤 정부가 해당 지역에 도로 건설계획을 발표하는 등 '땅값 올려주기 정책'을 발표하는 경우가 있다. 물론 모두 '짜고' 한 것이리라. 국가가 1억 위안에 판 땅이었는데, 불과 수개월 사이 1억 5,000만 위안으로 뛰는 경우가 허다하다. 이 땅값의 70%를 대출받을 수 있으니, 초기 투자자금을 상쇄하고 남는 돈이 개발업체에 돌아온다. 또한 중국에서 집을 지으려면 20~30개의 도장을 받아야 한다. 그러나 개발업체 입장에서 볼 때 이건 문제가 안 된다. 돈에 약한 공무원들의 매수에 성공한다면 수 개월 걸리는 허가절차라도 며칠이면 끝난다. 중국 아파트 분양에는 내부방(內部房)이라는 것이 있는데, 일반 분양 물건이 아닌 자기들이 내부적으로 돌리는 방이다. 공무원들이 그 내부방을 몇 채씩 할당받는 것은 업계의 공공연한 비밀이다.

'봉이 김선달' 식 폭리

골조가 올라가고, 시멘트가 골조를 덮을 즈음 아파트 분양에 들어간다. 이때 개발업체는 돈 벼락을 맞게 된다. 아파트 매입자의 돈은 아파트가격의 30%밖에 안 된다. 나머지는 은행돈(모기지론)이다. 은행은 건설할 때 돈을 대주고, 또 분양할 때 돈 대주고, 중국의 아파트는 모두 은행이 지은 것이라고 한다면 과언일까.

분양할 때 개발업체의 내부 관계자들은 개인적으로 돈을 챙긴다. 일부 좋은 방을 빼돌려 제3자에게 프리미엄을 받고 되파는 것이다. 봉이 김선달이 따로 없다.

중국 지방정부는 부동산투기를 조장하는 또 다른 세력이다. 지방정부가 가장 쉽게 재정자금을 마련할 수 있는 방법은 토지 매각이다. 가급적 비싸게 팔아야 한다. 집값이 떨어지면 땅값도 떨어지기 때문에 어떻게 해서든 집값을 높여야 한다. 부동산산업은 이제 지방지도자들의 목을 잡고 있다. 그들은 승진하기 위해서는 정치실적(政績)을 올려야 하는데, 정치실적의 가장 큰 요소는 경제발전이다. 즉 GDP를 올려야 한다는 얘기다.

부동산산업이 GDP에 미치는 영향은 대단히 크다. 상하이의 경우 부동산개발 분야는 GDP의 8.4%를 차지한다. 특히 재정수입의 30%를 부동산 관련 산업에 의존한다. 여기에 부동산거래, 인테리어 장식, 가구 등을 포함한 부동산 관련 산업은 GDP의 20%에 이를 것으로 추산된다. 지난 수년 동안 상하이는 세계에서 가장 경기가 좋은 곳이었다. 식당에 가면 자리가 없고, 명품 브랜드가 쇼핑가를 달궜고, 비행장은 해외 여행객들로 붐볐다. 이를 가능케 했던 것이 바로 부동산시장, 즉 부동산시장이 제공하는 부의 효과(자산가치의 증가가 소비로 연결돼 소득이 증가하는 현상)였다. 부동산거래 관련 산업이 크게 늘고, 인테리어 장식업자가 호황을 누렸으며, 새 집에 넣을 가구와 가전제품이 덩달아 팔려나갔다.

상하이 시정부가 부동산시장 위축을 바랄 리 없다. 중앙정부의 강력한 투기억제책이 내려온 지금, 상하이 시정부는 시장 충격을 달래기 위한 조치를 마련하고 있는지도 모른다. 은행 역시 부동산시장 위축을 결코 바라지 않는다. 이는 은행, 더 나아가 중국금융의 존폐와 연결되는 문제이기 때문이다.

은행은 이미 부동산시장에 너무 많이 발을 담그고 있다. 2004년 말 현재 중국 전체 금융기관의 부동산대출 규모는 2조 6,000억 위안으로, 부동산시장이 급팽창하기 시작했던 1998년보다 약 10배 늘었다. 상하이의 경우를 보면 얼마나 빨리 자금이 부동산시장으로 몰리는지 알 수 있다. 2004년 상하이 금융권의 신규 부동산대출 금액은 1,023억 위안에 달했는데, 이는 전체 신규 대출의 약 76%에 이르는 수준이다.

이 같은 상황에서 시장이 급랭한다면 금융권 부실채권 증가 등의 악영향을 미칠 수 있다. 그렇지 않아도 부실채권 문제로 골치를 앓고 있는 중국으로서는 참으로 난감한 일이 아닐 수 없다. 은행은 주택 매입자에게 주택가격의 약 70%를 대출해 준다. 그런데 이 대출이라는 게 '눈 가리고 야옹' 하는 식이다. 개인의 상환능력과는 관계없이 대출이 나간다. 얼마든지 위조와 조작이 가능한 소득증명이라는 종이쪼가리 한 장으로 상환능력 심사가 끝난다. 평범한 직장인이 주택 7채를 모기지론으로 구입했다면 믿어지는가. 그런데 이는 필자가 목격한 사실이다.

이런 상황에서 부동산시장이 위축된다면 은행은 막대한 타격이 불가피하다. 집값을 결코 떨어뜨릴 수 없는 이유이기도 하다. 돈에 민감한 중국인들이 개발업체와 지방정부, 그리고 은행이 널찍하게 깔아 마련해 준 멍석을 수수방관할 리 없다. 그들은 부동산으로도 돈을 벌 수 있다는 사실에 감탄하면서 시장을 주시했다. 원저우 지역 투자가들이 특히 그러했다. 민영기업으로 돈을 번 그들은 투자단을 형성해 주요 도시를 휩쓸고 다녔다. 투기단은 쇼핑센터에서 상품을 골라 쇼핑백에 담듯, 집을 사들였다. 그들이 지나간 자리는 여지없이 집값이 폭등했다.

외국인들도 시장에 뛰어들었다. 대만, 싱가포르, 한국 등 아시아 지역 외국인들에 이어 지금은 서방의 자금이 중국 부동산시장으로 달려들고 있다. 상하이 중심부 고급 아파트의 70%는 외국인 및 외지인 소유다(〈신화통신〉). 슬글슬금 오르던 집값은 일부 투기단들이 활개치면서 투기장으로 변해간 것이다. 중국 부동산시장에는 이래저래 봉이 김선달이 너무 많다. 중국 정부의 최근 부동산투기대책은 그들을 시장에서 몰아내보자는 취지였다.

사회주의 시장경제의 부동산 딜레마

2005년 6월 중국 정부가 실시한 강력한 부동산투기억제 대책의 발표로 지난 수년간 계속되어온 '상하이 부동산불패 신화'가 흔들리고 있다. 정부의 강력한 핵 펀치에 시장이 그로기 상태로 빠져들고 있다.

중국 정부는 이번 대책을 '종합주먹(組合拳)'이라고 말한다. 7개 관련 부처가 공동으로 만든 정책이라는 뜻이다. 수년 동안 실시해 온 부동산

안정 대책이 효과를 발휘하지 못하자 이전에 날렸던 잽과는 비교가 안 되는 강편치를 날렸다.

중국은 보유기간 2년 미만의 주택을 매각할 경우 전체 실거래가에 소득세(약 5.5%)를 부과하기로 했다. 또 보유 2년 이후 매각에 대해서도 양도차익에 대한 소득세를 적용하기로 했다. 미분양전매는 완전 금지되었으며, 그 동안 부동산거래에 주어졌던 각종 세금우대는 철폐된다. 이들 정책으로 부동산개발상의 수익은 3% 이내에서 억제되고 당연히 분양가가 낮아질 수밖에 없다. 게다가 정부로부터 토지(사용권)를 구입한 후 2년 동안 공사를 착공하지 않을 경우 대상 토지가 몰수된다. 개발업체들이 주택건설 목적으로 땅을 산 뒤 이를 팔아 폭리를 취하는 것을 방지하자는 차원이다.

시장은 빠르게 반응했다. 대책 발표 이후 상하이 부동산시장에 급매물이 쏟아지는 등 시장 전체가 깊은 충격에 휩싸이고 있다. 고급 아파트를 중심으로 가격이 폭락할 조짐이다. 당연히 상하이부동산에 투자한 한국인들도 커다란 투자 손실이 우려된다.

현지 부동산 업계에 따르면, 그 동안 상하이 아파트 가격상승을 이끌어온 원저우 등 외지인들이 아파트를 대거 처분하기 시작했다. 저장성 이우(義烏) 출신의 한 투자대리인은 이 대책 발표 직후 이우 지역 투자자 16명의 위탁을 받아 모두 258채의 고급 아파트를 매물로 내놓기도 했다. 매물이 쏟아지니 가격이 폭락할 수밖에 없다. 특히 구베이(古北), 푸둥 등 고급 아파트를 중심으로 가격폭락 조짐이 완연하다. 푸둥의 고급 아파트인 차이푸하이징(財富海景)의 경우, 2005년 초 m²당 5만 7,000위안까지 치솟았으나 이 정책이 실시된 지 2개월 만에 무려 40% 이상 폭락했다.

그리고 이 대책이 발표되기 직전 고가에 아파트를 분양받은 사람들이 집단적으로 계약금환불 소송을 제기하는 등 심리적 공황상태를 보이고 있다. 이 대책이 실시된 지 5개월이 지난 2005년 12월 초 〈신화통신〉의 보도다.

상하이 지역 아파트 분양자들의 입주거부 사태가 도미노처럼 확산되는 등 시장이 혼란에 빠져들고 있다. 상하이 바오산(寶山)의 고급 아파트 수이안란챠오(水岸藍橋)를 분양받은 51명의 입주예정자들은 최근 집단적으로 개발업체에 입주거부를 통보, 위약금(분양가의 3%)을 뗀 나머지 돈의 환불을 요구했다. 이들은 또 대출(모기지론)을 제공한 은행에 대해서도 "입주를 거부했기에 상환하지 않겠다"고 통보했다.

그러나 개발업체측은 환불을 꺼리고 있어 이 문제는 법정소송으로 이어질 전망이다. 이들은 2005년 5월 중국정부의 부동산대책이 발표되기 전인 2005년 초 m²당 9,000~1만 4,000위안선에 분양계약을 체결했다. 그러나 현재 같은 수준의 주변 아파트가격은 8,000~9,500위안 선으로 떨어졌다. 집값의 하락으로 투자가치가 떨어지자 계약취소를 요구하고 나선 것이다.

이 같은 현상은 상하이의 다른 고급 아파트인 다안춘즈성(達安春之聲), 진샤야웬(金沙雅苑), 펑야송(風雅頌) 등에서도 발생하는 등 도미노처럼 빠르게 번지고 있다.

2001년부터 급등세를 보이기 시작한 상하이 지역 주택가격은 2005년 6월 이후 하락세로 돌아섰다. 지난 6월 1,456포인트를 기록한 상하이 주택가격지수는 11월 1,311포인트로 약 10% 하락했다. 그러나 이는 전체 평균치일 뿐 고급 아파트 가격은 이 기간 20% 수준까지 떨어진 것으로 업계는 보고 있다. 특히 투기자금이 집중적으로 몰린 푸둥의 고급 아파트는 30~40%까

아파트 분양 현장. 상하이 주택가격이 폭등하던 시절 아파트 분양사무실은 언제나 인산인해를 이뤘다.

지 폭락하기도 했다.

투기꾼들은 정말 사라진 것일까. 답은 '노(no)'다. 투기자금은 2005년 대책의 타깃이었던 상하이를 피해 다른 곳으로 몰렸다. 베이징, 광저우, 칭다오 등이 그곳이다. 상하이의 집값은 투기수요 위축으로 다소 떨어졌지만 다른 지역의 집값은 2005년에도 10%안팎 올랐다. 중국은 부동산시장이 잡히지 않자 1년이 지난 2006년 5월 또다시 강력한 대책을 내놓았다.

그러나 2006년 조치 역시 집값을 잡는 데는 한계가 있을 것으로 전문가들은 분석하고 있다. 투기꾼들은 잠시 숨을 고르고 있을 뿐 시간이 지나면 다시 등장할 것이기 때문이다. 그 이유가 뭘까.

우선 상하이, 베이징, 난징(南京) 등 주요 도시의 부동산시장에는 돈이 너무 많다. 지금 이 시간에도 거금의 자금이 중국 내륙에서 연해 발전 도시로 향하고 있다. 적당한 투자처를 찾지 못하는 유동자금은 언제든지 부동산시장으로 달려들 수 있다. 은행금리는 실제적으로 마이너스 상태를 보이고 있으며, 주식시장은 벌써 3년째 침체의 늪에서 허우적거리고 있다. 돈이 갈 곳이라고는 부동산시장밖에 없다는 얘기다.

문제는 중국 경제가 부동산시장의 경색을 언제까지 견딜 수 있느냐에 있다. 부동산시장이 급랭할 경우, 그 동안 은행자금에 의존해 부동산 개발 산업을 영위해 온 업체의 경영이 악화되고, 이는 곧 금융권 전체 불안으로 이어질 수 있다는 우려다.

앞에서 지적했듯이 상하이 부동산시장은 전체 경제(GDP)에서 20%를 차지할 만큼 중요한 분야다. 2004년 신규 부동산대출 금액은 1,023억 위안으로 전체 신규 대출의 약 76%에 달했다. 전문가들은 이 같은 상황에서 시장이 급랭한다면 금융권 부실채권 증가로 인한 경제쇼크가 현실화될 수 있다고 경고하고 있다.

부동산가격을 그냥 놔두고 보자니 사회불안이 우려되고, 강력한 수단을 동원해 가격을 잡자니 경제 전체의 충격이 걱정되고…. 중국의 '사회주의 시장경제' 체제가 부동산시장 딜레마에 빠져 있다.

국가-국유기업-국유은행,
부실의 삼각구도

주식시장은 흔히 '경제의 바로미터'라고 한다. 경제 상황이 주식시장에 그대로 반영되기에 나온 말일 것이다. 경제가 좋으면 주가가 오르는 모습은 일반적이다. 그러나 중국에서는 왠지 이 말이 어울리지 않는다. 오히려 반대 현상이 일어나고 있다.

중국 경제는 지난 수년 동안 8~10%의 높은 성장세를 이어왔다. 그러나 주식시장은 거꾸로 흘렀다. 상하이증시 주가지수는 2001년 6월 최고치(2,242포인트)를 기록한 뒤 하락세를 보였다. 그로부터 정확히 4년이 지난 2005년 6월 상하이 주가는 한때 1,000포인트가 깨질 정도로 추락했다. 반토막 난 것이다.

당시 주식시장에 '붕괴', '패닉'이라는 말이 나도는 것은 당연했다. 상하이 주가는 그 후 다소 회복세를 보였지만 여전히 바닥에서 못 벗어나고 있다. 중국 경제에서 '경제 따로, 주식시장 따로' 현상이 나타나는 이유가 뭘까. 왜 중국의 증시는 경제와 고립된 외딴 섬이 되었는가. 이 질문에 대한 해답을 추적하는 과정에서 중국 금융이 안고 있는 구조적인 문제점을 발견할 수 있을 것이다.

경제 따로, 주가 따로

중국 증시의 붕괴는 증시 자체의 구조적인 문제에서 비롯됐다. 상하이, 선전 등 중국 증시 전체 상장기업의 90%가 국유기업이다. 이들 국유기업은 주식의 30%만 유통될 뿐 나머지 70%는 국가 또는 기업이 보유하고 있다. 중국은 1990년대 초 증시를 설립하면서 국유기업에 대한 국가 독점을 유지하기 위해 공개주식 비율을 30%선으로 한정했다.

중국은 수년 전부터 국가보유 주식을 시장에 팔겠다고 여러 차례 밝혔는데, 정책이 발표될 때마다 주가는 곤두박질을 쳤다. 비유통주의 물량 부담이 주가를 억누르고 있는 것이다. 중국은 국유주식의 부담을 덜어주기 위해 상장국유기업의 주식구조 개혁 작업을 진행 중이다. 그 작업이 시장 구조를 어느 정도 바꿀 것인지는 좀더 지켜봐야 할 일이다.

게다가 국유기업은 중국 경제에서 설 땅을 잃어가고 있다. 중국 경제의 활력은 사영기업 또는 외자기업에서 나온다. 국가 전체 수출의 50% 이상이 외자기업 몫이라는 게 단적인 사례다. 국유기업은 사영기업과 외자기업에 밀려 점점 위축되고 있다. 국가의 '독점 보호막'이 없다면 지금 상당수 국유 상장기업은 시장에서 쫓겨나야 할 판이다. 국유기업의 부실은 재정의 손실로 이어진다.

그러나 중국 정부는 재정부담을 고스란히 은행으로 전가시켰다. 은행으로 하여금 국유기업의 부실을 메우게 했고, 이는 국유 상업은행의 부실채권으로 연결됐다. 국유기업 부실 및 그들이 낳은 부실채권은 중국 금융계, 아니 중국 경제 전체에 부담을 주고, 국유기업을 둘러싼 환경이 현재 주가로 나타나고 있는 것이다.

중국 증시에는 진퇴의 턱이 높다. 정상적이라면 부실기업은 시장에서 퇴출되어야 한다. 그러나 국유기업은 은행의 불합리한 자금지원, 분식회계 등을 통해 시장 투자가들을 속이며 잘 버틴다. 그러다 부실이 곪아 터져 표면화되면 시장에 거대한 충격을 준다. 2004년 발생한 더룽(德隆)이 대표적인 사례다.

신장을 근거지로 한 이 회사는 상하이 증시에서도 블루칩으로 통할 만큼 괜찮은 주식이었다. 그러나 이 회사는 2004년 여름 자금난에 직면한다. 그룹 내 한 작은 회사에서 자금이 '펑크' 났고, 이는 결국 그룹 전체로 퍼졌다. 조사 결과 이 회사는 부당 은행차입 및 분식회계로 하루하루를 버틴 것으로 드러났다. 더룽의 주식은 휴짓조각으로 변했고, 시장에 엄청난 충격을 던졌다. 내용도 모르고 투자에 나선 선량한 투자자만 큰 손해를 본 것이다.

사영기업은 경영이 아무리 탄탄해도 사영기업이라는 이유로 상장에 많은 제약이 따른다. 사영기업이 상장되기는 낙타가 바늘구멍 통과하는 것만큼 어렵다. 외자기업은 상장 자체가 금지되어 있다. 투자가들이 성장 가능성 없는 기업으로 구성된 증시를 외면하는 것은 당연했고, 투자자금은 부동산시장으로 흘러 부동산 과열로 연결되기도 했다. 중국 경제의 활력은 민영기업과 외자기업에서 나온다. 그럼에도 증시는 낙후와 부정부패로 얼룩진 국유기업이 독점하고 있다. 그래서 중국 경제가 활황을 보이고 있음에도 증시는 추락하는 것이다. 마치 육지에서 멀

지린즈예(吉林紙業)의 화려한 부활

지린성에 자리잡고 있는 신문용지 생산업체 지린즈예(吉林紙業)는 종업원 2,700명을 거느린 대형 국유기업이다. 지난 1993년 5월 선전 증시에 상장된 지린성의 대표적인 대형 업체다.

2005년 4월, 지린성의 지방은행 지린시상업은행이 지린즈예에 대해 파산소송을 제기했다. 은행이 갖고 있는 9,000만 위안의 채권을 회수할 수 없게 되자 파산소송을 제기한 것이다. 이 사실이 알려지면서 지린즈예는 2005년 5월 증권당국으로부터 거래정지 명령을 받았다.

지린시상업은행의 채권 9,000만 위안은 지린즈예 채무의 일부에 불과하다. 이 회사는 지난 3년 연속 적자를 기록했는데, 2004년 말 현재 채무 총액은 23억 3,700만 위안으로 부풀어 자본 잠식상태에 있었다. 운영자금을 마련하지 못한 이 회사는 2003년 2월 이후 조업을 중단하게 되었다. 정상적이라면 이 회사가 망하는 게 당연하다. 그러나 조업을 중단하고 있었음에도 불구하고 이 회사는 무려 1년 2개월 동안 버젓이 증시에서 거래되었다.

어떻게 이런 일이 가능할까. 우선 정부의 지원을 들 수 있다. 이 회사의 회장 장샤오중(張效忠)은 지린시정부의 부비서장을 겸하고 있었다. 그는 이 같은 배경을 등에 업고 지린즈예의 폐업을 피해나갔다. 이 회사의 최대 주주인 중국 중앙정부 역시 직장 폐업은 있을 수 없다는 입장을 고수했다. 2,700여 명에 달하는 직원의 실직을 우려했기 때문이다.

정부의 이 같은 자세는 채권은행에 영향을 미쳤는데, 건설은행, 공상은행, 중국은행, 교통은행, 지린상업은행 등 채권은행은 경쟁력 부족으로 적자가 눈덩이처럼 불어나 있었음에도 불구하고 돈을 퍼부었다. 정부의 '지침'이 없었다면 불가능한 일이다.

그렇다면 왜 지린상업은행은 그 동안의 침묵을 깨고 법원에 파산을 신청한 것일까. 그 해답은 이 은행이 지린시 산하 은행이라는 데에 있다. 지린상업은행의 파산소송과 함께 법원은 파산절차에 들어갔다. 이 과정에서 지린즈예는 자산구조를 재조정하게 된다. 관례에 따르면 이 회사가 갖고 있던 기존 은행부채는 상당 부분 탕감된다. 정부는 은행의 불량채권을 증가시켜서라도 기업을 살리려고 할 것이기 때문이다. 각 채권은행들은 손실을 감수해서라도 '정부의 지침' 대로 부채를 탕감해 줄 수밖에 없는 것이다.

결과는 예상대로였다. 지린즈예의 소송이 제기된 지 5개월이 지난 2005년 8월 지린즈예 자산구조 조정안이 확정되었는데, 이 회사가 갖고 있던 은행대출의 이자를 면제해 주고, 또 부채의 70%를 탕감한다는 판결이 내려졌다. 이와 함께 지린시정부에 대해 4,000만 위안의 재정자금을 특별 지원토록 했다.

결국 가진 것이라곤 은행채무가 전부였던 지린즈예는 회생의 발판을 마련했다. 공장이 다시 돌기 시작했다. 지린시정부로서는 법원의 판결에 힘입어 약 70%의 은행채무를 털어낼 수 있었고, 시정부 산하 국유기업을 지켜낼 수 있었다. 중국의 한 언론은 이를 두고 '화려한 부활'이라고 꼬집었다.

그러나 마땅히 죽어야 할 부실기업을 살려야 하는 부담은 고스란히 은행 몫이다. 이 기업에 돈을 빌려준 국유은행은 법원의 조치에 따라 돈을 떼인 것이다. 이 과정에서 책임지는 사람은 아무도 없었다. 지린스예는 아무 일 없다는 듯 공장을 재가동했으며, 자금손실을 본 은행들은 정부의 지침을 따랐으므로 문제될 게 없다.

이 같은 모습은 지린즈예뿐 아니다. ST닝자오, ST동베이디엔, ST칭치 등 상장기업들이 최근 수년 동안 이런 과정을 통해 기사회생했다. 중국 주식시장 역사 14년 여 동안 파산한 기업은 단 한 개도 없다. 90%가 국유기업이고, 또 그 국유기업의 뒤에는 정부가 버티고 있기 때문이다. 이런 과정이 반복된다면 중국은행의 부실채권은 늘어만 갈 것이다.

눈덩이 불량채권

우징롄(吳敬璉) 국무원발전연구센터 연구원은 '중국 경제학계의 양심'으로 통하는 인물이다. 그는 중국의 여러 경제문제에 대해 바른 말을 하기로 유명하다. 그는 분식회계, 거짓 공고, 투기꾼들의 주식조작 등으로 얼룩진 주식시장을 두고 '거대한 도박장'이라고 표현해 관심을 끌기도 했다. 그가 2004년 말 상하이에서 열린 한 금융 관련 포럼에서 중국 은행 시스템의 치부를 다음과 같이 공격한 바 있다.

"2006년이면 WTO 가입 규정에 따라 외국계 은행에 런민삐(人民幣) 업무를 전면 개방해야 한다. 그렇게 되면 중국 상업은행은 더 이상 금융 부실 문제를 감출 수 없게 될 것이다. 일부 신용이 불량한 은행의 예금이 대거 외자은행으로 빠져나갈 것이기 때문이다. 중국의 금융위기는 먼 그림자가 아닌 바로 현실의 문제다."

중국의 은행 불량채권 부담에 따른 금융위기 문제가 제기된 것은 어제 오늘의 일이 아니다. 1997년 아시아 금융위기 이후 줄곧 중국의 금융위기를 경고하는 목소리가 흘러나왔다. 특히 서방 학자들이 "중국도 금융위기에 휩쓸릴 수밖에 없다"며 중국을 흔들기도 했다. 중국 내 경제학자들 사이에서도 금융위기를 걱정하는 목소리가 없지 않았다.

그러나 중국 경제학계 최고 권위를 자랑하는 인물인 우징롄의 입에서 이런 경고가 나왔다는 점을 언론은 주목한다. 이는 중국의 금융위기 문제가 더 이상 숨길 수 없는 지경에 이르

거침없는 정책 비판으로 '중국경제학계의 양심'으로 통하는 우징롄.

렀음을 암시하는 것이기도 하다. 금융 문제의 가장 큰 사안은 중국 금융권 전체 대출 중 약 60%를 차지하는 4대 국유상업은행(중국, 공상, 건설, 농업)의 불량채권이다.

중국은행감독위원회가 밝힌 2005년 6월 말 현재 4대 국유상업은행의 불량채권 총액은 1조 134억 7,000만 위안으로 불량채권 비율(전체 대출에서 차지하는 불량채권 비율)은 10.12%에 달한다. 이는 지난 2003년 말과 비교하면 현격히 개선된 수치다. 2003년 말 기준 4대 국유상업은행의 불량채권은 1조 9,168억 위안, 불량채권 비율은 20.36%에 달했다. 1년 반 동안 불량채권은 9,033억 3,000만 위안이나 줄었고, 불량채권 비율은 거의 절반 수준으로 떨어진 것이다.

하지만 내용을 잘 살펴보면 얘기가 달라진다. 이 기간 중국 정부는 중국은행과 건설은행의 증시상장을 위해 두 은행의 외환보유고에서

4대 국유은행 불량채권 변화

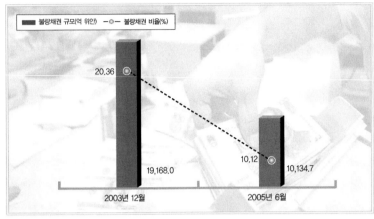

자료 : 중국은행감독위

450억 달러를 떼어 불량채권 재조정 작업에 투입했다. 또 2005년 초 6,340억 위안에 달하는 공상은행의 불량채권을 분리, 자산관리공사에 떠넘겼다.

물론 수치상으로 볼 때 1년 반(2004~05년 상반기) 동안 국유 상업은행의 불량채권 비율이 줄었다. 그러나 우징렌 연구원은 "정부의 인위적 불량채권 조정액을 감안할 경우 불량채권 자체는 오히려 1,156억 위안 늘어났다"며 "불량채권 비율 감소는 눈가림에 불과하다"고 주장한다. 즉 금융환경의 개선이 아닌 정부의 정책에 따라 불량채권이 감소했을 뿐이라는 얘기다.

게다가 지난 2~3년 동안 불량채권 비율이 줄게 된 또 다른 이유는 불량채권 절대치의 감소가 아닌 전체 대출의 증가 때문인 것으로 분석된다. 불량채권 비율을 줄이라는 인민은행의 지시에 대한 상업은행의 대응은 '분자가 아닌 분모를 늘리는 방식'이었다. 불량채권 자체를 줄이기보다는 대출을 늘려 비율을 낮췄을 뿐이라는 설명이다. '위에서 정책이 내려오면 아래에서는 대책을 마련한다(上有政策, 下有對策)'는 말이 실감난다.

중국 각 도시에 설립된 112개의 시정부 산하 지방은행의 부실은 더욱 심각하다. 중국 금융당국이 밝힌 2004년 6월 말 현재 지방상업은행의 불량채권 비율은 12.36%로 나타나 겉으로 보기에는 무난한 듯 보인다. 그러나 내용을 자세히 살펴보면, 일부 우량 지방은행을 제외한 절대 다수의 지방은행에는 불량채권이 쌓여 있다.

112개 지방은행 중 절반에 해당하는 55개 은행의 불량채권 비율은 15%가 넘는다. 이 중 21개 은행은 30% 이상의 불량채권율을 기록하고 있다. 특히 4개 은행은 불량채권율 60%를 웃돌아 파산에 직면해 있다.

국가 – 국유은행 – 국유기업의 부실 삼각구도

중국 금융당국의 불량채권 비율 축소 노력에도 실제 불량채권이 줄지 않는 이유는 무엇일까. 그 이유는 불량채권 구성을 살펴보면 알 수 있다.

칭화(淸華) 대학 웨이지에(魏杰) 교수의 분석에 따르면, 중국 부실채권의 40%는 각급 정부의 직접적인 대출 간섭 때문인 것으로 나타났다. 정부는 산업정책을 추진하는 과정에서 필요에 따라 은행자금을 동원했다. 중국 상업은행의 경우 실질적인 주인은 국가다. 은행은 정부의 입김에 따라 움직일 수밖에 없고 이 과정에서 부실이 잉태된 것이다. 또 다른 30%는 국유기업의 부실을 메워주는 과정에서 발생했다. 국유기업의 부실을 은행자금으로 막아준 것이다. 결국 부실채권의 70%는 정부사업과 국유기업 부문에서 발생했다는 계산이 나온다. 이 밖에 은행

중국 4대 국유상업은행과 아시아 각국의 불량채권 비율 비교 (단위 : %)

자료 : 〈第一財經日報〉

자신의 신용관리 부실이 20%를 차지했고, 나머지 10%는 각 지방의 불합리한 금융환경에서 비롯됐다.

중국이 공식적으로 밝히고 있는 4대 국유상업은행의 불량채권 비율은 10% 안팎이지만 중국 내부에서도 실제 불량채권율이 25%에 달할 것이라는 주장이 제기되고 있는 실정이다.

그렇다면 정부-국유기업-국유은행 등으로 구성된 금융부실 삼각구도는 어떻게 형성, 발전된 것일까.

국유상업은행과 국유기업의 공통점은 주인이 국가라는 점, 즉 정부가 국가를 대신해 관리한다. 한 집에 은행과 기업이라는 두 개의 방이 있는 꼴이다. 기업에서 필요한 자금을 은행에서 끌어다 쓰는 것은 결국 이쪽 방에서 저쪽 방으로 돈이 움직이는 것과 같다. 이 같은 의식이 금융부실을 낳게 하는 기본 이유다.

1985년 중국은 국유기업의 자금 지원을 기존의 국가재정에서 은행 대출로 전환하는 '바가이따이(拔改貸)' 개혁을 단행했다. 국유기업이 담

중국 은행의 높은 불량채권 비율은
국유경제 시스템의 부실을 보여주는
단면이다.

당하던 각종 투자사업의 자금출처가 정부재정에서 은행대출로 바뀐 것
이다. 자금의 출처만 바뀌었을 뿐, 정부는 언제든지 은행의 돈을 국유기
업으로 지원해 왔다. 은행의 소유와 경영이 분리되지 않는 상황에서 은
행은 국가의 지시에 따를 수밖에 없는 구조가 정착된 것이다.

더군다나 정부는 경기조절 수단으로 은행을 동원했다. 경기부양을
위해 돈이 필요하면 은행창구에서 돈을 가져다 뿌렸다. 지방정부의 경
우 경제성장을 위해서는 투자를 늘려야 했고, 그 자금의 출처는 지방정
부 산하 은행이었다. 이 과정을 통해 국유상업은행과 지방은행의 부실
이 눈덩이처럼 불어났다.

또 다른 문제는 부실한 금융감독 시스템에 있다. 중국의 금융감독 체
계는 최근 크게 강화되었지만, 선진국에 비하면 아직도 턱없이 낮은 수
준이다. 하루가 멀다 하고 금융사고가 발생하며, 대출금에 대한 엄격한
채권관리가 이루어지지 않아 채권손실이 발생하고 있다. 금융감독 시
스템의 부재는 '은행돈은 국가 돈, 국가 돈은 빼 먹는 놈이 임자'라는

모럴해저드로 이어지고 있다.

장언자오(張恩照) 전 건설은행장은 2005년 초까지만 해도 중국 금융업계의 스타였다. 그는 1964년 건설은행 상하이 분행의 한 지점에 평직원으로 입사한 이래 대출심사 및 외자유치 등의 분야에서 탁월한 능력을 발휘하여 승승장구했다. 상하이 금융업계에는 그가 키운 인재가 곳곳에 포진, '장언자오 마피아'가 형성될 정도로 영향력도 컸다.

그가 건설은행장에 오른 것은 2002년 1월의 일이다. 전임 행장 왕쉐빙(王雪氷)이 부패혐으로 물러나자 그의 뒤를 이었다. 그러나 장언자오의 지위는 오래가지 못했다. 그 역시 부패가 문제였다. 그는 상하이건설은행 분행장으로 근무하면서 외국기업으로부터 거금의 뇌물을 받은 것으로 확인됐다. 또 건설은행의 직위를 남용해 부당 대출을 일삼는 등 중대한 과오를 저지른 사실도 알려졌다. 결국 그는 직위에서 쫓겨나 현재 구금상태에 있다. 12년형을 선고받아 복역 중인 전임 행장 왕쉐빙보다 더 큰 형이 내려질 거라는 게 중국언론의 보도다. 중국 4대 상업은행 중 하나인 건설은행에서 두 명의 행장이 부패로 감옥살이를 해야 한다는 것, 이것이 바로 중국 금융업계의 현실이다.

허약한 제도권 금융, 융성하는 사금융

국유상업은행이 독점하고 있는 제도권 금융이 제 기능을 발휘하지 못하면서 나타나는 부작용 가운데 하나가 사금융 발달이다. 중국 전체 금융기관의 총 대출액 중 4대 국유상업은행 대출이 차지하는 비율은 60%로, 이 중 80% 이상이 국유기업 대출이다. 금융 혜택을 받지 못하는 중소 민영기업들이 사금융에 기대는 것은 당연한 현상이다. 이는 중국 금융정책의 효과를 감소시킨다는 점에서 중국인민은행이 골치를 앓고 있다.

상하이의 유력 경제지 〈第一財經日報〉의 보도에 따르면, 2003년 말 현재 금융권 밖에서 유통되는 자금 규모가 7,400억~8,200억 위안에 이르는 것으로 추산된다. 이 금액은 전체 금융권 대출 규모 중 약 30%에 해당하는 수준이다. 지역적으로는 사금융이 발달한 헤룽장(黑龍江), 랴오닝(遼寧)과 중소 사영기업이 많은 광둥, 저장, 푸지엔 등에서 성행 중인 것으로 나타났다.

지하자금은 '치엔쫭(錢庄, 일종의 고리대금 업체)'으로 불리는 사금고를 통해 중소기업에 높은 금리로 대출되는 것으로 나타났다. 주요 상업은행들이 중소기업에 대한 대출을 꺼리기 때문에 나타난 현상이다.

지하자금은 또 대규모 투자단을 형성해 부동산시장을 기웃거리고 있다. 상하이, 항저우 등의 부동산가격이 수년 동안 급등한 배경에 원저우 사람들의 투기가 있었다는 사실이 이를 증명한다. 이들 자금이 어떻게 움직이느냐에 따라 부동산시장이 출렁이는 것이다. 그렇다고 금융권 밖으로 빠져나가는 자금을 잡아둘 만한 뾰족한 수가 있는 것도 아니다.

은행위기, 현실로 닥친 문제다

중국은 2007년 금융산업 전반에 걸쳐 전면적인 대외개방에 들어가게 된다. 외국계 은행도 이제는 런민삐 예금·저축 시장으로 진출할 수 있게 된다. 우징롄 연구원은 지금과 같은 상황이라면 은행부실이 표면화될 수밖에 없다고 우려를 나타낸다. 예금의 대규모 이동은 없을지라도 일부 신용상태가 좋지 않은 금융기관으로부터 자금이 빠져나갈 가능성이 크다는 얘기다.

물론 중국 금융당국이 금융문제에 대해 수수방관하는 것은 아니다. 각 상업은행에 자기자본비율(BIS)을 높이도록 압력을 가하는 한편 불량자산 회수에 적극 나서도록 유도하고 있다. 또 상업은행의 재무건전화를 위해 지금도 자금을 쏟아 붓고 있다. 이 같은 조치로는 중국 금융문제를 본질적으로 해결할 수 없다는 데 문제가 있다. 전문가들은 금융 시스템을 시장논리에 맞춰 대대적으로 개혁해야 한다고 주장한다. 국유 상업은행에 대한 개혁을 강력하게 추진하는 한편, 순수 민영은행 설립을 통해 자금유통을 다양화할 필요가 있다.

일부 민영은행을 중심으로 중국 금융계에서 변화와 개혁의 바람이 일고 있다. 그러나 중국 금융자산을 실질적으로 독점하고 있는 국유상업은행이 바뀌지 않는 한 전면 개방으로 인한 충격은 피하기 어려울 것으로 보인다.

외자(外資)의
함정에 빠진 경제

8

중국의 최고 개혁개방 도시인 쑤저우(蘇州)에 세계적인 정보기기 업체 로지텍 공장이 있다. 이 공장은 '완다(WANDA)'라는 브랜드의 무선 마우스를 생산·수출하는데, 한 해 약 2,000만 개의 마우스가 미국으로 팔려나간다. '완다' 마우스가 미국 소비자들의 손에 닿기까지 어떤 부가가치 사슬을 갖게 되는지 살펴보자.

이 마우스는 미국 컴퓨터 전문매장에서 약 40달러에 팔리고 있다. 이 중 8달러는 로지텍의 몫이다. 수출 및 미국 내 유통과정에서 15달러가 소요된다. 또 모토롤라, 에이질런트 등 부품업체가 14달러를 가져가게 된다. 이것저것 빼고 남은 금액은 3달러 정도다. 이는 중국 기업의 몫이다. 중국 기업은 이 3달러를 가지고 직원급여, 전기세 등을 내야 한다. 이를 살펴보면 중국에 떨어지는 액수가 전체 판매가의 10%도 채 안 되는 셈이다.

위의 내용은 미국 〈월스트리트저널(Wall Street Journal)〉이 보도한 내용이다. 이 신문은 그럼에도 중국 기업이 '완다'를 생산해서 돈을 남길 수있는 이유는 턱없이 낮은 직원 급여 때문이라고 전했다. 로지텍 쑤저우 공장에서 근무하는 약 4,000명 직원의 전체 급여는 캘리포니아 본사에서 근무하는 450명 직원보다 오히려 낮다는 설명도 함께 게재되어 있다.

이 기사는 중국의 '수출주도형 경제'의 허점을 고스란히 보여준다. 중국언론들은 이 보도를 전하면서 '중국이 마우스 딜레마에 빠졌다'고 우려를 나타냈다.

'마우스 딜레마'

'외국인 투자는 무조건 선(善)한 존재인가?' 이는 요즘 중국의 일부 경제학계에서 제기되고 있는 문제다. 외국인 투자가 중국 경제에 얼마나 도움이 되는지에 대한 논의가 활발하다. 또 외국인 투자유치를 위해 달려왔던 그 동안의 대외경제 정책에 대한 반성이다. 마우스 딜레마를 어떻게 극복할 것이냐에 대한 고민이기도 하다.

외국인 투자는 이제 중국 경제발전에서 빼놓을 수 없는 요인이다. 중국이 지난 28년여 개혁개방의 기간 동안 외국에서 끌어들인 해외직접투자(FDI) 규모는 2005년 말 현재 6,224억 달러 수준이다. 화교자본 중심으로 이뤄지던 대중 외국인 투자는 1990년대 중반으로 접어들면서 서방자본이 진입하기 시작했다. 1990년대 말 이후 매년 400억~500억 달러의 FDI가 중국에 유입되었다. WTO 가입 이후 FDI 유입은 더욱 늘어 2004, 2005년 각각 무려 600억 달러를 넘어섰다.

중국의 연도별 해외직접투자 유치 규모 추이 (단위 : 억 달러, 실행 기준)

자료 : 중국통계연감

    FDI는 중국 성장의 견인차 역할을 했다. 외국기업들은 중국의 저임 노동력을 활용, 제품을 생산해 수출하기 시작했고, 이 돈은 다시 중국의 내수시장을 형성했다. 그러나 외국기업의 수출 비중은 이미 중국 경제의 안정을 위협할 만큼 높아졌다. 중국 전체 수출에서 해외기업이 차지하는 비중은 1990년 17.4%에서 지금은 약 55%로 증가했다. 이는 첨단 산업 분야에서 더 심각하다. 컴퓨터기기의 경우 이 수치는 92%에 달하고, 전자 · 통신 분야는 74%에 이르고 있다. 화려한 중국의 '수출신화'는 FDI가 만들어낸 것이다.

    모건스탠리의 수석이코노미스트인 스티븐 로치는 "지난 10여 년 동안 중국 수출 증가의 65%는 해외 투자기업의 몫이었다. 중국 수출의 활력은 국내 기업들의 급속한 성장이 아닌 외자기업들의 노련한 아웃소싱에 따른 것이다"라고 분석했다. 외국인 투자가 중국 경제의 명줄을 쥐고 있다는 얘기다.

    경제의 외자 의존도 심화는 중국 정부의 산업정책을 어렵게 만들고 있다. 어떤 요인에서든 외자가 빠져나가거나, 또는 외자유입이 줄어든다면 중국 경제가 커다란 타격을 받을 수 있다. 반면 외자기업들이 많이 들어왔다는 것은 거꾸로 중국 경제의 대외 환경에 도움을 줄 수도 있다. 그들은 일종의 '볼모'가 될 수 있으니까 말이다. 그러나 기업은 조금이라도 더 좋은 비즈니스 환경을 찾아 꾸준히 이동한다는 속성을 감안할 때 외자기업 의존도 심화는 중국 경제에 1차적인 부담을 줄 것으로 중국 전문가들은 우려한다.

시장과 기술의 맞교환 실패

중국이 FDI 끌어들이기에 적극 나선 것은 자금도 자금이지만 더 큰 목적은 기술에 있다. '시장을 내어 줄 테니 기술을 가져와라(市場換技術)'는 전략이다. 특히 기술 수준이 높은 다국적기업에 대해서는 과감한 금융세제 혜택을 제시하며 투자를 유치했다.

그러나 최근 시장과 기술의 맞교환 전략이 예상보다 성공적이지 못했다는 지적이 일고 있다. 외국 투자기업들이 중국에 진출해 시장만 차지하고 기술은 떨구지 않았다는 얘기다. 중국상무부는 최근 〈다국적기업의 중국 산업 영향 보고서〉를 통해 자동차 분야를 예로 들며 이를 설명했다.

"폴크스바겐, GM, 혼다 등 외국 자동차업체들은 중국에서 기술개발을 하기보다는 기존 기술을 들여와 현지에서 생산하는 형태의 협력을 하고 있다. 외국 합작사들은 핵심기술을 장악한 채 오히려 합작회사의 기술개발에 소극적으로 대했다. 다국적기업들은 중국에 진출할 때 부품업체를 함께 들여와 중국 기업으로의 기술 유출을 막고 있다. 결과적으로 외국의 자동차회사들은 중국 합자회사의 기술개발 능력을 위축시켰고, 이 과정에서 중국 합작 파트너는 기술개발 능력을 상실했다."

같은 맥락에서 볼 때 중국 업체의 기술 장악 성적은 초라하다. 중국 기업이 어느 정도 세계적인 수준에 도달했다고 자부하는 가전 영역을 살펴보자.

중국 가전시장에 가면 중국 로컬 업체들의 PDP TV가 삼성, 소니, 파나소닉, LG 등의 제품과 나란히 전시되어 있다. 겉으로 보기에 큰 차이가 없어 보인다. 그러나 그 속을 들여다보면 내용이 사뭇 다르다. 고급 컬러 TV의 경우 114개 주요 부품기술 중 중국 업체가 갖고 있는 기술은 72개에 불과하다. 물론 핵심부품은 모두 외국에서 사온 것이다.

중국은 전세계 DVD 플레이어 생산의 70%를 차지하고 있는 DVD 강국이다. 중국 로컬 가전업체가 만든 DVD는 지금 세계 시장에서 쫓겨날 판이다. 유명 가전업체 창웨이(倉維)가 2005년 1~5월 동안 해외에 수출한 DVD는 22만 3,000대로 전년 동기 대비 95%나 줄었다. 창홍(長虹) 역시 60% 이상 감소했다.

필립스, 소니, 파이오니어 등이 제기한 특허권 소송이 원인이었다. 이들 업체는 중국 업체들이 자사의 특허기술을 무단 사용하고 있다며 EU 등에 소송을 제기했다. 중국 업체들은 결국 90달러 DVD 수출의 경우 약 20달러 정도의 특허권료를 부담하라는 판결을 받았다. 이는 원가의 20~30% 수준으로 수출 채산성이 맞을 리 없다. DVD의 경우 57개 주요 부품기술 중 중국이 갖고 있는 기술은 9개에 불과하다.

세계 수준의 제품을 생산하고 있다는 중국 가전업체들이 서방의 기술력 앞에서 무릎을 꿇은 것이다. 이 판결 이후 중국에 진출한 외국 합작업체들은 DVD 수출이 오히려 늘어난 반면 중국 로컬업체들은 된서리를 맞고 있다. 중국 가전제품 공장 역시 두뇌가 없는 단순 하청공장이었던 셈이다. 휴대폰의 경우에도 65개 핵심 기술 중 33개를 보유한 것에 그친다. 중국이 우리를 추격할 정도의 기술을 축적했다는 위기감이 우리를 죄어오고 있지만, 그 실상은 다소 다르다는 사실을 알 수 있다.

늑대와 함께 춤을?

중국이 2001년 WTO에 가입할 당시 유행한 말이 '늑대와 함께 춤을'이었다. 케빈 코스트너가 주연한 영화 〈늑대와 함께 춤을〉을 패러디한 말이다. 그 뜻은 'WTO 가입과 함께 밀려올 외자기업(늑대)과 함께 어울려야 한다'는 것이다. 외국기업이 와도 자신 있게 대처할 수 있다는 자신감의 표현이기도 했다. WTO 가입 이후 시장개방 유예기간이 끝나는 2006년을 맞은 지금, 중국 기업들은 과연 외국기업들과 춤을 추고 있는가. 이번에는 유통시장을 통해 서비스 분야 현실을 추적해 보자.

선전의 대표적인 유통체인 민룬(民潤)은 WTO 가입 이후 중국의 유통업체 현실을 보여주는 대표적인 사례기업이다. 이 회사는 2~3년 동안 광둥 지역 4개 유통업체를 사들였다. 공격적인 인수합병이었다. 포식성이 강했던 민룬은 2004년 말 현재 150개 매장을 가진 30대 유통업체 반열에 올랐다. 한때 '광둥의 월마트'라는 별명을 얻기도 했다.

그러나 이 회사는 2005년 상반기 들어 자금난에 봉착, 유통 메이저

업체를 찾아다니며 "우리 회사를 사달라"고 구걸하는 처지로 전락했다. WTO 가입에 대비, 몸집을 불리는 과정에서 지나치게 영업을 확대한 게 화근이었다. 더군다나 경기긴축으로 소비시장이 위축되면서 자금압박에 쫓기고 있다.

민룬뿐 아니다. 난징, 우한(武漢), 후난, 청두(成都) 등의 6개 지방에서도 유통업체들이 매물로 나와 있는 것으로 알려졌다. 중국의 30대 유통업체 중 13개 업체가 2004년 영업적자를 기록했다. 6개 전문 매장을 제외한 24개 종합 유통업체 중 절반이 심각한 경영난에 시달리고 있다. 지난 수년 동안 중국 유통업체들의 화두는 '몸집 부풀리기'였다. 중국 유통시장은 WTO 가입에 따른 시장개방 일정으로 2005년 전면 개방됐다. 중국 로컬 유통업체는 시장개방으로 예상되는 늑대(외국 유통기업)의 공격으로부터 살아남기 위해서 덩치가 커야 한다는 논리를 내세웠다. 유통 분야에서도 규모의 경제를 이뤄야 한다는 것이었다. 중국당국 역시 업계의 인수합병(M&A)을 적극 지지했다. 중국 유통업계 제9위 업체인 화룬(華潤)의 천랑(陳朗) 회장의 말이다.

"2002, 2003년 중국 유통업체들은 치열한 M&A 경쟁을 벌였다. '어떤 업체를 사들이느냐'가 최대 관심사였다. 그러나 2005년 들어 상황은 반전됐다. 자금력이 떨어지는 업체들은 동종업계 업체들을 돌아다니며 '우리 회사 좀 사주세요'라고 애걸한다. 내 책상에는 지금 수십 건의 매입제의 요구서가 쌓여 있다."

업체 간 경쟁도 치열했다. 중국 전역에 유통업체들이 생겨나면서 경쟁이 치열했던 것이다. 반면 소비 수준은 그만큼 늘지 않았다. 업계에 제 살 깎기식 출혈경쟁이 벌어진 것은 당연하고 경영이 악화될 수밖에 없다. 그들은 지금 정작 중요한 전쟁을 앞두고 총알이 떨어지고 말았다.

포식하는 늑대, 몸 사린 양

양(국내 기업)들이 개방을 앞두고 허둥대고 있을 때 늑대(외국 메이저 유통업체)들은 군침을 흘리며 중국 시장으로 달려왔다. 중국 본토의 중심에 자리잡은 후베이(湖北)성 성도 우한. 2005년 4월 이곳 유통업계 판도를 바꿔놓을 행사가 하나 열렸다. 대형 할인매장인 월마트가 개점식을 연 것이다. 월마트의 중국 내 40번째 할인매장이다.

"수익이 얼마가 나는지는 중요하지 않다. 당분간 중국 내 영업점 확대에 주력할 것이다. 월마트는 중국에서도 월마트에 걸맞은 지위를 차지할 것이다."

리청지에(李成杰) 월마트 중국본부 부사장의 말이다. 중국에서도 최대 유통업체가 되겠다는 포부다. 월마트는 산둥성 엔타이, 쓰촨성 미엔양(綿陽) 등에 10개 매장 부지를 확보해 개설작업을 서두르고 있다. 우한에 외국 할인매장이 진출한 것은 이번이 처음은 아니다. 까르푸가 지난 1998년 진출, 이미 3개의 점포를 운영 중이다. 우한은 까르푸가 선점한 땅인 셈이다. 그러기에 업계는 월마트의 우한 진출을 중국 내 최대 외국 유통업체인 까르푸에 대한 선전포고로 해석하고 있다.

까르푸가 날아오는 포탄을 가만히 앉아서 맞을 리 없다. 중국에 이미 50여 개 점포를 갖고 있는 까르푸는 2004년 134억 위안의 매출액을 기록, 업계 5위 자리를 굳힌 업체다. 까르푸는 중국 동부와 중부를 중심으로 깔아놓은 매장을 쓰촨, 윈난(雲南), 신장 등 서부 깊숙한 곳까지 확대할 계획이다. 이에 월마트는 '까르푸가 가는 곳이면 우리도 간다'는 식으로 따라붙고 있다. 그 동안 동부 지역을 중심으로 진행된 외국 유통업

상하이 까르푸 구베이(古北)점. 까르푸는 중국 유통 선진화에 기여했다는 긍정적인 평가와 함께 제조업체를 대상으로 입점비를 받는 관행을 만들었다는 부정적인 지적도 받고 있다.

체의 '중국 땅 따먹기' 전쟁이 중서부 지역으로 확대되고 있는 것이다. 남의 땅에서 치열한 육박전을 치르겠다는 것이다. 두 메이저 유통업체의 싸움에 중견 서방업체들도 가세하고 있다.

중국에 21개 매장을 갖춘 메트로는 2006년 31개로 늘린다는 계획이다. 대만 유통업체인 통이(統一)는 산하 체인점인 세븐일레븐을 베이징에 500개까지 늘릴 예정이다. 특히 통이는 중국에 진출한 미국계 할인매장 프라이스마트 매입을 고려하고 있다. 또 테스코는 2005년 7월 2억 6,000만 달러를 투자, 중국 유통체인인 러고우(樂購)의 지분 50%를 사들였다. 그 동안 상하이에 터전을 닦아온 우리나라의 이마트도 톈진 지역으로 사업 범위를 확대하고 있다.

전문가들은 중국이 할인매장 시장을 지키는 데에는 한계가 있을 것으로 분석한다. 중국업체들이 외국 메이저 유통업체의 공세로부터 타격을 받게 될 것이라는 얘기다. 최근 발표된 맥킨지의 〈중국 유통시장

보고서〉는 이를 대변한다.

"향후 3~5년 사이 중국 소비시장의 60%는 외국 대형 할인매장이, 나머지 30%는 중국 국내 대형 업체가, 나머지 10%는 지방 중소업체가 차지할 것이다."

자금력을 바탕으로 파상적인 시장공세에 나선 외국업체, 경영부진으로 시달리고 있는 중국 로컬업체. 이것이 바로 시장 전면 개방을 앞둔 오늘날 중국 유통시장의 모습이다.

강호(江湖)에는 늑대만 남고

해외 다국적기업들이 중국 경제에 미친 또 다른 부정적 영향은 '독점'이다. 다국적기업들은 기술우위를 앞세워 중국 시장을 선점해 폭리를 취하고 있다. 이미 중국 시장에 진출한 다국적기업들은 다양한 수단을 활용해서 시장진입 장벽을 높이고 있다.

스위스의 무균 포장지 설비업체 테트라팩은 그 대표적 사례다. 이 회사는 비교적 일찍 중국 시장에 진출, 무균포장지 설비 시장의 약 85%를 장악하고 있다. 테트라팩은 최근 시장을 어느 정도 장악했다고 생각, 전략을 바꿨다. 신규 시장 개척보다는 중국 로컬업체들이 새로 진입하지 못하도록 장벽을 쌓기 시작했다. 제품공급과 유지보수를 연계, 일반 업체들이 다른 제품을 쓰지 못하도록 했다. 이와 함께 무균포장지 설비 유통업체 동맹을 결성해 중국 로컬업체의 진입을 철저히 막았다.

중국 전체 공업생산증가율과 외자기업의 공업생산증가율 비교 (단위 : 전년 동기 대비 성장률, %)

자료 : 중국통계연감

　필름업체인 코닥 역시 마찬가지다. 이 회사는 경쟁사가 나타나면 이를 사들이는 방식으로 시장을 확대해 나가고 있다. 필름 감광재료 분야의 새로운 경쟁자로 떠오른 러카이(樂凱)를 사들인 게 이를 말해준다. 다국적기업은 중국에 총본부를 세우는 방식으로 독점력을 넓혀가고 있다.

　중국에 진출한 주요 다국적기업들은 이제 세력을 형성할 움직임이다. 그들은 외자의존형 중국 경제가 안고 있는 약점을 알고 '우리 뜻대로 해주지 않으면 나가버릴 테다'라고 윽박지르는 모습이다. 중국 경제에서 차지하는 외자기업의 중요성이 커지면서 배짱을 부리고 있는 것이다.

　2005년 초 중국 정부의 내·외자기업 소득세 통일 방침에 대해 일부 다국적기업들이 집단 반발한 것은 이를 보여준다. 중국언론에 따르면, 중국 진출 다국적기업 54개 업체가 내·외자기업의 소득세 통일 방침을 5~10년 연기해 달라는 내용의 청원서를 국무원(정부)에 제출키로 했

다. 모토롤라, HP, 후지쓰 등 주요 다국적기업이 청원 기업명단에 포함
됐으며 일부 한국 업체도 포함된 것으로 알려졌다.

현재 중국 국내 기업의 소득세는 명목상 33%인 반면 외자기업은
15%를 적용받고 있다. 실제 소득세 역시 외자기업(11%)이 내자기업
(23%)의 절반 수준에 불과하다. 다국적기업들은 "외자기업에 주어졌던
기업소득세 우대정책을 일시에 취소할 경우 경영상의 타격이 불가피하
다"며 "본격 시행에 앞서 5~10년 동안 과도기를 둘 필요가 있다"고 주
장했다.

다국적기업의 청원 건은 언론에 알려지면서 흐지부지되었지만, 중국
정책에 몸을 사리던 외자기업들이 중국 정부를 상대로 자기 목소리를
냈다는 점에서 주목할 만한 일로 받아들여지고 있다.

중국, 중남미 전철을 밟나

외국기업이 들어오면 기술도 당연히 함께 들어올 것이라는 예상은 왜
빗나갔을까.

중국 경제전문가들은 이 같은 문제가 외국투자에 의존한 경제개발
정책의 당연한 결과로 지적하고 있다. 외국자본이 들어오면 기술도 들
어올 것이라는 논리는 다국적기업의 생리를 모른 데서 나온 순진한 정
책이었다는 얘기다.

다국적기업들은 중국을 생산단지, 또는 판매시장으로 볼 뿐 핵심기
술 개발 지역으로 여기지는 않는다. 몇몇 다국적기업들이 중국에 연구
개발(R&D) 센터를 세운다고는 하지만 이는 모두 기존 기술을 중국 시장

에 적용하기 위한 현지화 연구에 치중하고 있다. 일부 다국적기업의 중국 R&D 센터는 본사와 연계한 순수 연구개발 사업을 벌이고 있지만 이것 역시 본부 R&D 센터가 넘겨준 변두리 기술개발일 뿐이다. 핵심기술은 여전히 본사의 R&D 센터가 담당하고 있으며, 오히려 선진기술이 중국으로 유출되는 것을 철저히 막고 있다.

또 다른 이유는 R&D에 대한 중국 기업의 소극적인 태도다. 일본이나 우리나라 역시 대외지향형 경제개발 전략을 취했다는 점에서 중국과 다르지 않다. 그러나 중국은 일본이나 한국 기업들이 보여준 치열한 기술개발 노력을 보이지 않고 있다. 우리나라 직장인들이 밤을 세워가며 외국제품을 분해하고, 때로는 해외에서 훔치기도 하는 등의 기술개발 의지가 중국 기업에는 없다는 얘기다.

중국상무부 다국적기업연구소 왕즈러(王志樂) 소장은 "중국 기업들은 외국기업과 합작을 하면서 투자 파트너의 기술을 적극적으로 흡수하기보다는 그 기술을 산업현장에 적용, 쉽게 돈을 버는 데 급급했다. 그게 한국과 중국 기업의 차이점이다"라고 말했다. 이어서 그는 "한국의 경우 외국기술도입비용 대(對) 자체기술개발비용 비율이 100 대 1,000에 이르는 등 기술개발에 힘썼지만 중국은 이 비율이 100 대 7에 불과하다"고 밝힌다. 중국 대형 제조업체의 매출액 대비 R&D투자 비율은 약 0.7% 수준이다. 이는 우리나라 상장기업의 2.5%보다 낮고, 미국이나 일본의 4.0%보다 턱없이 낮은 수준이다.

게다가 중국 기업들은 아직 브랜드에 대한 인식이 낮아 고급 브랜드 개발투자 역시 낮다. 중국 무역의 절반 이상은 가공무역이다. 이 가공무역의 85%는 외자기업의 몫이다. 또 외자기업 수출품의 90%는 주문자 상표부착(OEM) 방식으로 나가고 있다.

　많은 전문가들은 중국 경제가 아시아가 아닌 '남미형 경제'로 빠져들 수 있다고 우려한다. 중남미의 여러 국가들은 초기 경제개발을 위해 미국 등 다국적기업을 적극 끌어들였다. 그러나 이들은 외국기술을 흡수하고 재창조하는 데 실패, 결국 다국적기업에 시장을 송두리째 빼앗기고 말았다. 중국이 지금 그 길을 걷고 있다는 게 전문가들의 지적이다.

　우리는 첨단 산업에서 중국의 약진을 우려의 눈초리로 보고 있다. 그러나 중국이라는 세계의 공장이 서방 기술의 하청공장에 머물러 있는 한, 하이테크 제품 수출을 외국기업이 주도하는 한, 중국이 세계적인 산업 강국으로 자리매김하기는 어려울 것으로 보인다.

두 슈퍼 파워의 충돌 9

에너지 확보는 13억 인구의 경제를 유지하기 위한 절대 절명의 과제다. 중국은 후진타오 체제 등장 이후 '지속가능한 성장' 체제 구축을 위해 에너지 확보를 위한 보폭을 넓히고 있다.

국유 석유업체인 중국해양석유(CNOOC)가 바로 그 첨병이다. 이 회사는 석유자원 확보를 위해 전세계로 뛰고 있다. 그런 CNOOC가 2005년 8월 2일 중대 발표를 했다. 8개월 동안 추진해 온 미국 석유업체 유노칼 인수를 포기한다는 선언이었다. CNOOC로서는 뼈아픈 결정이었다. 이 회사는 인수금액으로 인수경쟁 상대인 미국 셰브론보다 11억 달러가 많은 185억 달러를 제시했다. 그것도 전액 현금 지불이라는 조건이었다. CNOOC가 유노칼 인수에 얼마나 공을 들였는지 알 수 있다. CNOOC의 인수경쟁 포기로 유노칼은 셰브론에게 팔리게 됐다.

CNOOC가 유노칼 인수를 포기한 이유는 '적성국 중국에 기술을 넘겨서는 안 된다'는 미국 정계의 인식 때문이었다. 미국 의회는 CNOOC 의 유노칼 인수를 120일 동안 유예하는 법안을 통과, 실질적으로 유노 칼이 중국으로 넘어가는 것을 막았다. CNOOC는 '유노칼 주주의 이익 에 반하는 어쩔 수 없는 상황'으로 인수포기 이유를 밝혔다. 경제적인 이유가 아닌 정치적인 이유로 유노칼 인수를 포기했다는 설명이다.

렌샹(聯想)의 혹독한 신고식

CNOOC와는 달리 중국 최대 컴퓨터업체 렌샹(聯想)은 2005년 초 IBM PC사업 인수에 성공했다. 그 과정에서 미국 정계 일각의 반발이 없었던 것은 아니다. 적자사업 부문인 PC사업을 떼 내려는 IBM의 의지가 강해 결국 성사됐다.

그렇다고 렌샹의 앞날이 평탄한 것은 아니다. '델 컴퓨터 이메일 사 건'이 단적인 예다. 미국 델의 한 직원은 지난 2005년 4월 말 고객에게 'IBM PC제품 1달러를 사면 중국 정부에 1달러를 주는 꼴'이라는 내용 의 이메일을 보냈다. IBM PC매입은 '이적행위'라는 시사였다. 미국에 널리 퍼져 있는 '중국 위협론'을 마케팅에 활용한 것이다.

렌샹은 델이 미국과 중국 간 불편한 국가 감정을 들어 조직적으로 '렌샹 죽이기'에 나섰다고 반발했다. 렌샹은 "델 노트북 PC의 95%가 중국에서 조립, 세계 시장에 수출된다. 그렇다면 델 PC를 사는 것 역시 중국 정부에 돈을 주는 것이 아니냐'고 반박했다.

이 싸움은 델 컴퓨터가 "한 영업사원 개인의 소행일 뿐 회사와는 무 관하다"고 공식적으로 유감을 표명하면서 일단락됐다. 하지만 세계 PC

시장의 두 메이저 사이에 벌어진 공방은 미국의 중국 위협론이 기업 분야에서까지 마케팅 수단으로 등장하고 있다는 점에서 관심을 끈다.

게다가 IBM의 주요 고객이던 GE가 "앞으로는 델과 거래할 것"이라고 선언했다. 또 IBM의 고객이던 미국 국방부와 에너지부도 HP로 돌아섰다. 그 근원은 모두 중국 위협론이었다.

중국 위협론의 뿌리

1979년 1월 미국과 중국이 수교할 때만 하더라도 양국의 앞날은 좋아 보였다. 그들에게는 공동의 적 소련이 있었기 때문이다. 그러나 소련이 몰락하면서 상황은 급변했다. 미국은 중국의 전략적 가치가 줄자 인권, 민주화 등을 내세워 중국에 압력을 가하기 시작했다. 1989년 베이징에서 톈안먼사태가 발생했다. 중국은 이 사건의 배후에 미국, 더 구체적으로는 CIA가 있다고 여기고 있다. 중국의 체제를 평화적인 수단으로 붕괴시키려 한다는 주장이다. 중국인들은 이를 '화평연변(和平演變)'이라고 표현한다.

중국은 미국 CIA가 1980년대 말 중국 위협론을 퍼뜨렸다고 여긴다. 20~30년 후 중국이 실제구매력 기준으로 미국을 앞지를 것이라는 등 고도의 전술로 중국에 대한 막연한 공포심을 부추겼다는 얘기다. 더군다나 CIA는 중국이 연방제 형태로 분열될 것이라는 등 '중국 흔들기'에 나섰다. 이 같은 움직임으로 미국 사회에 중국 위협론이 퍼졌고, 이는 미국뿐 아니라 유럽, 일본 등 서방으로 확산됐다는 게 중국의 시각이다.

미국 역시 "패권을 추구하지 않겠다"는 중국의 주장을 믿지 않는다. 미국은 중국이 최근 군사력 증강에 박차를 가하고 있으며, 러시아는 물론 중앙아시아, 동남아시아, 아프리카, 중동 등과의 정치·외교 관계를 넓히는 것에 예의주시하고 있다. 중국의 이 같은 움직임이 어떤 형태로든 '반미(反美)연합' 형태로 발전할 가능성을 우려하는 것이다. 중국의 정치적·경제적 부상은 미국의 패권에 걸림돌이 될 것이라는 인식이 짙다.

두 나라 사이에 깊게 패인 불신의 골은 2005년 7월 미 국방부가 발표한 〈2005 중국 국방력 보고서〉에서도 표면화됐다. 이 보고서는 중국이 미국을 포함한 태평양 지역 국가들에 위협적인 존재로 등장했다고 지적한다. 1990년대 이후 국방비가 매년 두 자릿수 증가해 2004년에는 900억 달러로 늘었고, 2025년에는 3,000억 달러에 달할 것으로 추산하고 있다. 중국의 방위력은 이미 대만 방위에 필요한 그 이상으로 늘었다는 게 보고서의 핵심이다.

당연히 미국의 이 같은 주장에 중국은 발끈했다. 중국주재 미국대사를 소환하여, 보고서가 근거도 없는 '중국 위협론'을 조장하고 있다고 항의했다. 중국측은 〈신화통신〉을 통해 2004년 중국의 군사비 지출은 보고서가 지적한 숫자의 3분의 1 수준에 불과한 256억 달러에 그쳤다고 반박했다. 〈신화통신〉은 "중국의 연간 군사비 지출 규모는 미국의 4,559억 달러와 비교할 때 5.6% 수준에 불과하다. 어찌 미국에 위협이 될 수 있느냐"고 반박했다. 대만에 무기를 팔 구실을 찾다 보니 무리한 논리적 비약을 했다는 게 중국측 주장이다.

미국에서 시작된 '중국 위협론'은 일본에서 더욱 기승을 부리고 있는 실정이다. 중국은 일본이 미국의 '중국 위협론' 전파의 선봉에 서 있

반미 시위. 지난 1999년 미국의 중국 유고대사관 폭격 사건이 벌어지자, 베이징의 미국대사관 앞에서 반미 시위가 벌어졌다.

다는 의구심을 갖고 있다. 중국과 서방의 간극이 그만큼 넓어지고 있는 것이다.

세계 최대 반덤핑 조사대상국

정치·외교 방면에서의 중국 위협론은 이제 경제 분야에까지 이어지고 있다. 중국은 2001년 WTO에 가입하기 이전 미국 의회가 결정하는 최혜국대우(MFN) 심사를 통과하기 위해서 미국에 아쉬운 소리를 해야 했다. 매년 6월 열리는 미국 의회의 MFN 심의에서 부결이라도 된다면 중국은 미국 시장에서 커다란 불이익을 당해야 할 판이었다. 중국은 어쩔 수 없었다. MFN 심의 기간이 되면 대규모 구매사절단을 미국에 파견하거나, 대규모 보잉기를 구매하는 등 '착한 모습(?)'을 보여줘야 했다. 미국은 MFN을 경제무기로 활용하며 '슈퍼 파워'의 위용을 마음껏 과시했다.

그러던 중국이 WTO 가입으로 MFN의 굴레에서 벗어나는 듯했다. 하지만 그게 아니었다. 미국은 WTO를 내세워 중국에 대해 또 다른 속박 수단을 남겨놓았다. WTO는 중국의 가입을 승인하면서 '향후 15년 동안 중국의 시장경제 지위를 인정할 수 없다'는 조건을 달았다. 이는 중국의 제품가격, 임금, 환율 등이 정부간섭에 의해 결정된다는 뜻이다.

시장경제 지위를 인정받지 못하면 반덤핑 등 통상분쟁에서 자국의 국내가격이 아닌 제3국의 수준을 기준으로 평가받게 된다. 중국의 컬러 TV가 미국에서 반덤핑 조사를 받게 된다면 중국의 국내가격이 아닌 스페인의 가격을 참고로 조사가 이뤄진다는 의미다.

중국은 또다시 시장경제 지위를 인정받기 위해서 개별 국가를 상대로 로비를 벌이고 있지만, 아세안 10개 회원국과 호주, 페루 등 40여 개국의 승인을 받는 데 그쳤다. 그러나 정작 주요 무역 상대국인 미국과 일본, EU 등은 아직도 싸늘한 시선으로 중국을 바라보고 있다. 중국은 자주 발생하고 있는 서방의 대중국 무역보복 근저에 중국 위협론이 깔려 있다고 보고 있다.

위안화 절상, 중국을 위한 변명

경제 분야에 가장 대표적인 서방의 견제와 압력은 위안화 평가절상이다. 미국은 중국이 위안화 평가절상을 단행한 2005년 7월 이전 집요하고도 강력하게 평가절상 압력을 가했다. 중국이 2%의 평가절상을 발표한 이후에도 서방의 압력은 그칠 줄 몰랐다. 적어도 20% 정도의 평가절상을 해야 한다는 게 미국 정계의 인식이다.

　중국은 위안화 평가절상에 대한 미국의 주장을 '중국 위협론'의 연장선으로 보고 있다. '미국이 내부 경제문제를 해결하기 위해 런민삐를 희생양으로 삼고 있다'는 일관된 논리를 펴고 있다. 모건스탠리에서 아시아 지역 경제를 연구하는 앤디 씨에가 있다. 상하이 출신(1960년)인 그는 상하이 유명 이과대학인 통지(同濟) 대학에서 공학을 전공한 뒤, MIT 대학에서 경제학 석박사학위를 받았다. 그는 국제 금융계에서 중국 경제에 가장 정통한 애널리스트로 손꼽히는 인물이다. 필자는 2005년 가을 홍콩의 모건스탠리 사무실에서 그를 만났다. 여기서 잠시 그의 얘기를 들어보자.

　"1980년대 초의 일이다. 일본이 '바이 아메리카'에 나섰다 할 만큼 미국 건물이나 기업을 사들이던 시기였다. 자동차, 철강, 가전 등의 분야에서 일본 제품이 미국 시장을 장악해 들어갔다. 당연히 미국의 자동차 기업이 타격을 받았고 실업자가 거리에 쏟아지기 시작했다. 그러던 중 미국 자동차공업도시인 디트로이트에서 한 동양인이 피살됐다. 범인은 실직한 자동차 노동자였다. 그는 자신이 실직한 이유를 일본 자동차 때문이라고 생각했다. 그래서 몽둥이를 들고 일본인을 찾아 공격한 것이다. 그러나 피살당한 사람은 일본인이 아닌 중국인이었다. 그는 일본인과 중국인을 구별할 수 없었고, 일본인이겠거니 하고 몽둥이를 휘두른 것이다."

　앤디 씨에는 미국의 위안화 평가절상 압력이 얼마나 무책임한 것인가를 보여주기 위해 이 일화를 예로 들었다. 그의 주장은 한마디로 '위안화 평가절상은 미국 경제를 파국으로 몰아갈 수도 있다'는 것이었다.

　그의 주장은 설득력 있어 보인다. 미국의 전체 수입 중에서 중국 수입이 차지하는 비중은 1989년 2.4%에서 2004년 13.4%로 급격히 늘었다.

145

앤디 씨에(왼쪽). MIT 대학 박사 출신인 그는 국제금융계에서 중국통 애널리스트로 꼽힌다. 필자가 홍콩 모건스탠리 사무실에서 그를 만나 토론하고 있다.

그런데 동아시아(중국 포함)로부터의 수입 비중은 36.4%에서 33.8%로 오히려 줄었다. 이는 애당초 미국으로 갈 동아시아의 물건이 지금 중국을 통해 나가고 있다는 것을 뜻한다. 한국, 대만, 일본 등의 기업이 저렴한 노동력을 찾아 중국에 공장을 옮겼고, 그들이 만든 상품이 지금 미국 시장으로 흘러가고 있다. 물론 그 제품에는 'made in China'라는 라벨이 붙어 있다. 그 라벨 쪼가리 하나 때문에 중국이 지금 위안화 공격을 받고 있는 것이다.

미국의 요구대로 대폭적인 위안화 평가절상을 단행한다면 미국의 대중 무역적자는 줄어들 수 있다. 그러나 전체적으로는 변화가 없을 것이다. 중국 수입제품 가격이 높아진다면 수입상들은 베트남, 인도 등 다른 나라 공장으로 달려갈 것이기 때문이다.

'중국인을 겨냥하고 쏘았는데, 알고 보니 아니네'하고 돌아서는 꼴이다. 위안화 평가절상은 무역적자 해소의 해결책이 아니라는 얘기다.

세계 기업들이 중국으로 몰려든 이유를 생각해 볼 필요가 있다. 외국기업이 중국으로 몰려간 이유는 값싼 노동임금 빼고도 많다. 안정적 정치환경, 노동자들의 열의, 각종 외국인 투자 우대정책…. 그래서 '세계의 공장은 만들어진 것이 아니라 만든 것'이라는 얘기가 나온다.

무역적자가 줄지 않을 것이라는 우려에는 다른 이유도 있다. 2005년 중국의 대미 수출액은 2,435억 달러(미국 상무부 통계 기준)에 달해 미국 수입시장의 14.6%를 차지한다. 미국 편의점에서 판매되는 공산품은 이미 중국 기업이 휩쓸고 있다.

위안화가 평가절상되면 미국 시장에서 중국 제품 가격이 높아질 것이다. 그렇다면 수출상이나 유통상들은 어떤 반응을 보이겠는가. 그들은 이익을 포기할 만큼 바보가 아니다. 이미 중국 제품이 시장을 독점하다시피 한 상황에서 수입가격 인상분을 고스란히 소비자에게 떠넘길 것이다. 즉 인플레로 연결되는 것이다.

쌍둥이 적자(재정적자, 무역적자)로 시달리고 있는 미국 경제가 그나마 현재 건강을 유지하는 힘은 가격 안정이다. 위안화 평가절상은 이를 흔들 수도 있다. 위안화의 급격한 절상은 미국의 중국산 제품 수입가격을 인상시켜 물가안정 기조를 위협할 것이기 때문이다.

위안화 평가절상의 정치경제학

앤디 씨에의 얘기를 다시 들어보자.

"여기 중국 기업이 미국으로 수출하는 신발이 있다고 하자. 수출가격은 10달러. 이 신발은 미국 월마트에서 30~40달러에 판매된다. 이 신발이 낳는 부가가치를 추적해 보면, 중국의 수출구조로 볼 때 수출가 10달러 가운데 중국 진출 외자기업이 2달러를 가져간다. 또 3달러는 중간재 수입에 들어간다. 중국 기업과 노동자가 취하는 부가가치 이익은 5달러 정도다. 반면, 미국에 돌아가는 이익은 20~30달러(판매가에서 수입가를 제외한 금액)다. 해상 운송비용을 포함하더라도 미국이 중국보다 약 3~5배 더 많은 이익을 챙기는 것이다. 위안화 평가절상으로 중국의 수입이 준다면 누가 더 피해를 보겠는가."

사실 미국 소비자들은 중국 저장성 공장에서 하루 12시간 죽어라 일하는 노동자들의 땀과 피를 빨아먹고 살아가는 사람인지도 모른다. 그들의 희생이 없었던들 어찌 그렇게 싼 제품을 살 수 있었겠는가. 세계의 공장 중국이 있었기에 풍족한 소비생활을 즐기고 있다.

1989~2004년 동안 미국 전체 무역적자 가운데 동아시아가 차지하는 비중은 79.3%에서 45.8%로 줄었다. 무엇을 의미하는가. 중국의 저임노동환경이 값싼 제품을 만들었고, 이는 수출가격을 낮춤으로써 미국의 무역적자 감소에 일조했다는 뜻이다. 그럼에도 미국은 저장성 공장 노동자에게 고맙다고 말하기는커녕, 그들의 일자리를 위협하고 있다.

문제는 미국인의 높은 소비 성향에 있다. 중국인들은 미국인들을 "저축은 않고 죽어라 소비하는 족속"이라고 비난한다. 미국인은 도대체 허리띠를 졸라맬 줄 모른다. 그들의 과소비를 줄이지 않고는 무역적자 문제를 해결할 수 없다. 미국은 일본을 압박해 커다란 효과를 거둔 바 있는 1980년대를 생각하고 있는지도 모른다. 당시 미국은 일본 엔화가치를 절상시키는 데 성공했다. 그게 플라자합의다. 그 당시에도 미국은 대일 무역적자로 골치를 앓고 있었다. 소비형 기술로 무장한 일본 제품이 미국 시장으로 몰려들었다. 게다가 일본 제품은 자동차, 철강, 가전 등

중국 위안화 환율 추이 (단위 : 달러당 위안)

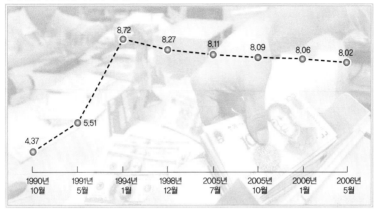

| 8.72 | 8.27 | 8.11 | 8.09 | 8.06 | 8.02 |

5.51

4.37

| 1990년 | 1991년 | 1994년 | 1998년 | 2005년 | 2005년 | 2006년 | 2006년 |
| 10월 | 5월 | 1월 | 12월 | 7월 | 10월 | 1월 | 5월 |

자료 : 중국인민은행 환율고시

미국의 핵심산업과 대부분 겹치는 품목이었다. 디트로이트 노동자가
몽둥이를 휘두른 이유다.

현재 미국은 1980년대 중반 일본에 그랬던 것처럼 중국에 압박을 가
하고 있다. 환율압력은 미국의 고전적인 통상압박 중 하나다. 그러나
중국과 일본은 상황이 다르다. 미국으로 흘러들어가는 중국 제품은 미
국의 핵심산업과 겹치지 않는다. 신발, 넥타이, 와이셔츠가 어찌 미국의
산업을 흔들 수 있다는 말인가.

지금 미국의 위안화 평가절상 압박은 의회에서 강하게 제기되고 있
다. 어느 나라든 정치인들이야 '표'를 먹고 사는 사람들이다. 미국 근로
자들의 임금은 중국에 비해 약 30배나 높다. 경쟁이 안 되는 것은 당연
하다. 의원들의 목표가 달성돼 위안화가 평가절상된다면, 이는 결국 미
국의 산업을 왜곡시킬 것이다. 미 행정부는 이를 알면서도 의회에 끌려
가고 있다.

중국은 2005년 미국과의 무역에서 약 2,016억 달러의 흑자(미국 통계)

중국의 대미 무역흑자 추이 (단위 : 억 달러)

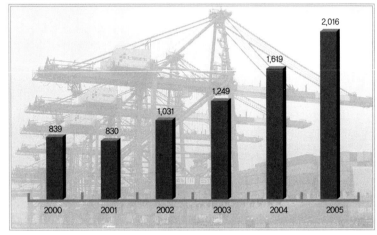

839　830　1,031　1,249　1,619　2,016

2000　2001　2002　2003　2004　2005

자료 : 미국 상무부

를 기록했지만, 전체적으로는 그 절반에 불과한 1,019억 달러의 흑자를 기록하는 데 그쳤다. 미국에서 번 돈은 모두 어디에 썼을까. 아시아 지역에서 중간재와 원재료를 수입하는 데 썼다. 중간재와 원료를 주로 아시아 주변국에서 들여와 이를 가공해서 미국으로 수출한 것이다.

중국의 외환보유고는 2006년 3월 말 현재 8,750억 달러를 넘어섰다. 중국은 이 중 약 2,000억 달러를 미국 국채로 보유하고 있다. 여기에 ADB(아시아개발은행)를 통해 매입한 달러 자산을 포함하면 그 액수는 더 늘어날 것이다. 미국에서 번 돈으로 미국 국채를 사준 것이다. 앤디 씨에는 이를 두고 이렇게 말한다.

"중국은 노동을 통해 다량의 미국달러를 사들였다. 그러고는 이 돈을 미국인에게 꿔주었다. 미국인들은 그 돈으로 펑펑 소비하고 있다."

미국은 엄청난 채무 국가다. 그런데도 채권국에게 "너희들 때문에 우리 기업이 힘들어 하니 너희 돈 가치를 조정하라"고 으름장을 놓고 있는 셈이다. 채권을 팔아 마련한 돈으로 중동에서 사용할 총알을 만든다. 그러고는 재정적자가 많다며 손을 벌리는 꼴이다.

하늘 아래 두 슈퍼 파워는 없다

위안화 평가절상을 둘러싼 이 같은 경제구조는 미국 전문가들도 너무 잘 아는 일이다. 앨런 그린스펀 전 FRB 의장 역시 "위안화 평가절상이 미국 무역적자 개선에 큰 도움을 주지 않을 것이다"라고 밝힌 바 있다. 중국이 당장 위안화 평가절상을 하지 않는다면 모든 중국 수입품에 대해 관세 22.7%를 부과하자는 미국 의회의 결의안에 미 행정부가 미온적인 반응을 보이고 있는 것도 이 때문이다. 그럼에도 미국의 압력은 수그러들지 않았다. 미국에 퍼져 있는 '중국 위협론'이 근저에 있기 때문이다. 미국 외의 슈퍼 파워는 있을 수 없고, 있어서도 안 된다는 인식이 만든 결과다.

다시 CNOOC의 유노칼 인수 얘기를 해보자. 유노칼이 미국 석유산업에서 차지하는 비중은 1% 남짓에 불과하다. 그럼에도 미국은 이 회사가 중국으로 넘어가는 것을 막았다. 그러면서도 미국은 중국에 대해 시장개방 압력을 가하고 있다. 이에 중국은 미국이 한 국가의 주권까지 간섭하려 든다며 비난하고 있다.

21세기 경제 강국으로 성장하고 있는 중국에 가해지는 미국의 견제와 압력은 숙명적인 것인지도 모른다.

PART 3

슈퍼 파워를 향한 도약,
그 에너지

지금까지 중국 경제가 당면한 문제들을 조목조목 살펴봤다. 대부분의 문제는 개혁개방 추진 이후 급속성장 과정에서 잉태된 것들이다. 또 계획경제에서 시장경제로 넘어가는 체제전환기 경제가 겪어야 하는 구조적인 문제이기도 하다. 그렇다면 중국 경제는 내부적인 문제를 극복하지 못한 채, 극단적으로는 몰락하고 말 것인가.

그 동안 많은 서방의 전문가들은 중국 위협론, 중국 붕괴론 등을 들며 중국의 몰락을 예견해 왔다. 중국 경제의 문제점을 집중적으로 다룬 《중국의 몰락(The coming collapse of China)》이라는 책도 그 중 하나다.

물론 중국 경제의 부정적인 요소를 정확하게 알 필요는 있다. 그러나 그에 못지않게 중국 경제가 갖고 있는 긍정적인 요소, 발전 동력 등도 균형 있게 살펴봐야 한다. 그래야만 중국의 모습을 제대로 볼 수 있다. 중국 경제의 단편만을 바라보거나, 또는 중국 문제를 자신의 입맛에 맞게 재단한다면 엉뚱한 분석이 나올 수도 있다. 온갖 부정적인 얘기만 나열한 뒤 '그래서 중국은 망한다' 라는 논리를 갖는다면 위험하다.

중국 경제는 여러 가지 내부 문제점에도 불구하고 성장세를 지속해 왔으며, 아직도 폭발적인 에너지를 발산하고 있다. 그 힘이 무엇인지를 정확하게 알아야 내일의 중국을 읽을 수 있다. 이제부터 그 작업을 시도해 보겠다.

파워하우스 공산당

중국의 역사는 분열과 통합의 역사다. 전국을 통일한 왕조가 힘을 다하면 분열되고, 치열한 전쟁을 거쳐 다시 통합된다. 우리가 즐겨 읽는 역사 소설 《삼국지》는 그 역사의 한 편린이다. 《삼국지》는 '천하대사를 말하자면, 통일 시기가 오래 지나면 반드시 분열되고, 분열의 시기가 오래 지속되면 반드시 합쳐진다(話說天下大事, 合久必分, 分久必合)'는 말로 시작된다. 가깝게는 청나라가 쇠(衰)하자 전국은 다시 군벌이 지배하는 분열의 시대로 들어갔다. 그게 불과 100년 전의 일이다.

그 질곡의 역사를 끝낸 게 중국공산당이다. 중국공산당은 치열하게 전개된 혁명전쟁을 끝으로 1949년 10월 중국을 다시 통일했다. 중국인들은 공산정권 이후의 중국을 '신(新)중국'이라고 부른다. 그 신중국은 공산당이 창조한 역사이기에 "공산당이 없으면, 신중국도 없다(沒有共産黨, 沒有新中國)"고까지 말한다.

공산당이 없으면, 신중국도 없다(沒有共産黨, 沒有新中國)

중국은 땅이 넓고 인구가 많은 나라다. 13억 명의 인구가 지지고 볶고, 아옹다옹 살아간다. 지방색이 뚜렷한 31개 성으로 나뉘어 있고, 또 55개 소수민족이 싫든 좋든 한족(漢族)과 어울려 살고 있다. 이 엄청난 규모의 나라에 갈등과 대립, 그리고 모순이 없을 리 없다. 그런 중국이 지금 일사불란한 움직임을 보이고 있다. 어찌 보면 우리나라보다 더 안정적이고 조용하다. 사회적 갈등을 흡수하고, 해결하는 게 정치의 기본이라고 친다면, 중국은 정치가 살아 있는 나라라는 생각도 든다.

물론 잡음이 없는 것은 아니다. 그럼에도 중국은 여러 가지 문제점을 극복하면서 지난 28년여 동안의 개혁개방을 통해 경제 강국으로 성장하고 있다. 과연 그들의 힘은 어디에서 나온 것일까.

필자는 그 답으로 '공산당'을 꼽는 데 주저하지 않는다. 즉 중국 발전의 최대 원동력은 바로 공산당이라는 얘기다. "공산당이 없으면, 신중국도 없다"는 중국인들의 말은 공산혁명 시기뿐 아니라 지금도 그대로 적용되고 있다.

창장 중간에 건설된 산샤(三峽) 댐의 물막이 공사가 완공된 것은 2006년 5월이다. 그 공사의 규모도 규모이거니와 수몰 지구의 주민들을 어떻게 이주시킬지가 관심사였다. 산샤 댐으로 인한 이주민은 약 120만 명, 대규모 인구 이동이 불가피했다. 서방 국가라면 이주 보상을 두고 당연히 많은 잡음이 나왔을 것이다.

그러나 중국은 이주 작업을 매끄럽게 처리했다. 2000년 들어 본격 시작된 공산당의 '이주 공정'은 아무런 잡음 없이 추진됐다. TV에 나온 해당 주민들은 정든 고향을 떠나면서 '당과 국가의 헌신적인 노력에 감사한다'고 말할 정도였다. 도로 하나 뚫는 일에도 주민들의 반발에 부딪혀 공사가 수년 이상 지연되거나, 계획자체가 무산되는 것을 수 없이 보아 온 우리로서는 부럽기도 하고, 한편으로는 의아한 생각이 들기도 한다.

이런 일은 공산당이 있었기에 가능했다. 공산당의 결정은 곧 국가 결정이고, 누구도 이에 대들지 못한다. 정부는 당의 큰 정책을 수행하는 손발이고, 전인대(의회)는 공산당 정책을 추인해 주는 고무도장 역할을 맡고 있다. 여기에 기층 당조직을 통한 끊임없는 선전과 교육 등이 이주 공정을 완벽하게 수행한 요인이었다.

당의 힘은 2005년 실시된 부동산대책에서도 엿볼 수 있다. 중국 국무원(정부)은 잇단 부동산대책에도 집값 폭등세가 잦아들지 않자 소득세 기준을 양도소득에서 실거래로 전환하는 등의 내용을 담은 강력한 대책을 내놓았다. 그게 끝이었다. 이 조치는 우리나라처럼 의회의 승인받을 필요도 없다. 이 조치는 즉각 시행됐고, 상하이 등의 집값이 잡히기 시작했다.

중국은 공산당 1당 독재[중국에서는 전제(專制)라고 한다]체제 국가다. 모든 권력은 공산당에서 나온다. 중국공산당이 갖고 있는 무소불위의 힘은 국가정책 추진의 효율성을 높여준다. 우리는 독재체제가 여러 가지 사회문제가 있음에도 불구하고 경제건설 효율성 면에서만큼은 뛰어나다는 것을 이미 경험했다.

중국시장반(中國市長班)

중국공산당 당원은 약 6,900만 명에 달한다. 거의 한반도 인구에 해당하는 수준이다. 그렇다고 누구나 공산당원이 될 수 있는 것은 아니다. 엄격한 심사를 거쳐 선발된 각 분야 엘리트만이 당원 자격을 얻을 수 있다. 대학생의 경우 입당하기 위해서는 각종 평가를 통해 사상의 순결성, 인민을 위한 봉사심, 지적 능력 등을 검증받는다. 또 각종 사회활동에 참여하고, 당 조직에 주기적으로 '사상보고'를 해야 한다. 상하이 화동 사범대학 경제학과의 경우 한 해 입당 지원자 20여 명 중 4명만이 입당에 성공했다. 선거철만 되면 입당서류를 들고 억지 입당을 강요하는 우리나라와는 근본적으로 다르다.

공산당의 엘리트 교육은 입당 이후에도 지속된다. 각급 행정기관에 포진한 당교(黨校)를 통해 끊임없이 교육을 실시한다. 좀더 높은 직급으로 승진하기 위해서는 당교에 입학해서 교육을 받아야 한다. 현재 일정 규모 이상의 당교는 1,600개에 달한다.

중국에서 당원은 엘리트로 통한다. 이 엘리트 조직이 거함 중국을 이끌어가는 것이다. 관계는 물론이고 학계, 기업에서도 공산당원은 환영받는다. 심지어 외국기업도 공산당원 채용을 선호한다. 해외연수에도 적극적이다. 매년 수백 명의 공산당 관리들이 해외연수 또는 유학을 떠난다.

싱가포르의 남양(南洋) 이공대학에는 '중국시장반(中國市長班)'이라는 별명을 가진 공공정책 석사과정이 있다. 이곳에서 공부하는 학생들은 모두 대륙에서 당 또는 정부가 파견한 시장급 이상의 관리들이다. 2005년 10월 현재 55명의 학생이 선진 행정관리기법을 공부하고 있으며, 370명이 졸업했다. 남양 이공대학은 중국공산당의 교육 열기를 단적으로 보여주고 있는 것이다.

공산당의 힘은 조직에서 나온다. 당 조직은 국가 말단 행정기관, 기업에 이르기까지 세포처럼 뻗쳐 있다. 모든 정부기관에는 공산당 조직이 위에서 아래로 함께 흘러가고 있다. 시골 촌(村)정부에도 촌 공산당 위원회가 있다. 성장(省長)보다는 성 당서기가, 시장(市長)보다는 시 당 서기가 서열이 높다. 각 단위에서 당(당서기)은 정책의 방향을 제시해 주고, 정부(성장)는 그 방향에 따라 구체적인 행정업무를 수행한다. 이 같은 조직구조에서 당이 국가를 주도한다는 사실을 알 수 있다.

정부기관뿐 아니다. 국가경제의 3분 2 이상 차지하고 있는 국유(국영) 기업에도 공산당 조직이 있다. 일반적으로 국유기업회사 사장은 회사 공산당서기를 겸직한다. 이를 통해 공산당 정책은 해당 회사 당위원회를 통해 경제일선에 전달되는데, 마치 모세혈관식 당 조직을 통해 중국 공산당은 거함 중국을 일사분란하게 이끌고 있다.

루하오(陸昊) 현상

공산당의 또 다른 경쟁력은 자기정화 노력이다. "절대 권력은 절대 부패한다"는 것은 진리에 가까운 말이다. 서방 국가라면 선거를 통해 정치 세력을 바꿀 수 있다. 그러나 중국은 다르다. 공산당 이외의 정치적 대안이 없는 중국으로서는 공산당에 미래를 맡기는 수밖에 없다. 그래서 중국공산당의 자기정화 능력은 곧 중국의 미래를 결정짓는 요소다. 공산당 자기정화의 대표적인 표현은 연경화(年輕化)다. 고학력의 젊은 기술 관리들이 당정 수뇌부에 진입하고 있다.

2003년 단행된 간부급 당정 인사이동에서 35세의 루하오(陸昊)는 베이징 부시장으로 당선됐다. 그는 27세의 나이에 대형 국유기업인 베이징시멘트 사장에 올랐고, 또 베이징 IT 단지인 중관춘(中關寸) 과학기술구 관리위원회 위원장을 맡기도 한 경제전문가다. 그는 부시장 취임으로 중국 당정 연경화의 상징적인 인물로 부상했고, 관리의 연경화를 뜻하는 '루하오(陸昊) 현상' 이라는 신조어를 만들어내기도 했다.

2005년 현재 성급 지도자 중 허베이성의 바이커밍(白克明)을 제외한 나머지 인사들은 모두 55세 안팎의 젊은 지도자들이다. 이 중 허난성의 리커창(李克强) 당서기는 50세, 저장의 시진핑(習近平) 서기는 52세다. 이들은 모두 박사학위를 가진 고급 지식인이기도 한데 후진타오 주석에 이은 중국 제5세대 지도자로 성장하고 있다.

상하이의 경우 한정(韓正) 시장이 51세인 것을 비롯해 9명의 부시장 중 5명이 40대다. 특히 탕덩지에(唐登杰) 부시장은 40세로 가장 젊다. 이들 젊은 지도자가 중국 최고의 경제도시 상하이를 이끌고 있다. 중국의 중소도시를 방문해 보면 40대 초반의 시장 또는 시당서기를 쉽게 볼 수 있다. 우시(無錫)의 양웨이저(楊衛澤) 시당서기는 42세로 우시를 젊은 도시로 만들어가고 있다. 2005년 시장에 오른 엔리(閻立) 쑤저우 시장은 44세, 왕엔원(王燕文) 양저우(揚州) 시장은 45세다.

공무원들의 학력도 높아지고 있다. 전체 공무원 중 대졸 출신이 차지하는 비중은 1993년 32%에 그쳤으나, 지금은 70%가 넘는다. 1995년 이후 매년 5,000명 이상의 대학졸업생을 공직 분야에서 수용하고 있다.

개혁과 성장은 동전의 양면

중국은 경제개혁에 관한 한 세계 최고의 실적을 내고 있는 나라다. 개혁개방 28년 기간 동안 중국은 연평균 10%에 육박하는 눈부신 경제성장을 이뤄냈고, 1980년대 말 일시적인 충격이 있었지만 대체적으로 정치적 안정을 보이고 있다. 계획경제에서 시장경제로 이행하는 힘든 과정을 무난하게 치르고 있다는 평가를 받는다.

중국과 비슷한 시기 계획경제에서 시장경제로의 전환기를 겪은 옛 소련이나 동유럽 국가들은 그렇지 못했다. 이들 국가는 개혁과정에서 발생한 인플레, 파업, 사회불안 등에 휘말려 심각한 개혁진통에 시달려야만 했다. 심지어 개혁이 좌절되고 국가가 흔들리기도 했다.

그렇다면 과연 중국이 이들 국가와 달리 성장가도를 달릴 수 있었던 원인은 무엇일까. 그 해답은 공산당의 치밀한 발전전략과 발전철학에서 찾을 수 있다. 중국에서의 개혁은 기본적으로 성장의 동력을 찾아내는 방향으로 추진됐다.

옛 소련이나 동유럽 국가들의 개혁은 충격요법이었다. 예컨대 가격 자유화, 국영기업 민영화 등의 개혁조치를 일시에 추진해 경제 틀을 바꾼다는 해법이다. 특히 옛 소련은 충격요법을 주장한 제프리 삭스 교수를 국가 경제고문으로 영입하기도 했다. 그들에게 개혁은 성장과 공존할 수 없는 존재였다.

그러나 중국은 달랐다. 개혁개방의 설계사 덩샤오핑은 모든 것을 하루아침에 바꾸기보다는 점진적인 개혁을 선택했다. 기존 체제는 건드리지 않되, 인민들이 더 일할 수 있는 분위기를 만들었다. 그게 바로 생산력 해방이었다. '생산한 것의 일부분은 국가에 바치고, 나머지는 개인이 가져도 좋다'는 정책이다. 농업이 그랬고, 기업이 그 뒤를 이었다.

그러자 인민들은 일하기 시작했다. 더 많이 일할수록 자신의 몫으로

대형 홍보물에 그려져 있는 중국 지도자들. 그들은 "공산당이 없으면 신중국도 없다"고 말한다.

떨어지는 것이 많아지니 어찌 보면 당연한 행동이다. 인민들은 자신의 것을 시장에 팔기 시작했고, 자연스럽게 시장이 조성되었다. 그리고 가격이 형성됐다. 초기에는 국가 고시가격과 개인 간 거래를 통해 형성되는 시장가격이 공존했다.

시간이 흐르면서 시장가격의 포지션을 넓혀나갔다. 시장이 있으니 시장에 물건을 공급해 주는 기업, 즉 사영기업이 생기기 시작했다. 사영기업은 국영기업을 능가할 정도로 발전하게 됐다. 중국에서는 이를 두고 증량개혁(增量改革)이라 하는데, 새로 늘어난 부분에 대해서만 개혁한다는 얘기다.

중국 증량개혁의 최대 장점은 기득권 세력의 반발을 원천적으로 막을 수 있는 것이었다. 개혁개방에서 손해보는 계층은 없었다. 모두 돈을 더 많이 벌게 됐으니 말이다. 옛 소련이나 동유럽에서처럼 기득권을 잃지 않기 위해 개혁에 브레이크를 걸 사람이 없었다. 과거를 부정하고, 기존 체제를 뒤엎는 일도양단(一刀兩斷)식 개혁의 한계를 피해간 것이다. 이 같은 증량개혁이 어느 정도 자리를 잡아가자 중국은 기존 경제 틀에 손을 대기 시작했다. 그게 1990년대 중반의 일이다.

개방도 서두르지 않았다. 일부 지역, 일부 산업을 먼저 개방하고 이를 점차 전체로 확대하는 전략을 사용했다. 이른바 '돌을 더듬으며 강을 건넌다(摸着石頭過河)'는 방법이다. 도시를 먼저 개발한 뒤 이를 연안 도시로 연결하고, 또다시 전국적으로 확대하는 '점(點)-선(線)-면(面)' 전략에 따라 1980년대 선전을 비롯한 광둥성이 집중 개발됐고, 1980년대 말 주요 연안 도시가 개발되기에 이른다. 1990년대에는 푸둥 개발을 시작으로 상하이가 크게 부각되었다. 이처럼 중국공산당의 치밀하고도 점진적인 발전전략이 개혁과 성장이라는 두 마리 토끼를 모두 잡게 해주었다.

중국공산당의 새로운 도전

그렇다면 중국공산당은 향후 중국 경제를 어떻게 이끌어갈 것인가. 2005년 10월 3~5일 사흘 간 베이징에서 열린 경제공작회의에서 이 질문에 대한 실마리를 찾아볼 수 있을 것이다. 회의의 핵심은 11차 5개년 계획(2006~2010년)에 대한 당의 건의를 마련하는 것으로, 중국공산당의 경제 청사진을 만드는 회의였다.

회의가 끝난 후 발표된 '건의'에는 후진타오 주석이 주창한 과학발

163

과학발전관이란 균형발전, 지속 가능한 발전, 사람이 중심이 된 발전이 뼈대가 된다. 그간 성장 지상주의만 좇은 결과로 잉태된 각종 갈등과 문제점을 해소하면서 발전을 이뤄가겠다는 얘기다. 이 철학이 후진타오 체제의 경제를 어떤 방향으로 만들어갈지 좀더 구체적으로 살펴보자.

첫째, 경제발전 모델의 전환이다.

중국은 1978년 개방정책을 추진한 이후 연 평균 9.4%의 속도로 성장해 왔다. 이는 적극적인 투입에 의존한 결과였다. 중국 경제가 세계 경제에서 차지하는 비중(GDP 기준)은 4%에 불과하다. 그러나 에너지 소모량은 세계 전체의 12%에 달하고 있다. 철강소비량은 전세계 소비의 27%, 시멘트 50%, 구리 25% 등이다. 이 같은 투입에 의존한 성장으로는 중국 경제가 장기 발전을 지속할 수 없다는 게 후진타오 지도부의 생각이다. 부가가치가 높은 산업을 육성해야 한다는 것이다.

'건의'는 그 대안으로 과학기술을 들었다. 자주적인 기술창조로 산업의 부가가치를 높이겠다는 것이다. 건의는 '자주 창신능력 제고(提高自主創新能力)'를 11·5계획의 핵심 사안으로 설정했다. 앞으로 중국이 과학기술 개발에 많은 자원을 쏟아 붓겠다는 뜻이다. 또 과학인재 양성을 위한 교육 분야로의 과감한 투자도 예상된다. 서비스 산업 육성이 강조됐다는 점도 주목할 만하다. 중국의 경제성장은 제조업 발전에 의존해 왔다. 앞으로는 성장의 동력을 제조업뿐 아니라 서비스 산업에서도 찾겠다는 뜻으로 해석된다.

둘째, 지역별·산업별 균형 성장이다.

중국은 그 동안 성장 우선주의 정책을 추진하면서 동부 연안 지역 발전에 편중된 모습을 보였다. 이를 '균형 성장'으로 돌리겠다는 게 후진타오 체제의 방침이다. 기존의 10·5계획(2001~05년)은 거시경제발전에 대해 '발전을 가속화한다(加快發展)'는 용어를 사용했다. 그런데 이번 '건의'는 그 말 앞에 '平穩(안정적)'이라는 말을 추가, '平穩加快發展'으로 명기했다.

평온이라는 말은 곧 균형 성장, 질적 성장을 의미한다. 도시와 농촌의 균형 성장, 산업과 산업 간 균형 성장, 계층과 계층 간 균형 성장 등을 추진하겠다는 뜻이다. 이에 따라 '건의'는 농촌문제 해결에 많은 부분을 할애했고, 서비스산업 육성, 빈부격차 해소를 위한 교육 복지 등의 정책을 제시했다.

그렇다고 중국이 고속성장을 포기하겠다는 것은 결코 아니다. 고속성장 없는 균형 발전이 있을 수 없고, 균형 발전 없는 고속성장도 없다. 즉 성장과 균형의 화합을 도모해야 하는 것이다. 실제로 '건의'는 11·5계획이 끝나는 2010년 1인당 GDP를 2000년의 두 배인 1,600달러 수준으로 높이기로 했다. 연평균 7~8%의 성장세는 유지하겠다는 의지를 엿볼 수 있다. 전문가들은 환율 등을 감안했을 때 2010년 중국의 1인당 GDP가 2,000달러를 넘어설 것으로 내다본다.

셋째, 선부(先富)에서 공부(共富)로의 선회다.

덩샤오핑은 개혁개방을 추진하면서 "먼저 부자가 되어도 좋다"고 선언했다. 즉 아랫목이 따뜻하면 윗목도 따뜻해질 것이라는 논리였다. 그러나 상황은 반대로 나타나 불균형 성장을 야기했다. 농촌과 도시, 고소득층과 소득층 간 격차가 더욱 벌어지고 있는 게 실상이다. 빈부격차는 이미 사회 안정을 위협하는 요소로 등장했다.

후진타오 체제는 이를 바로잡겠다고 나섰다. 함께 부자가 되자는 것이다. 지역 간, 계층 간 성장의 불균형을 시정한다는 점에서 '균형 성

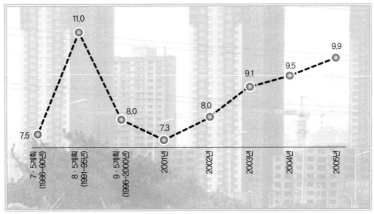

중국의 5개년 계획별 GDP 성장 추이 (단위 : %)

11.0

9.9

9.5

9.1

8.0

8.0

7.5

7.3

7·5개획
(1986~90년)

8·5개획
(1991~95년)

9·5개획
(1996~2000년)

2001년

2002년

2003년

2004년

2005년

자료 : 〈第一財經日報〉

장' 노선과 상통한다. '건의'는 이를 위해 농민과 저소득층을 위한 각종 사회보장, 교육체계 개혁, 실업대책 등을 제시하고 있다. 이와 함께 민주법치, 공평사회 등을 제시해 부정부패 등으로 얼룩진 사회를 바로잡겠다는 뜻도 분명히 한다. 이는 후진타오 주석이 강조하는 '화해사회(和諧社會)' 건설과 맥을 같이 하고 있다.

넷째, 개혁개방의 지속이다.

이 부분은 그다지 새로울 게 없다. 개혁개방은 지난 28년간 중국의 국시(國是)처럼 받아들여져 왔다. '건의'는 역점 개혁 사안으로 행정관리 개혁, 재정 및 금융 시스템 개혁, 현대 유통 시스템 개혁 등을 제시했다. 전문가들은 후진타오 시기에 중국의 개혁이 좀더 강력하고, 전면적으로 추진될 것으로 전망한다. 특히 대외개방 분야에서 '조우추취(走出去, 기업의 해외진출)'가 크게 강조됐다. '건의'는 외자의 도입을 크게 활성화하고, 또 조건을 갖춘 기업들이 해외로 진출하는 것을 적극적으로 지지하겠다고 밝히고 있다.

개혁, 개혁, 또 개혁

중국공산당의 경제개혁은 현재 진행 중이다. 중국은 끊임없이 개혁의 요소를 찾아 바꾸고, 이를 통해 성장의 동력을 이끌어낸다. 더군다나 향후 발전에 대한 비전을 제시하고, 그 비전에 따라 모든 역량을 결집하고 있다. 상하이를 처음 방문한 외국인은 누구나 황푸(黃浦)강 동쪽 푸둥의 위용에 감탄한다. 하늘을 찌르는 마천루, 널찍한 도로, 쾌적한 주거환경 등을 보면 "중국같지 않다"는 말이 절로 나온다. 푸둥은 개발 15년 만에 개혁개방 및 그에 따른 경제발전을 상징하는 중국 최고의 비즈니스 센터로 성장했다. 2001년 상하이를 방문한 김정일 국방위원장은 이를 두고 "천지개벽"이라고 표현하기도 했다.

그런 푸둥이 또 다른 도약의 계기를 마련했다. 중국국무원(정부)이 2005년 초 제정한 '푸둥 종합개혁시범구 조성 방안'이 그것이다. 푸둥을 21세기 중국 선진도시 모델로 발전시킨다는 게 이 방안의 뼈대다. 즉 선진도시 개발 모델을 제시하라는 특명이 푸둥에 떨어진 것이다.

이 방안이 제시하는 푸둥은 글로벌 스탠더드가 통하고, 정부의 무리한 간섭이 없고, 모든 경제주체가 유기적으로 연결되고, 법치가 살아 있는 도시다. 제조업뿐 아니라 서비스 산업이 균형을 이루는 도시, 세계 경제와 함께 움직이는 금융 도시를 만들겠다는 얘기다. 이를 위한 구체적인 정부 조치가 속속 발표되고 있으며 푸둥 구(區)정부는 발전전략을 짜느라 분주하다.

중국 경제 규모는 급성장을 통해 크게 확대됐지만 경제적·사회적 불균형과 갈등은 해소되지 않고 있다. 중국 정부는 이 문제 해결을 위해 선진 발전전략이 필요했고, 그 모델로 푸둥을 선정한 것이다. 푸둥의 발전은 곧 21세기 중국발전의 청사진이라는 논리다. 이것은 중국공산당이 제시하는 비전이요, 국가발전 목표점이기도 하다.

　중국 경제에 문제가 많다는 것은 이미 앞에서 지적한 대로다. 일부 한계점에 달한 것도 있다. 중요한 것은 공산당이 이끌고 있는 중국이 그 문제가 무엇인지 인식하고 있다는 점이다. 그들은 문제의 해법을 찾고, 그 과정에서 성장의 동력을 찾고, 또 국가 비전을 제시할 것이다. 이전에도 그래왔듯 말이다.

후발(後發)우세,
그리고 속도 2

중국에는 비디오 가게가 없다. 그 이유는 영상 플레이어 기술 발전에서 비디오 단계를 뛰어넘었기 때문이다. 비디오 없이 바로 DVD로 넘어간 것이다. 중국은 세계에서 DVD가 가장 많이 생산되고, 또 팔리는 나라다. 지금은 옛날 얘기가 되었지만 중국은 우리나라에 있던 단방향이동전화(시티폰)도 없었다. 삐삐(무선호출기)에서 바로 휴대폰으로 넘어갔다. 시티폰에 막대한 돈을 투자했다가 결국 제대로 사용해 보지도 못한 우리의 시행착오를 겪지 않은 것이다.

비단 DVD나 휴대폰 분야뿐 아니다. 반도체, 자동차, 컴퓨터 등 대부분의 영역에서 중국은 선진국이 수십 년, 아니 수백 년에 걸쳐 이룬 기술을 단 몇 년 만에 따라잡는 '후발자 우세(latecomer's advantage)'를 톡톡히 누리고 있다. 유통, 금융 등의 서비스 분야도 이미 서방 국가의 첨단 서비스 노하우가 들어와 있다. 이는 중국기술발전 과정에 나타나는

169

'후발자 우세'를 잘 보여준다.

중국의 기술발전이 중국 스스로 이룬 성과는 아니다. 기술 주도권은 여전히 중국에 진출한 외국기업이 장악하고 있는 게 현실이다. 그러나 중국에 들어온 기술은 시간이 지나면서 중국에 뿌리를 내리고 있다. 중국의 거대한 시장이 이들을 붙잡아 두고 있기 때문이다. 게다가 중국 기업이 기술개발 및 해외기술 매입 등에 적극 나서고 있어 중국의 서방기술 따라잡기 보폭은 날로 커지고 있다.

"서방국가가 300년에 걸쳐 이룬 업적을 중국은 30년 만에 이뤘다"는 얘기가 그래서 나온다. 그게 차이나 스피드(China Speed)다.

중국 반도체산업의 꿈

상하이의 장장(張江) 하이테크 단지에 들어서면 검정색 건물이 눈에 띈다. 반도체 파운더리(하청 제조공장)인 SMIC(中芯國際)다. 2001년 처음 생산에 들어간 이 회사가 세계적인 첨단 반도체 파운더리로 성장하는 데는 4년이 채 걸리지 않았다. SMIC는 2004년 베이징에 300mm웨이퍼 공장을 설립해서 반도체 기술을 세계 최고 수준으로 끌어올렸다. 덕택에 창립자 장루징(張汝京)은 "중국 반도체 기술을 국제 수준으로 끌어올린 인물"로 불리운다.

이 회사의 성장 속도는 실로 놀랍다. 2002년 5,000만 달러에 불과했던 회사의 매출액은 이듬해 7배 이상 증가한 3억 7,000만 달러를 기록하더니, 2004년에는 약 10억 달러에 달했다. 2004년 기준 이 회사의 반도체 생산 규모는 월 12만 5,000개다. 생산 4년 만에 세계 3대 파운더리

2004년 중국의 반도체산업의 구성 비율 (단위 : 억 위안)

검사 282.6
(51.9%)

설계 81.5
(14.9%)

총 545.3
(100%)

제조 181.2
(33.2%)

자료 : 중국 반도체산업협회

업체로 올라선 것이다.

　SMIC의 핵심 설립자 장루징은 대만 출신 미국 국적의 화교다. 그러나 지금 누구도 이 회사를 대만 기업, 또는 미국 기업이라고 말하지 않는다. SMIC는 현재 상하이의 국유기업인 상하이스예(上海實業)가 최대 주주이고, 이 밖에 베이다칭냐오(北大靑鳥), 모토롤라 등이 소액 지분을 갖는 지분구조를 갖추고 있다. SMIC는 특히 뉴욕과 홍콩 증시에 상장, 약 18억 달러에 달하는 외국자본을 끌어들이기도 했다. 중국인들은 현재 대만에 남아 있는 세계 1, 2위 파운더리인 업체인 PSMC(臺極電)와 UMC(聯電)을 외국 업체로 규정, 극복해야 할 대상으로 여기고 있다.

　상하이에는 SMIC, 화홍(華虹), NEC 홍리(宏力) 등 7개 파운더리를 포함 모두 300여 개의 각종 반도체 공정업체가 활동 중이다. 2004년 중국의 반도체 생산 개수는 약 211만 개로서 세계 시장의 12%를 차지했다.

이 가운데 절반가량은 SMIC가 만들어냈다. 중국 반도체산업 4년은 서방 반도체산업 40년이라는 말이 그래서 나온다. 이 역시 후발자의 이익이다.

파운더리의 발전은 디자인 검사 등 관련 산업의 발전을 촉진했다. 상하이 베이징둥루(北京東路)의 '상하이 IC설계창업센터'는 중국 반도체산업의 미래를 보여주는 곳으로 현재 1,300여 명의 인력이 이곳에서 미래 반도체 황제를 꿈꾸며 기술개발에 땀을 흘리고 있다. 이곳에 '상하이푸단웨이뎬즈(上海復旦微電子)'라는 반도체 업체가 있다. 푸단대학교 교수 및 학생들이 1998년 설립한 업체로 매년 30~40%씩 성장, 지금은 '토종 반도체 업체'로 중국에서도 잘 알려져 있다.

창업보육센터의 치엔궈슝(錢國雄)의 설명에 따르면, "입주 기업이 기술개발에 매진할 수 있도록 각종 지원이 제공된다. 한햇동안 수십 개의 아이디어가 상품화되어 떼돈을 버는 사업으로 연결된다. 푸단웨이뎬즈의 경우 이미 선진국 수준의 반도체 설계기술에 근접했고, 2000년에는 홍콩 증시 상장에 성공하기도 했다"고 전한다.

물론 중국 반도체기술 수준은 아직 선진국 수준에 못 미친다. 상하이 IC산업협회 시에즈(薛自) 부비서장은 "패키징 등 후 공정의 경우 1세대(약 2~3년), 제조의 경우 2세대(4~6년), 설계는 3세대(약 10년 정도) 뒤져 있다. 일부 패키징(포장) 분야가 선진국 수준에 접근했을 뿐 아직도 멀었다"고 말한다.

그러나 우리가 주목할 것은 속도다. 중국은 후발주자의 우세를 마음껏 발휘함으로써 전문가들의 예상보다 빠르게 기술을 확보하고 있는 실정이다. 삼성반도체 상하이 지사의 박준영 과장이 들려주는 얘기다. "중국 경제는 세계 주요 반도체 업체를 끌어들이는 강력한 흡인력이 있

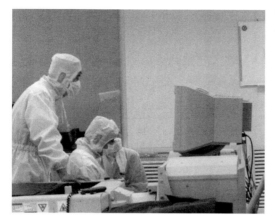
반도체 공장. 중국 반도체 기술의 향상 속도는 기술 블랙홀 중국을 상징한다.

다. 대만의 주요 반도체 기업들을 상하이로 불러모은 중국은 이제 그 힘을 한국, 미국, 일본 등으로 확대 중이다."

반도체산업을 키우겠다는 중국 정부의 의지는 확고하다. 중국은 2000년 반도체산업에 대한 대대적인 지원 방침을 담은 '18호 문건'을 발표하고 투자에 나섰다. 정부 주도로 반도체 공장 건설에 나서는가 하면, 반도체 분야 외국투자 기업에는 금융 및 세제 분야에서 대대적인 특혜를 제공한다. 하이닉스의 우시(無錫)공장 투자에 중국은행이 건설자금을 거의 전액 대출해 준 사실이 이를 증명한다. 반도체 관련 업체에는 '5년 면세, 5년 반(牛)세' 혜택이 주어진다. 최고의 우대를 받는 산업이랄 수 있다. SMIC가 빠르게 성장할 수 있었던 것도 정부의 '지원'이 결정적인 역할을 했다.

반도체 전문 연구기관 IC인사이트는 중국 반도체(완제품) 생산 규모가 2004년 22억 달러에서 2010년 153억 5,000만 달러로 급증할 것으로 내다보고 있다. 2010년경의 중국은 미국, 일본, 한국, 등과 견줄 수 있는 반도체 강국으로 성장할 것이라는 게 IC인사이트의 분석이다. 후

발자 우세의 이점을 활용해 성장한 중국의 반도체산업이 이제 기존 강
국을 위협하고 있는 것이다.

E=mc², 규모와 속도의 파괴력

중국이 이 같이 엄청난 속도로 선진기술을 따라잡은 것은 후발자 이익
을 십분 활용한 결과다. 그러나 후발자라고 해서 반드시 선진기술을 따
라잡는 것은 아니다. 오히려 시간이 지나면서 선진국과의 격차가 벌어
지는 후발국가가 더 많다. 그렇다면 중국이 후발자 우세를 보일 수 있었
던 근본적인 이유는 무엇일까.

　혹자는 중국과 한국의 성장 에너지를 얘기할 때 다소 우스갯소리로
상대성이론을 거론한다. 에너지는 질량(규모)과 빛 속도의 제곱에 비례
한다(E=mc²)는 것이다. 중국의 힘이 질량(m),즉 규모에서 나오는 반면에
한국은 속도(C), 즉 다이내믹한 동력에 에너지가 있다는 비유다. 중국의
규모와 한국의 역동성을 견주어 한 말이다. 그러나 이 말은 이제 바뀌어
야 한다. 중국은 m과 C를 모두 갖춘 나라다. 규모와 속도가 서로 시너
지 효과를 내면서 엄청난 성장 에너지를 폭발시키고 있다.

　다시 반도체의 경우를 살펴보자. 중국이 불과 몇 년 사이에 반도체
기술을 따라잡을 수 있었던 원인은 바로 중국의 거대한 시장이 받쳐줬
기 때문에 가능했다. 2004년 중국의 휴대폰 생산 규모는 2억 3,000만
대로 전세계 생산의 40% 이상을 차지하고 있다. 게다가 PC는 4,300만
대, 컬러 TV 7,400만 대로 세계 1위 생산국이다.

　이 같은 IT제품 생산 급증은 반도체 수요로 이어질 수밖에 없다.

2004년 중국의 반도체 수요는 약 350억 달러로 전년보다 40.2% 증가했다. 세계 최대급 시장 규모다. 외국 반도체업체들은 중국 시장을 겨냥해 중국으로 생산기지를 옮겼다. 삼성, 인텔, 도시바 등 대부분의 반도체 메이커가 중국에 후공정 공장을 두고 있다.

중국의 반도체 자급률은 20%에도 미치지 못한다. 따라서 국내 수요의 80%는 해외에서 수입해야 하는 처지다. 반도체 자급체제를 갖추자는 것이 중국의 의도다. 대규모 투자가 필요한 파운더리 분야가 중국에서 급속하게 발전한 이유다.

반도체뿐만 아니다. 자동차, 정보기기, 가전 등 모든 분야에서 중국은 거대 시장을 기반으로 기술력의 급신장을 경험하고 있다. 소득 수준이 증가하면서 시장이 형성됐고, 넓어져가는 시장은 국내 기업들의 자본축적, 기술개발을 촉진하고 있는 것이다.

고도화되는 서비스 시장

서비스 분야에서도 중국은 후발주자의 이점을 톡톡히 누리고 있다. 중국은 금융, 유통, 의료 등 각종 서비스 분야의 선진 노하우를 흡수하여 서비스 산업을 고도화하고 있다.

유통시장을 살펴보자. 2004년 말 유통시장이 전면 개방된 이후 중국 유통산업은 거대한 변화의 물결이 일고 있다. 홈쇼핑이 등장하는가 하면, 월마트, 까르푸, 로터스 등 세계적인 체인점이 중국에 자사의 유통 네트워크를 깔기 위해 총력전을 벌이고 있다. 중국의 제조업체들은 대리상에 맡겨버리는 기존의 단선 유통방식에서 벗어나 다양화 · 복잡화된 새로운 유통 채널에 물건을 실어보낼 방법을 고민 중이다.

상하이 업계에서 나도는 'LG휴대폰 대박 스토리'는 이를 잘 보여주는 대표 사례다. LG가 칭다오 공장에서 GSM 방식 휴대폰을 생산하기 시작한 것은 2004년 5월의 일이다. LG가 중국에서 GSM방식 휴대폰을 출시하기는 이번이 처음이었다. 중국 소비자들에게 어떻게 상품을 알리고 팔아야 할지 막막하기만 했다. 그때 구세주와 같은 존재가 LG앞에 나타난다. CJ가 상하이 최대 미디어그룹 둥팡(東方) TV와 공동으로 설립한 TV홈쇼핑업체 둥팡 CJ가 등장한 것이다.

유통망을 잡아야 하는 LG와 시장에 많이 홍보가 안 되었더라도 질 좋은 제품을 찾던 둥팡 CJ의 이해가 맞아떨어졌다. 이윽고 7월부터 방송이 시작됐고 결과는 '대박'이었다. 방송 후 LG 휴대폰은 불티나게 팔리기 시작했다. 1주일 두 번 소개된 이 제품은 2005년 여름 월 평균 700~800대가 팔렸다. 여기서 LG전자 상하이판매법인 전창수 상무의 말을 들어보자.

"처음에는 이미지 광고나 하겠다는 생각으로 홈쇼핑TV에 광고를 내보냈다. 방송을 시작한 지 얼마 되지 않았는데, 주문이 쏟아지기 시작했다. 제품이 딸려 방송을 잠시 중단할 정도였다. 중국 유통시장의 패러다임이 바뀌고 있다는 것을 알았다. 그 이후 중국 내 유통전략을 원점에서 다시 짰다."

세계 주요 기업들은 이미 중국 '유통혁명'의 흐름을 타기 시작했다. 유통시장 공략을 위한 다양한 진출방식이 속출하고 있다. 일본 기업이 좋은 사례다. 2004년 1월, 일본 이토추상사와 아사히맥주는 대만 딩신(頂新)그룹과 합자하여 중국 기능성 음료시장에 진출했다. 딩신그룹은 중국 라면시장 최대 시장점유율을 자랑하는 '캉스푸(康師傅)라면' 제조업체로서, 식음료시장의 강자다. 이토추와 아사히는 딩신의 유통망을 활용해 중국 음료시장을 공략하겠다는 구상을 세웠다. 자금과 기술, 그리고 브랜드 등의 측면에서 우세한 일본의 힘과 중국 내 유통 비즈니스 노하우를 가진 대만 기업이 뭉쳐 시너지 효과를 내고 있는 것이다.

이 밖에도 세계 3위 유통업체인 테스코는 중국 내 25개 매장을 거느린 슈퍼체인업체 러고우(樂購) 인수를 통해 중국 유통 시장에 뛰어들었다. 월마트는 중국 기업과 손잡고 이미 중국에 진출한 까루푸의 아성을 깨기 위해 총력전을 벌이고 있다. 세계적인 방문판매 전문업체 암웨이는 중국의 방문판매 시장 개방과 함께 전국적인 '방판 네트워크' 구성에 나섰다.

이처럼 세계 유통업계는 현재 중국 시장을 선점하고자 국적을 뛰어넘는 편대를 구성해 적극적인 자세로 달려들고 있다. 그들의 진입은 중국 유통기술을 불과 몇 년 사이에 선진국 수준으로 끌어올렸다. 이 역시 후발자 우세와 관련된 사례다.

차이나 스탠더드, 시간은 중국의 편

중국은 기술에 관한 한 후발주자다. 선진국 기술을 배우고 따라가는 게 그 동안의 기술발전 패턴이었다. 그런데 요즘 새로운 분위기가 감지되고 있다. 스스로 기술 표준을 만드는 등의 기술 주권을 외치고 있다. '세계의 공장'이라고 불리는 생산기지로서의 이점과 13억 인구를 거느린 거대 시장이 무기다.

중국은 세계 표준을 겨냥, 2005년 들어서만 홈네트워크, DVD 2개

부문에서 3개의 국가 표준을 제정했다. 동영상 압축과 디지털 TV의 국가 표준도 만들 예정이다. 아직 세계 표준이 없는 홈네트워크 부문에서는 하이얼 등 가전업계가 주도하는 'I Top Home'과 렌상이 주도하는 'IGRS(Intelligent Grouping and Resource Sharing)'가, DVD에서는 EVD(Enhanced Versatile Disc)가 각각 중국 표준이 됐다.

중국은 DVD 분야에서 쓰라린 경험을 했다. 세계 최대 DVD플레이어 생산기지인 중국의 DVD 기업들은 필립스, 도시바 등 일부 외국기업이 중국산 DVD 수출품에 로열티를 요구하면서 된서리를 맞아야 했다. 그래서 아예 중국의 DVD 표준을 만들어 외국기업에 대항하자는 게 중국의 생각이었다.

외국업체들도 이제 많은 분야에서 '차이나 스탠더드'를 울며 겨자 먹기 식으로 받아들이고 있다. 이를 거부한다면 중국 시장 진입이 원천적으로 불가능하기 때문이다. 이동통신이 대표적인 분야다. 세계 3세대 CDMA 이동전화 서비스의 주류는 한국과 미국이 이끌고 있는 WCDMA(광역부호 분할다중접속) 방식이다. 그런데 중국은 이를 거부하고 자체 표준인 TD-SCDMA를 들고 나왔다. 중국의 엄청난 이동통신시장을 더 이상 외국기업에 내줄 수 없다는 판단에서다.

불과 수년 전만 해도 외국의 통신 관련 업체들은 TD-SDMA를 외면했다. 전세계의 흐름을 거역할 수 없을 거라는 생각에서였다. 그러나 지금은 사정이 다르다. 한국을 비롯한 미국, 유럽 등 세계적인 업체들이 TD-SCDMA 시스템 개발에 뛰어들고 있다. 외국기업들로선 중국 시장을 포기하지 않는 한 싫든 좋든, 중국 표준을 수용할 수밖에 없다. 삼성과 LG는 TD-SCDMA 휴대폰을 일찌감치 개발해 놓고 길목을 지키고 있다. 노키아, 지멘스 등 외국업체들도 이 분야에 뛰어들고 있다. 중국에서 밀리면 세계 시장에서 밀릴 것임을 잘 알고 있기 때문이다.

　중국의 산업기술력은 대부분의 분야에서 서방 선진기술보다 부족한 것이 사실이다. 그러나 시간이라는 요인을 놓고 보면 얘기가 달라진다. 거대 시장을 무기로 선진기술을 삼키는 후발자 우세의 효과를 톡톡히 누리고 있기 때문이다. 불과 4년이라는 시간 만에 중국의 반도체 제조 기술이 선진국 수준을 따라잡았듯 말이다. 그래서 '시간은 중국의 편' 이라는 얘기가 나온다.

3 차이나달러의 위력

2005년 9월 후진타오 주석은 미국을 방문하기로 되어 있었다. 그러나 당시 뉴올리언스를 덮친 허리케인 카트리나의 여파로 후 주석의 미국 방문은 취소됐다. 하지만 중국이 미국에 준 '선물'은 차질 없이 전달됐다. 보잉기 구매계약이 그것이다.

난항(南航), 동항(東航), 상항(上航) 등 중국의 주요 항공사들은 후 주석의 방문을 며칠 앞두고 미국 보잉사의 787항공기 52대를 구매하기로 계약을 체결했다. 1대당 1억 2,000만 달러에 달하는 거금이다. 중국 언론들은 이를 두고 "후 주석의 미국 방문길을 가볍게 해주기 위한 선물"이라고 표현하기도 했다. 항공기 구입은 종종 중국의 외교 협상카드 중 하나로 활용되곤 했다. 미국과 유럽이 중국에 대해 무역압력을 가할 때나, 지도자의 미국 방문에 맞춰 구매계약이 체결되는 것이다.

보잉 787항공기 구매와 같은 시기에 이뤄진 중국의 유럽 에어버스

330 항공기 10대 구입도 같은 논리로 해석할 수 있다. 이것 또한 당시 중국을 방문한 토니 블레어 영국총리에게 건네준 일종의 '선물'이었다. 중국은 당시 유럽과 섬유협상을 벌이고 있었다. 중국의 구매력이 있기에 가능한 얘기다.

중국의 바잉파워는 항공기의 모델명을 바꾸기도 한다. 중국이 보잉으로부터 사들이기로 한 787항공기의 원래 이름은 7E7이다. 그러나 보잉은 중국 판매분에 대해 항공기 모델명을 787로 바꿨다. 중국어 '빠'로 발음되는 숫자 '8'은 '파차이(發財, 돈을 번다)'와 비슷해 중국인에게 행운을 가져다 주는 숫자로 인식되기 때문이다.

차이나달러

중국의 구매력은 바로 달러에 있다. 중국이 보유한 8,189억 달러(2005년 말 현재)의 달러가 넘는 외환보유고가 그 원천이다. 해외직접투자, 수출 등을 통해 중국으로 유입된 달러가 중국 경제의 국제적 위상을 바꾸고 있다. 홍콩에서 활동 중인 크레디트스위스퍼스트보스턴(CSFB)의 타오동(陶冬) 아태경제 수석연구원은 이를 '차이나달러'라고 표현하며 다음과 같이 밝혔다.

"차이나달러의 움직임이 국제 금융시장의 움직임을 좌우하는 시대가 눈앞에 다가와 있다. 차이나달러는 1970년대 오일달러, 1980년대 저팬달러와 맞먹는 파괴력을 몰고올 것이다. 차이나달러가 세계 경제 및 국제 금융시장의 향방을 결정지을 가장 중요한 요소로 부상하고 있는 것이다."

중국과 일본의 외환보유고 비교 (연말 기준, 단위 : 억 달러)

■ 중국　■ 일본

					8,242	8,189 8,288
1,656 3,472	2,122 3,877	2,804 4,515	4,033 6,258	6,099		
2000년	2001년	2002년	2003년	2004년	2005년	

자료 : 블룸버그

　중국의 외환보유고는 실질적으로 중국 경제에 편입된 홍콩까지 포함해서 약 1조 달러를 넘어선다. 중국의 경제구조로 볼 때 그 증가 추세는 앞으로도 지속될 전망이다. 저임금을 바탕으로 한 중국의 제조업 생산 비교우위는 쉽게 깨질 수 없기 때문이다. 게다가 중국의 공장은 빠르게 '두뇌화' 하고 있어 외자흡수력이 더욱 높아지고 있다. 중국의 외환보유고는 2008년 베이징올림픽 이전에 1조 달러를 가뿐히 넘어설 것으로 보인다.

　중국의 외환보유고는 아직 일본(약 8,288억 달러)보다 적다. 그러나 중국은 외환관리를 국가(외환관리국, 실질적으로는 중국인민은행)가 직접 통제한다. 따라서 정부와 민간이 달러를 나눠 운용하던 오일달러나 저팬달러보다 국제적인 영향력이 클 수밖에 없다. 예컨대 중국 정부가 마음만 먹으면 국제 금융시장의 흐름을 바꿀 수도 있다는 얘기다.

　차이나달러는 이미 미국 경제에서 무시할 수 없을 정도로 깊숙히 파고들고 있다. 2005년 중국의 대미 무역흑자는 약 2,016억 달러에 달했다. 중국은 무역흑자로 번 돈 중 상당액을 미국 국채에 투자하고 있는데, 현재 중국의 미국 국채 보유는 약 2,000억 달러에 이른다. 흑자로 번 돈을 미국 소비자에게 꿔주는 모습이다. 2004년 말 위용딩(余永定) 인민은행 통화정책위원이 던진 한 마디가 세계 금융시장을 뒤흔들었다.

"중국은 미국 국채 보유를 줄일 수도 있다"는 말이 그것이다. 당시 미국은 중국 정부에 위안화 평가절상 압력을 가하고 있던 터라, 세계 금융계는 중국이 미국의 압력에 반발해 국채 매각에 나선 것이 아니냐는 소문이 나돌았다.

일본의 미국 국채 투자액은 약 5,000억 달러로 중국보다 훨씬 많다. 그러나 일본의 대외경제정책은 미국의 구속을 많이 받는 편이지만, 중국은 미국에 당당하게 대처할 수 있다. 차이나달러 파워의 또 다른 배경이다.

차이나달러의 위력은 국제 원자재시장에서 이미 발휘되었다. 중국이 2004년 국내 투자수요를 만족시키기 위해 국제 원자재시장에서 석유 철광석, 비철금속 등을 사들이자 관련 제품이 폭등하는 쇼크를 경험했다. 중국이 외환규제를 푼다면 원자재시장에서 벌어졌던 현상은 국제 외환시장, 주식시장에서도 나타날 수 있다.

지난 1970년대 석유파동으로 야기된 달러자금의 과도한 중동 유입(오일달러)은 브래튼우즈 체제를 위협할 정도로 금융시장에 충격을 주었고, 1980년대 저팬달러는 미국 부동산시장에 대거 유입되는 등 자금흐름의 왜곡을 야기했다. 차이나달러 역시 어떤 형태로든 국제 금융시장에 충격을 줄 수 있다는 전망이 나올 법하다.

물론 중국의 대외경제 상황으로 볼 때 차이나달러가 단기간에 국제

183

금융시장에 쏟아져나올 가능성은 적어보인다. 그러나 세계 금융시장
이 이제 차이나달러의 잠재력에 주목하기 시작했다는 점은 분명해 보
인다.

중국은 아직도 달러에 배고파하고 있다. 그들은 8,700억 달러로는
부족하다고 생각하는지도 모른다. 그들은 국제 정치 외교의 힘이 '달
러'에서 나온다는 사실을 알고 있기 때문이리라.

가자, 밖으로!

2002년 3월 베이징에서 열린 중국공산당 제 16대 전당대회. 장쩌민 주
석은 인민회의당에 모인 3,000여 명의 당 대의원들을 상대로 '16대 보
고'를 한다. 이 보고에 다음과 같은 말이 나온다.

"안으로 끌어들이고(引進來), 밖으로 나가는 것(走出去)을 서로 조합해
대외 개방수준을 전면적인 수준으로 끌어올린다."

'조우추취(走出去)'라는 말은 이후 중국 경제의 세계화를 뜻하는 단
어가 됐다. 중국은 왜 2002년에 '조우추취'라는 용어를 꺼냈을까.

1970년대 말 개혁개방이 시작된 후 중국의 대외개방은 곧 외국자본
의 국내 유치를 뜻했다. 수동적인 개혁개방이다. 그러나 2001년 말 중
국이 WTO에 가입하면서 중국의 대외개방 전략은 공격적으로 변한다.
이제 중국 기업도 밖으로 나갈 때가 됐다는 자신감의 표현이다. 이 역시
중국인민은행에 쌓여 있는 차이나달러가 있었기에 가능했다.

공산당 지도부가 제시한 '조우추취' 비전에 따라 중국의 해외직접투자
가 크게 늘기 시작했다. 2002년 중국의 해외직접투자액은 9억 8,300만

최근 중국의 해외기업 인수 주요 사례

중국 기업	일시	대상 해외기업	내역
TCL	2004. 1	톰슨(프랑스)	휴대폰 및 컬러 TV 사업
중궈항요우(中國航油)	2004. 8	SPC(싱가포르)	20.6%주식 인수(2대 주주)
상하이자동차	2004. 9	쌍용자동차(한국)	지분 48.9% 인수
선양지촹(瀋陽機床)	2004. 10	시스(독일)	전액 인수
우쾅(五礦)그룹	2004. 11	노란다(캐나다)	전액 시가 현금 인수
관지에(冠捷)과기	2004. 12	필립스(네덜란드)	모니터사업 인수
롄샹(聯想)	2005. 5	IBM(미국)	PC사업 인수
난징(南京) 자동차	2005. 7	로버(영국)	전체 인수
CNPC	2005. 8	페트로카자흐스탄	41.8억 달러로 최대 규모

달러를 기록한 뒤 2003년에는 20억 9,000만 달러로 급증했고, 2004년에는 또다시 55억 3,000만 달러, 2005년에는 69억 달러로 크게 늘었다.

중국 기업이 해외로 나가는 이유는 다양하다. 우선 에너지 확보차원의 진출이 많다. 언젠가 중국 경제성장의 발목을 잡을 것으로 예상되는 에너지부족 문제를 해결하기 위해 정부와 기업이 손을 잡고 해외 에너지 업체를 인수하거나 또는 유전개발권을 사들이고 있다. 중국석유천연가스집단공사(CNPC)가 2005년 8월 카자흐스탄 3위의 석유업체 페트로카자흐스탄을 41억 8,000만 달러에 인수한 것은 이를 보여준다. 41억 8,000만 달러는 중국 기업 해외투자 사상 최고 액수다.

시장에 근접한 곳에 공장을 두려는 공장 이전형 해외진출도 많다. 2000년 들어 시작된 가전업체의 동남아 진출이 대표적인 예다. 하이얼, 콩카, TCL 등 중국의 가전업체들은 베트남과 말레이시아 등에 잇따라 공장을 설립 중이다. 최근에는 인도가 중국 가전업체의 타깃이 되고 있기도 하다. 이들 지역에서는 중국 가전제품이 일본, 한국 등의 기존 가전업체를 밀어내고 시장을 잠식해 가고 있다.

배를 빌려 바다로(借船出海)

중국 기업들은 또 해외기술 및 유통 채널, 관리 노하우 등을 사기 위해 막대한 자금을 주고 해외 선진 기업을 사들이기도 한다.

중국 기업이 기술에 목말라하고 있다는 것은 앞 장에서 설명한 대로다. 해외직접투자를 유치하면 당연히 기술도 따라올 것으로 생각했으나 결과는 신통치 않았다. 중국은 여전히 선진 기술에 관한 한 변두리였다.

중국은 어떻게 선진 기술을 얻을 수 있을까. 이를 극복하기 위해서 나온 전략이 배를 빌려 바다로 나간다는 '차선출해(借船出海)', 즉 배(외국 선진기업)를 빌려 넓은 바다(세계 시장)로 나간다는 것이다. 방법은 '해외기업 사들이기'다. 상하이자동차의 쌍용자동차 인수, 레노보(롄샹)의 IBM PC사업 인수 등 굵직굵직한 중국 기업의 해외기업 M&A가 이를 단적으로 보여준다. 2004년 한 해에만 외국기업 인수 규모가 20억 달러를 넘어섰다. 자체 기술개발이 안 될 바에는 차라리 외국기업을 통째 사들여 기술을 확보하자는 게 차선출해 전략의 핵심이다.

'총알(자금)'은 충분하다. 중국 기업들은 지난 28년 동안 개혁개방을 거치면서 거대 내수시장을 바탕으로 자본을 축적해 왔다. 중국 기업들은 그 돈을 무기로 선진 기술과 해외 시장 마케팅 노하우 등을 손에 넣고 있다. 여기에서도 차이나달러의 위력을 알 수 있다.

중국이 차선출해 전략을 통해 노리는 것은 기술뿐 아니다. 이를 통해 브랜드를 확보하고, 또 해외에 구축되어 있는 유통망을 손쉽게 장악할 수 있다. 낮은 부가가치 제품만을 생산하던 기존 국제 분업체계에서의 위치를 단숨에 높은 수준으로 끌어올릴 수 있는 것이다.

해외 시장으로 달려가는 중국 IT기업들. 화웨이, 스타컴 등 중국 로컬 IT업체들은 거대한 내수 시장을 바탕으로 이제 세계 시장으로 눈을 돌리고 있다.

중국 기업들의 해외기업 인수 뒤에는 정부가 있다. 정부는 인수과정에서 금융지원을 아끼지 않는다. 쌍용자동차 인수에서 보듯 중국정부가 해외기업의 M&A를 관리하고 있다. 중국은 오는 2015년 글로벌 500대 기업에 자국 기업 50개를 진입시킨다는 계획을 갖고 있다. 이를 위해 정부와 기업이 손을 맞잡고 해외로 나가고 있다.

렌샹의 꿈

필자가 류촨즈(柳傳志) 렌샹그룹 회장을 인터뷰한 것은 2000년 가을 무장을 지킨 '중국 IT업계의 자존심'이었다. 인터뷰에서 그는 '500대 기업'이라는 말을 여러 차례 강조했다. "렌샹을 세계 500대 글로벌 기업으로 키울 테니 두고보라"며 목에 힘을 주던 그의 모습이 아직도 눈에 선하다.

4년 후 그는 자신의 다짐을 이루어냈다. 렌샹이 IBM의 PC사업 인수로 세계 500대 기업 반열에 오른 것이다. 류 회장은 한 해 1,200만 대의 PC 생산, 120억 달러 매출, 직원 1만 9,000여 명을 거느린 글로벌기업의 총수로 거듭났다. 류 회장이 친구 11명과 함께 베이징 중관춘(中關村)에 계산기 유통업체를 차린 것은 1984년으로 당시에는 벤처기업이었다. 그는 타자기 사업 경험을 바탕으로 PC 사업에 손을 댔고, 그가 세운 렌샹은 중국 PC 시장의 약 30%를 장악했다. 중국 시장을 석권한 렌샹은 호시탐탐 해외 시장을 노렸다. 그 결과물이 17억 5,000만 달러짜리 'IBM 싱크패드'였다.

이번 인수에 비관적 시각도 적지 않다. 국제 비즈니스 경험이 빈약한 렌샹이 거대한 IBM의 국제 네트워크를 운용할 수 있을지에 대한 우려다. 많은 전문가들은 렌샹이 IBM PC사업을 흑자로 돌려놓을 수 있을지에 회의적인 시각을 갖고 있다. 렌샹이 실패작으로 끝난 삼성의 AST 인수와 같은 길을 걸을 수 있다는 경고도 나온다.

그러나 중관춘의 한 구멍가게가 꼭 20년 만에 국제 메이저 PC메이커로 성장했다는 것 자체가 제공하는 의미는 적지 않다. 성장 과정 자

류촨즈는 외국업체의 공세로부터 중국 컴퓨터 시장을 지킨 '중국 컴퓨터계의 대부'로 통한다.

체가 중국 산업의 발전을 의미하기 때문이다. 렌샹 외에도 많은 중국 기업이 대규모 내수 시장에서 축적한 자금을 바탕으로 해외기업 사냥에 나서고 있다.

정부도 '밖으로 나가라(走出去)'며 기업의 뒤를 봐주고 있다. 2006년에는 중국 각 산업에서 더욱 많은 '류촨즈'가 나올 것으로 보인다. 그동안 거대한 국내 시장에서 몸집을 부풀린 중국 기업들이 본격적인 해외무대로 뛰어나오고 있는 것이다.

중국 기업들의 해외 상장 붐

중국 기업의 해외 증시 상장 붐이 일고 있다. 이는 중국의 주요 기업들이 장기 침체 국면을 보이고 있는 국내 증시를 피하려는 뜻도 있지만 해외증시 상장을 통한 '조우추취' 전략의 실현이라는 차원이 강하다.

중국은 2005년 세계 IPO 시장점유율(발행가 기준) 11.1%를 차지, 미국에 이어 2위를 기록했다. 모두 78개 업체가 뉴욕, 홍콩 등 세계 7대 증시상장에 성공했다.

지난 2005년 6월 23일 교통은행(交通銀行)이 중국은행으로서는 처음으로 홍콩 증시에 얼굴을 내밀었다. 10월에는 4대 국유은행 가운데 하나인 건설은행이 역시 홍콩 증시에 상장됐다. 건설은행은 무려 80억 달러의 자금을 모았다. 이는 2005년 세계 최대 규모의 기업공개(IPO)이자, 1998년 일본 NTT 상장 이후 아시아 지역 최대 IPO다. 2006년 5월 홍콩 증시에 상장된 중국 은행의 IPO 규모는 97억 3,000만 달러로 또다시 기록을 갈아치웠다.

2005년 세계 IPO 시장 현황

순위	국가	발행 규모(백만 달러)	시장점유율(%)	기업 수
1	미국	35,883	21.1	120
2	중국	18,857	11.1	78
3	프랑스	16,093	9.5	18
4	영국	14,081	8.3	238
5	일본	11,600	6.8	170
6	호주	8,830	5.2	128
7	캐나다	6,855	4.0	170

자료 : 홍콩언론 종합

이 밖에도 2005년 홍콩 증시에 상장된 업체는 많다. 유리제조업체 중궈버리(중국유리), 에너지 업체 선화(神華)에너지, 해양유통 회사 중위엔(中遠)그룹 등등…. 전체적으로 30개 회사가 상장된 것으로 파악된다.

중국 기업이 홍콩 증시에만 의존하는 것은 아니다. 경영구조가 탄탄한 중국 기업들은 상장 절차가 까다로운 뉴욕 시장에도 진출, 문을 두드리고 있다. 나스닥시장의 경우 게임업체인 성다(盛大), 무선통신 서비스 업체인 화요우(華友)통신 등 14개 중국 업체가 지난 1년 사이에 나스닥에 등장했다. 이 밖에도 중국어 검색 사이트인 바이두(百度)가 상장에 성공했고, 중국 최대 소트웨어 업체인 진산(金山)등 8개 IT 관련 업체가 현재 등록절차를 밟고 있다. 2005년 20개 중국 업체가 새로 진출, 나스닥의 중국 기업들은 40여 개로 늘어날 전망이다.

이 밖에 국제적인 경쟁력을 갖고 있는 기업이 뉴욕증권거래소와 런던 증시에 각각 18개, 16개 상장되어 있고 싱가포르 증시에는 중소기업을 중심으로 60개 중국 기업이 거래되고 있다.

중국 정부는 '기업의 해외전략' 차원에서 해외 증시 상장을 독려하고 있다. 해외 증시 상장을 통해 경영구조를 개선, 국제기업으로 거듭나라는 주문이다. 중국 기업의 해외 증시 상장은 또한 국제 금융흐름과 중국 산업의 연동성을 높일 수 있다는 점에서 적극 권장되고 있다. 실제로 2004년 중국 기업이 해외 증시에서 조달한 금액은 상하이와 선전 등 중국대륙 증시 조달금액보다 3배 가까이 많았다.

중국 업체들의 해외 증시가 늘어나면서 중국 IPO시장이 황금시장으로 떠오르고 있다. 2004년 중국 기업의 해외 IPO 건수는 84개, 자금조달 규모는 111억 5,000만 달러에 달했다. 중국 국내 증시까지 포함할 경우 중국 IPO 규모는 161억 1,000만 달러에 달해 미국에 이어 세계 2위다. 2005년에도 70개 기업(조달규모 213억 달러)이 해외에 상장되었다. 골드만삭스와 모건스탠리 등 주요 국제 투자은행이 이 시장을 외면할 리 없다. 이미 중국 기업의 해외 증시 IPO시장을 장악하고 있는 이들은 대형 IPO 물량을 따내기 위해 치열한 로비전을 벌이고 있다. 이들은 특히 건설은행, 중국은행, 민생은행 등 10억 달러 규모 이상의 굵직굵직한 IPO에 눈독을 들이고 있다.

조우추취, 그 끝은 어디인가

중국 경제발전 과정을 다시 한번 살펴보자. 중국은 개혁개방과 함께 1980년대 저임노동력으로 해외기업을 끌어들였고, 세계의 공장에서 생산된 제품은 전세계 저가 시장을 빠르게 잠식해 갔다. 달러가 중국으로 들어왔고, 중국인들의 소득 수준 증가와 함께 거대 내수 시장이 형성됐다. 1990년대 후반 들어 내수 시장을 겨냥한 기업들이 중국에 몰려들기 시작했고, 달러는 더 빠른 속도로 중국에 몰려들었다.

중국 로컬 자동차업계. 2005년 상하이 모터쇼에 등장한 이들은 중국 자동차산업의 현대화를 상징한다.

2001년 말 WTO 가입으로 중국 경제는 질적으로 크게 변한다. 개혁 개방 정책은 외부의 투자를 받아들이기만 하던 기존의 수동적 전략에서 좀더 공격적으로 바뀌었다. 중국 내수 시장을 통해 몸집을 부풀린 기업들이 해외 시장으로 달려가고 있는 것이다. 차이나달러는 중국 기업의 해외진출을 가능케 하는 요소였다. 따라서 2000년 이후 중국 기업들의 흐름은 '조우추취'로 요약할 수 있다. 그렇다면 중국 기업 조우추취 전략의 끝은 어디인가. 중국 자동차산업을 통해 이를 알아보자.

불과 5년 전만 해도 세계 자동차업계에서 중국차를 주목하는 사람은 드물었다. 중국은 외국 자동차업체들이 마음껏 활동할 수 있는 마지막 남은 황금시장 정도로 여겨졌을 뿐이다. 그러나 지금 세계 자동차업계에는 중국 경계령이 떨어졌다. '세계 3위의 자동차 대국'이라는 생산 규모 때문만은 아니다. 오히려 중국이 독자 브랜드를 내건 수출과 해외 공장 건설에 시동을 걸었다는 데 업계가 긴장하는 것이다.

중국 민영자동차업체 지리(吉利)는 말레이시아에 연간 3만 대 생산 규모의 CKD(반제품 현지조립) 공장을 세우고 있다. 이 공장은 2006년부터 지리브랜드의 자동차를 생산하게 된다. 치루이(奇瑞) 자동차 역시 이란에 이어 말레이시아에 CKD 공장 설립을 추진 중이다. 말레이시아가 중국 자동차업체의 동남아 시장 공략의 전초기지가 되고 있는 것이다.

동남아에서뿐만 아니다. 상하이자동차와 난징자동차가 한국의 쌍용, 영국의 로버를 인수한 것은 주지의 사실이다. 화천(華晨)은 이집트 공장에서 중화(中華)라는 독자 브랜드를 단 승용차를 생산하고 있다. 중국의 토종 자동차기업이 해외에 공장을 지었거나 추진 중인 곳만 해도 이미 10여 국에 이른다.

2005년 4월 상하이에서 열린 국제자동차박람회에서는 외자기업의 독무대였던 기존 자동차박람회와는 사뭇 다른 분위기가 연출됐다. 치루이가 5개 신모델을 쏟아내는 등 중국 로컬기업들이 자체 개발한 신차 발표 대열에 적극 가세한 것이다.

특히 1999년 생산에 들어간 신생 업체 치루이는 중국 업체로는 처음으로 상하이자동차박람회에서 세계 딜러대회를 개최하기도 했는데, 이 대회에 25개 국에서 100명 이상의 치루이 자동차 판매상이 참가했다. 또 2007년부터 미국에 매년 25만 대를 수출하는 현지 딜러망 계약을 체결해 업계를 놀라게 했다.

물론 중국의 자동차기술은 선진국에 비해 아직 턱없이 낮은 수준이고 시장도 동남아, 중동 등에 그치고 있다. 그러나 시간은 그들의 편이다.

중국 자동차업체들은 외국기업 사냥을 위한 총알(자금)이 충분하고, 거대한 내수 시장이라는 튼튼한 발판이 있기에 머지 않은 장래에 세계 자동차업계의 메이저로 등장할 것으로 중국업계는 자신하고 있다. 이는 자동차업계뿐 아니라, 대부분의 산업에 적용되는 현상이기도 하다.

동아시아 산업지도를 바꾸는
산업클러스터

상하이 인근 쏭장(松江), 이곳은 웬만한 지도에
서는 찾아볼 수 없는 작은 타운이다. 하지만 이 지역은 노트북 PC에 관한
한 세계적인 곳이다. 세계 노트북 PC 4대 중 한 대가 쏭장에서 생산된다.
쏭장수출가공구의 노트북 PC업체들은 2004년 약 1,000만 대 이상의 노
트북 PC를 생산, 전량 수출했다. 세계 전체 생산량(약 4,000만 대)의 25%
에 해당하는 수준이다.

쏭장의 가장 큰 경쟁도시는 바로 옆 도시인 쑤저우(蘇州)다. 2004년
쑤저우 역시 1,000만 대 이상의 노트북 PC를 생산했다. 결국 쏭장과 쑤
저우 두 도시가 세계 노트북 PC 생산의 절반을 차지하고 있는 것이다.
이들 지역이 '세계 노트북 PC 메카'로 등장한 것이다.

쑤저우와 쏭장의 중간쯤에 쿤산(昆山)이라는 도시가 자리해 있다. 상
하이에서 쑤저우를 가려면 반드시 거쳐야 하는 곳이다. 쑤저우와 쏭장

이 세계적인 노트북 PC로 등장한 데에는 쿤산의 공이 컸다. 노트북 PC
에 들어가는 부품 수는 약 800개, 이 중 780개가 쿤산에서 생산된다. 하
드디스크, CPU 등 일부 핵심부품을 제외한 대부분의 제품이 쿤산에서
생산, 쑤저우와 쑹장의 조립업체로 공급된다.

창장삼각주 산업클러스터

쑹장 노트북 PC의 사례는 지금 상하이 주변에 형성된 창장삼각주 경제
권의 힘을 그대로 보여준다. 세계 노트북 PC 2대 중 1대에 'Made in
Changshanjiao'라는 원산지 표시가 붙어 있다는 사실, 그게 바로 창장
삼각주의 힘이다.

창장삼각주 경제권은 상하이를 중심으로 쑤저우, 난징, 항저우, 닝
뽀 등 16개 도시를 일컫는 지역이다. 이들 지역의 면적은 중국 전체의
1%에 불과하지만 국내총생산(GDP)의 18%를 차지할 정도로 막강한 경
제적 힘을 갖고 있는 곳이다. 세계 노트북 중 50% 이상이 여기에서 생
산되고 휴대폰 10대 중 3대, 컴퓨터 마우스 2개 중 하나가 창장삼각주
에서 생산된다.

창장삼각주의 경쟁력 요인은 '클러스터(cluster, 집적)'에 있다. 노트
북 PC에서 보듯, 하나의 상품에 필요한 부품을 인근 지역에서 일괄 조
달할 수 있는 산업의 집적이 이뤄진 것이다. 노트북 PC를 하겠다는 업
체는 이제 상하이 지역으로 오지 않으면 안 되는 시대가 왔다.

노트북 PC뿐만 아니다. 자동차의 경우 2,000여 개의 부품 중 90%를
창장삼각주에서 조달할 수 있다. 이 지역에 퍼져 있는 300여 개 자동차

관련 부품업체들은 서로 경쟁하며 완성차업체에게 양질의 부품을 제공한다. 중국의 대표적인 자동차업체 상하이따중(上海大衆)이 자리잡고 있는 자딩(嘉定)이라는 곳은 완성차 부품업체, 중고차 시장, F1(포뮬러원)경기장 등을 갖춘 세계적인 자동차 산업단지로 발전하고 있기도 하다.

우장(吳江)은 쑤저우 옆 한구석에 자리잡은 인구 70만 명의 현(縣)급 도시다. 이곳에 20만km² 규모의 개발구가 있다. 중국 전역에 퍼져 있는 각종 개발구와 별로 다를 게 없는 평범한 개발구다. 그러나 내용을 보면 얘기가 달라진다. 이곳에 진출한 외국기업은 약 300개로 이들 대부분 컴퓨터, 모니터, 휴대폰 등 IT 제품을 생산한다. 우장에서 생산되는 모니터는 연간 1,000만 대에 달한다. 휴대폰과 디지털카메라는 500만 대, 스캐너, 노트북 PC, DVD 등은 200만 대가 생산된다. 재미있는 사실은 이들 제품에 필요한 부품 중 90% 이상을 개발구에서 조달할 수 있다는 점이다. 우장개발구 안에 작은 IT 산업 클러스터가 형성되어 있는 것이다.

현대 산업에서 '클러스터 효과'의 중요성은 아무리 강조해도 지나치지 않다. 세계 기업들은 이제 최적의 생산 여건을 제공하는 지역으로 몰려들고 있다. 모든 관련 산업이 한 지역으로 집중해 물류, 기술개발 등의 이점을 노린 것이다. 동아시아의 경우 1960년대 이후 공업생산이 집적된 지역이 생성, 발전해 왔다. 일본의 도쿄, 오사카, 나고야 지역, 한국의 경인공업 지역과 부산공업 지역 등이 대표적인 예다. 1990년대에는 싱가포르와 태국 남부를 포괄하는 말레이시아 반도가 하나의 집적지역을 이루고 있다.

이제 동아시아의 시선은 창장삼각주 지역으로 몰리고 있다. 창장삼각주는 IT, 자동차, 철강, 화공, 기계 등의 분야에서 집적이 심화되면

서 21세기 새로운 산업 클러스터 지역으로 부상하고 있다. 창장삼각
주 산업클러스터의 힘은 또다시 외국 선진기업을 끌어들였다. NEC의
상하이 반도체전(前)공정 공장, 대만의 노트북 PC 공장, 쑤저우의 삼
성반도체, 우시(無錫)의 소니 휴대전화용 플러머전지, GM의 상하이자
동차 공장 등. 내로라하는 기업이 현재 창장삼각주 지역으로 몰려들
고 있다.

창장 IT코리더

창장삼각주 클러스터의 꽃은 IT산업이다. 반도체 · 컴퓨터 · 통신 · 디
지털가전 등 여러 분야의 세계적인 기업이 지금 이곳으로 몰려들고 있
다. 이에 따라 상하이-쿤산-쑤저우-우시-창저우(常州)-양저우-난징
등으로 연결되는 '창장 IT코리더(corridor, 회랑)'가 형성되고 있다.

상하이에서 자동차로 1시간 반 정도 떨어져 있는 '수저우공업원구(蘇
州工業園區)'는 싱가포르 공업단지로 더욱 잘 알려진 곳이다. 이곳에 위
치한 플래시메모리 생산 전문업체 페이수어(飛索, 스펜션)반도체는 요즘
24시간 풀가동하고 있다. 휴대폰에 쓰이는 반도체 수요가 폭주하고 있
기 때문이다. 이 회사 루바오차이(盧寶財) 사장은 다음과 같이 말한다.

"설립 초기에는 수출이 목표였다. 그러나 중국 휴대폰 시장이 급격히
확대되면서 지금은 내수 시장 물량도 맞추기 어려운 실정이다. 거대한
시장 한 가운데 공장이 있기에 가능한 일이다. 상하이 주변에 IT업체가
속속 모여들면서 영업 실적이 해마다 크게 좋아지고 있다."

현재 싱가포르 공업단지에 입주한 외국업체는 1,000개가 넘는다. 이

중 300여 개 업체가 세계적인 IT 업체다. 한국기업으로는 삼성의 반도체 및 노트북 PC 공장이 이곳에 공장을 두고 있다. 판윈관(潘云官) 공업원구관리위 부주임은 "정보통신 정밀기계 등의 분야 업체 중에서 엄격한 심사를 거쳐 입주 업체를 선정하고 있다"며 "기술 수준이 낮은 기업이나 사양산업 업체는 사절"이라고 들려준다.

쑤저우에서 다시 차를 타고 한 시간을 달려 도착한 우시. 도착하자마자, 시정부 관계자들이 기술개발구로 안내했다. 일본의 미쓰비시, 히타치, 소니, 미국의 GE, 코닥, 독일의 바이엘, 보시, 프랑스의 미쉐린 등 다국적 회사 공장들이 눈에 들어왔다.

개발구 관리위 관계자는 "상하이에서 시작된 IT물결이 쿤산, 쑤저우를 거쳐 우시에 이르고 있다. 세계 500대 기업 중 50개 업체 공장이 지금 우시에 설립되어 있다"고 말했다. 우시야말로 창장삼각주 지역의 대표적인 IT집산지가 될 것이라는 게 그의 설명이다.

난징도 상황은 비슷했다. LG전자와 샤프 등이 LCD모니터를 생산하기 시작하면서 난징은 이 분야 대표적인 산업단지로 각광을 받고 있다. 상하이에서 시작된 창장 IT코리더는 난징에 이르러 절정을 이루고 있는 것이다.

창장 IT코리더(상하이 포함)에 모여 있는 외국 IT 분야 투자업체는 약 1,500개가 넘을 것으로 추산된다. 상하이의 반도체 및 광통신, 쑤저우의 컴퓨터와 디지털통신, 우시·양저우 등의 가전, 난징의 LCD모니터 등 지역적 특색을 보이고 있다. 세계 주요 IT업체들이 창장 연안으로 모이는 이유는 필요한 부품을 자급자족할 수 있는 일괄생산체제가 갖춰져 있기 때문이다. 중국 상무부 다국적기업연구소의 왕즈러(王志樂) 소장은 "컴퓨터 업체의 경우 대부분의 부품을 창장삼각주 지역에서 공급

받을 수 있다. 이는 단순 조립공장으로 치우쳐 있는 광둥의 주장(珠江) 삼각주와는 다른 모습"이라고 설명했다. 그리고 "1990년대 중반 이후 광둥 지역 외자기업들이 공장을 상하이 주변으로 옮기는 경향이 뚜렷해졌다"고 말했다.

이 같은 협력체제에 창장 및 상하이 항구를 끼고 있는 물류망, 상하이에서 배출되는 풍부한 고급 인력, 장쑤성과 저장성에 퍼져 있는 중국 사영기업과의 협력 등이 어우러져 창장 하류 연안에 지금 거대한 'IT 세계 공장'이 형성되고 있다.

세계 6대 메가시티, 상하이

창장삼각주의 핵심도시는 상하이다. 상하이는 주변에 포진한 제조업 도시를 기반으로 물류, 금융, 무역 등 서비스 거점도시로 자리매김하고 있다. 그 상하이의 꿈은 무엇일까. 답은 메가시티(mega city)에 있다. 상하이를 창장삼각주 15개 도시를 배후로 갖춘 세계적인 도시로 육성하겠다는 게 상하이 시정부의 계획이다.

지금 세계에서 메가시티를 꼽는 다면 미국 동북부의 뉴욕, 디트로이트와 시카고 등 오대호 주변 공업 지역, 일본 태평양 연안의 도쿄, 유럽 서북부의 파리, 영국 템스 강의 런던 등이다. 중국은 상하이를 이들 도시에 이은 세계 제6대 메가시티로 키우겠다는 야욕을 숨기지 않고 있다. 그 거대한 꿈을 현실화하기 위한 작업은 현재 착실하게 진행 중이다.

상하이에서 자동차를 타고 1시간 반 정도 달려 도착한 자싱(嘉興)현하이탕(海塘). 작은 어촌에 불과했던 이곳이 지금 세계인의 관심을 모으고 있다. 이곳에 건설 중인 '항저우만 대교(大橋)'가 주인공. 하이탕은 시멘트와 콘크리트를 실어 나르는 차량으로 하루종일 복잡하고, 해안에는 크고 작은 각종 자재 운반선이 점점이 박혀 있다.

상하이와 닝뽀를 잇게 될 이 다리의 총 길이는 36km로, 세계 최대 해상교량이다. 2007년 왕복 6차선의 대교가 모습을 드러내게 된다. 중국은 이 다리 공사에만 약 118억 위안(약 1조 8,000억 원)을 쏟아 부을 계획이다.

"지금 상하이에서 닝뽀를 가려면 항주만을 돌아 자동차로 7시간 정도를 달려야 도착할 수 있다. 다리가 완공되면 두 도시는 2시간으로 단축된다. 상하이-항저우-샤오싱(紹興)-닝뽀 등으로 연결되는 항주만 주변 도시가 반나절 생활권으로 묶이는 것이다" 교량건설 총책임자 왕용(王勇) 부장의 설명이다.

중국이 거금을 들여 이곳에 세계 최대 해상교량을 세우는 이유는 '창장삼각주 3시간 생활권'에 있다. '창장삼각주의 머리(頭)'인 상하이에서 삼각주 지역 15개 도시를 3시간 안에 주파할 수 있도록 도로망을 건설하겠다는 게 이 구상의 핵심이다. 이 계획에 따라 현재 창장삼각주 16개 도시를 모두 고속도로로 연결하기 위한 공사가 진행 중이며, 상하이에서 쑤저우-우시-난징을 잇는 고속전철도 추진 중이다. 창장삼각주 지역을 단일 경제 도시로 육성시킨다는 게 중국 정부의 뜻이다.

상하이 시정부 정책고문으로 활동하고 있는 푸단 대학의 화민(華民) 교수는 상하이 앞 바다에 세계 최대 규모로 건설되고 있는 양산(洋山)항 건설 역시 '메가시티 상하이' 조성의 하나라고 소개한다.

메가시티 상하이. 푸둥에 건설된 초현대식 금융 타운은 21세기 아시아의 최대 도시로 성장하려는 상하이의 역동성을 대변해 준다.

"도로망뿐 아니다. 인재이동, 물류 등을 막고 있는 각 도시 간 장벽이 허물어지고 있다. 무역·금융·물류 중심지인 상하이는 쑤저우, 항저우, 난징 등 배후 제조업도시를 바탕으로 뉴욕, 도쿄, 파리 등과 견줄 수 있는 국제도시로 성장하고 있다."

중국은 2010년 상하이 엑스포를 계기로 전세계에 메가시티 상하이의 위용을 떨치겠다는 구상이다. 상하이가 최근 의욕적으로 추진하고 있는 대규모 국제 대회는 상하이 국제화의 또 다른 모습이다. 2004년 9월에 상하이는 국제 자동차경기인 포뮬러원 대회를 성공적으로 끝냈다. 상하이는 경기장 건설에 3억 2,000만 달러를 투자했다. 이 경기를 통해 상하이를 '아시아의 디트로이트'로 건설하자는 취지였다.

상하이가 국제 도시로 성장하면서 상하이 사람들에게 잠재되어 있던 국제화 마인드도 살아나고 있다. 최근 상하이 대극장에서 〈오페라의 유령〉이 공연됐다. 3개월 동안 모두 96회 막이 올랐고 주최측은 약 1,000만 위안의 흑자를 기록했다고 밝히고 있다. 거의 전 회에 걸쳐 입장권이 매진됐다는 후문이다.

중국인들은 전반적으로 경극(京劇) 등 전통 공연을 좋아한다. 그러나 상하이 사람들은 다르다. 그들은 스타벅스에서 커피를 마시고, 극장에서 〈캣츠〉, 〈레미제라블〉 등의 서양 오페라를 즐긴다. 더군다나 상하이에는 현재 28개의 각종 국제학교가 설립되어 있는데, 약 9,000명의 외국학생이 재학 중이다. 외국기업인들이 자녀 교육에 신경 쓰지 않고 기업 활동을 할 수 있도록 도와주자는 차원이다. "중국에 상하이가 있다는 것, 그 자체가 중국 경제의 경쟁력"이라는 얘기가 설득력 있게 들린다.

또 다른 클러스터

중국 전체적으로 볼 때 창장삼각주는 여러 클러스터 조성의 하나일 뿐이다. 상하이가 최근 크게 부각되고 있을 뿐, 전국에는 또 다른 클러스터가 형성되고 있다. 광둥성에 형성된 주장삼각주, 베이징과 톈진을 축으로 한 환(環)발해경제권 등이 서로 경쟁하며 집적 공업단지로 성장하고 있다.

주강삼각주 지역은 1980년대 중국 개혁개방의 큰 물줄기를 열었던 곳이다. 덩샤오핑의 개혁개방이 그곳에서 시작됐다. 선전, 주하이(珠海) 등에 경제특구를 설립하면서 광저우, 동관, 순더 등 주장삼각주 지역이 급속하게 발전했다. 중국은 주장삼각주 지역 9개 도시를 하나로 묶어

발전시켰고, 자연스럽게 산업클러스터가 형성됐다.

1980년대 이곳에는 이웃 홍콩계 기업이 몰리기 시작하면서 섬유, 잡화, 완구, 가전 등 위탁가공 비즈니스의 모델이 형성됐다. 이후 1980년대 후반 플라자합의 이후 급속한 엔고로 해외진출 지역을 찾던 일본 기업이 이곳으로 몰렸다. 시계, 카메라, 정밀기계, TV, 에어컨, 복사기, 프린터 등의 IT산업이 이곳에서 시작됐다. 1990년에는 대만의 대륙 진출 규제가 해제되자 대만의 PC부품 업체들이 주장삼각주로 몰리면서 PC 산업이 발전했다. 이 지역에 PC부품공장이 들어서면서 자연스럽게 IBM 롄샹, 필립스, 삼성 등의 관련 업체가 몰렸고, 주장삼각주는 거의 전 산업에 걸친 공업집적 지역으로 발전해 왔다.

주장삼각주의 가장 큰 특색은 중소기업 중심의 다국적 부품산업이 발달했다는 점이다. 홍콩, 일본, 대만, 한국 등의 중소기업들이 몰려들면서 중국계를 포함한 대단위 부품산업 기반이 형성됐다. 금형, 프레스, 전기부품 부문에서 가전, 컴퓨터, 휴대폰에 이르기까지 없는 게 없을 정도로 풍부한 부품이 생산되고 있다.

현재 약 5만 여 개의 부품업체가 이 지역에 밀집되어 있다. "동관에 전기가 나가면 세계 PC 출하의 70%가 영향을 받을 것"이라는 말이 나올 정도다. 최근 창장삼각주의 급부상으로 많은 IT 관련 업체가 광둥에서 창장 지역으로 이전하고 있지만, 대단위 부품산업 클러스터가 형성된 주장삼각주의 경제는 결코 무시할 수 없을 것으로 보인다.

남쪽에 주장삼각주가 있다면 북쪽에는 환발해경제권이 있다. 베이징 중관춘(中關村)이 상징하듯, 이곳은 중국 순수 IT기술을 대표하는 곳이다. 베이징과 톈진에 퍼져 있는 일류대학에서는 매년 3~4만 명의 고급 인재가 쏟아져나오고 있으며, 톈진에서는 IT 관련 업체들이 그 기술을

중국 3대 산업클러스터 비교

구분	창장삼각주	주장삼각주	환발해경제권*
인구(만 명)	8,200(6.1)	2,660(2.1)	7,059(5.4)
면적(만㎢)	9.9(1)	4.2(0.4)	16.9(1.76)
GDP(억 위안)	2만 8,775(18)	1만 3,572(8)	1만 4,095(9)
인당GDP(위안)	3만 5,055(3.5배)	5만 1,014(5.4배)	1만 9,967(1.9배)
수출(억 달러)	2,083(35)	1,824(31)	986(8)
FDI(억 달러)	145(51)	55(19)	48(17)

* 환발해경제권 : 베이징, 톈진, 허베이(河北), 괄호 안은 전국에서 차지하는 비중
자료 : 국가발전개혁위원회, 국가통계국. 2004년 기준, FDI는 2005년 상반기

받아 첨단제품을 생산해 내고 있다. 환발해경제권에는 인텔, 삼성, 모토
롤라, HP, IBM, 노키아, NEC 등 IT 분야 다국적기업들이 본부 또는 연
구개발센터를 두고 있다. 또 렌샹, 스퉁(四通), 베이다팡정(北大方正) 등
중국 로컬 IT업체들이 이곳을 기반으로 성장했다.

선택과 집중, 그리고 확산

중국의 3대 산업클러스터 지역인 창장삼각주, 주장삼각주, 환발해경
제권은 서로 다른 발전과정을 밟으며 성장해 왔고, 그 성향도 다르다.
창장삼각주의 경우 내수지향형 대기업 중심, 자본장비형 산업을 위주
로 편성됐다. 이에 비해 주장삼각주는 수출지향형 중소기업 중심, 노
동집약형 부품산업 집적단지 성격이 강하다. 또 환발해경제권은 순수
IT기술의 연구센터로서의 기능을 담당한다.

그렇다고 이들이 상호 배타적으로 발전하는 것은 아니다. 물류의
발전과 함께 상호 시너지 효과를 위한 교류가 활발하다. 베이징에서

개발된 IT기술을 창장삼각주 기업이 활용하고, 주장삼각주의 부품을 창장삼각주 지역 기업에 공급하는 식이다. 또 창장삼각주에서 생산된 소재를 주장삼각주 지역으로 공급하기도 한다.

권역별 경제발전 전략은 여기에서 그치지 않는다. 중국은 지역적 특색을 살려 산업을 특화시키는 작업을 지속적으로 추진 중이다. 동북 지역에는 장치형 중공업을 특화한 동북개발 프로젝트가 진행 중이고, 충칭-청두-시안 등 서부 지역 도시는 서부개발 지역으로 묶어 개발하고 있다. 이 밖에도 후난과 후베이를 묶은 창장 중류 경제 지역, 서북부 지역을 아우르는 자원개발 벨트 등 여러 형태의 지역개발 전략이 추진되고 있다. 특정 지역을 선정해서 자원을 집중하고, 그 발전의 힘을 중국 전역으로 확대하겠다는 전략이다. 그 전략에 따라 지금 중국 곳곳에 산업클러스터가 형성되고 있다.

그 동안 아시아 지역은 일본 → 신흥공업국 → 아세안 → 중국 → 베트남으로 연결되는 순차적 발전과정을 밟아왔다. 한 지역에서의 제품이나 기술이 경쟁력을 다하면 다음 단계의 국가로 산업이 이전되어 발전하는 모습이다. 그러나 이 같은 안행(雁行, 기러기 행렬) 발전모델은 1990년대 중국의 급부상과 함께 깨지기 시작했다. 자본과 기술은 이제 최적의 생산 여건이 조성된 곳이라면, 그곳이 어느 나라든 관계없이 몰려들고 있다. 그 한가운데 중국의 창장삼각주, 주장삼각주, 환발해경제권 등이 주역으로 떠오른 것이다.

2004년 12월 중국은 창장삼각주의 또 다른 역사를 만들었다. 바로 양산항 제1기 공사 완공이다. 양산항 개항식에 참석했을 당시에 써두었던 에세이로 이번 장을 마감하겠다.

2005년 12월 10일 오전. 상하이 주재 기자단 100여 명을 태운 두 대의 버스는 바다 위를 달리고 있었다. 상하이에서 양산 심수(深水)항을 연결하는 동하이(東海)대교였다. 무려 40분을 넘게 다리 위를 달려서야 양산항에 도착할 수 있었다. 상하이의 야심작 양산항이 외부 세계에 처음 공개되는 순간이었다. 이곳 저곳 양산항을 살피던 기자의 눈에 담벼락에 휘갈겨 쓴 글이 들어왔다. '일산불용이호(一山不容二虎)'가 그것. '하나의 산에 주인 되는 호랑이는 한 마리뿐'이라는 뜻이다.

이 말은 무엇을 뜻하고 있는가. 양산항이 컨테이너 처리능력 2,500만TEU를 갖춘 세계 최대 항구로 등장할 오는 2020년쯤 부산, 홍콩, 싱가포르 등 아시아 항구는 '고양이'로 전락할 것이라는 의미를 담고 있다. 동북아 허브 항구를 노리는 양산항의 포부라고는 하지만, 듣는 한국인으로서는 섬뜩한 느낌이다. 부산항이 고양이로 전락한다니 말이다.

양산항 개발총책 양시용(楊雄) 상하이부시장은 좀더 큰 그림을 그린다. 그는 "단지 해상물류가 아닌 동북아 전체의 산업지도 차원에서 양산항을 봐달라"고 주문한다. 양산항은 상하이 주변에 형성된 '창장삼각주 산업클러스터'의 완성도를 높일 것이라는 설명이다. 창장삼각주 지역은 IT, 자동차, 화공, 기계 등 거의 모든 분야에서 국제산업단지로 부상한 곳이다. 심수항이 없다는 게 단점이었지만 양산항은 이 문제를 극복, 창장삼각주 지역을 동아시아 최대 산업클러스터로 키우게 될 것이라는 게 그의 주장이다.

동아시아 지역에서는 '산업클러스터 경쟁'이 날로 치열하게 벌어지고 있다. 어느 국가인지는 중요하지 않다. 세계의 기술과 자본은 최적의 생산환경, 시장여건을 찾아 이동하고 있다. 한국 수도권, 대만 신죽(新竹), 중국의 주장삼각주 및 창장삼각주 등 여러 지역이 외자를 끌어들이기 위해 경쟁에 뛰어들고 있다. 양산항은 그 경쟁에서 창장삼각주에 날개를 달아준 것이다.

우리는 어떤가. 부산항이 운수노조의 파업으로 신음하고 있을 때 중국은 '양산항 호랑이'를 키우고 있었다. 우리가 인천경제특구에 외국대학교 설립 여부를 놓고 논쟁을 벌이고 있을 때 이웃 톈진은 빈하이(濱海) 지역에 물류, 금융, 제조업 기반을 갖춘 제2의 푸둥 건설에 나섰다. 많은 전문가들은 이런 상황이라면 우리는 동아시아의 산업발전 흐름에서 일본은 물론 중국에도 뒤질 수 있다고 우려한다.

양산항은 지금 동북아에서 벌어지고 있는 물류경쟁, 클러스터 경쟁에 우리가 어떻게 대응하고 있는지 되돌아보게 한다.

변두리에서
글로벌 중심부로 5

중국이 개혁개방의 무게중심을 농촌에서 도시로 옮기기 시작했던 1985년, 베이징 거리에 '낙기아(諾基亞)'라는 생소한 간판이 들어섰다. 중국어로 '누어지야.' 이 회사가 핀란드의 이동통신업체인 노키아의 중국사무소라는 것을 아는 중국인은 거의 없었다. 노키아는 당시 통신케이블 무역을 위한 대표처에 불과했다. 계획경제 체제 중국이 필요로 하는 물품(통신케이블)을 수입해서 공급하는 일이 고작이었다.

그러나 노키아의 중국 진출은 해외 다국적기업 중국 진출의 물꼬를 텄다는 점에서 커다란 의미를 갖는다. 바로 그 해 HP, 에릭슨, IBM, 필립스, 인텔 등이 중국 진출에 합류했고, 시간이 지나면서 많은 다국적기업이 그 뒤를 이었다. 다국적기업들의 중국 사업은 그렇게 시작된 것이다.

20년이 지난 지금 중국은 노키아의 해외사업 중 두번째로 중요한 나라가 됐다. 중국인이 갖고 있는 휴대폰 3대 중 1대에는 '낙기아' 브랜드가 붙어 있다. 2005년 노키아는 중국 시장에서 34억 유로의 매출액을 올렸고, 29억 유로어치의 물품을 해외에 수출했다. 중국에 5곳의 연구개발센터를 두고 있으며, 4개 공장에 약 4,500명의 직원을 고용하고 있다. 중국과 노키아는 이제 뗄래야 뗄 수 없는 존재가 된 것이다.

노키아뿐만 아니다. GE, IBM, 마쓰시타, 삼성, LG, 에릭슨 등 세계 유수의 다국적기업들과 중국의 관계가 대부분 그렇다. 그들은 이제 중국 사업을 글로벌 전략의 최우선 순위로 두고 있다. 중국은 다국적기업 글로벌 전략의 변두리 지역이 아닌 핵심 포스트로 등장한 것이다.

다국적기업, 중국 진출의 역사

현재 중국에 진출한 해외업체는 약 28만 개다. 이들이 들고 온 해외직접투자 누적액은 6,300억 달러를 넘는다. 세계 500대 기업 중 450개 업체가 어떤 형식으로든 중국에 진출하여 비즈니스를 하고 있다. 들어올 만한 다국적기업은 모두 중국에 들어온 셈이다. 이들의 중국 진출 역사는 곧 중국 경제개방의 역사이기도 하다.

제1기는 중국이 개혁개방에 나선 1979년 이후 1985년까지의 탐색기다. 덩샤오핑의 개혁개방과 함께 몇몇 업체가 중국에 초기 진출했다. 그러나 해외 다국적기업에 대한 중국의 시각이 근본적으로 바뀐 것은 아니었다.

1982년 초, 비교적 일찍 중국에 진출한 코카콜라는 베이징에서 판촉

활동을 벌였다. 당시 코카콜라 1병은 외환권(外匯券)을 가진 사람만 살수 있었고, 상점에서 1병당 3위안 정도에 팔렸다. 코카콜라는 판매 촉진을 위해 거리에서 1병당 0.3위안에 팔았다. 콜라를 사는 사람에게는 풍선, 나무젓가락 등의 경품도 제공했다.

이게 문제가 됐다. 중국 언론들은 코카콜라가 중국에 '자본주의'를 이식시키려 한다고 흥분했고, 코카콜라는 결국 내수판매 정지처분을 받아야 했다. 외국제품에 대한 중국의 당시 시각을 보여주는 사례다. 이 시기 외국기업의 중국 시장 진출은 억눌릴 수밖에 없었다. 홍콩 등 일부 화교자본만이 들어왔을 뿐 서방의 기업들은 중국 눈치를 살피고 있었다.

제2기는 1986년 이후 1992년까지 초기 진출기다. 중국은 1986년 '외국투자장려 규정'을 제정, 외국인투자에 대한 대규모 장려정책을 발표했다. 외국투자기업에 세금을 절반 정도 깎아주고, 토지사용 등에 대한 규제를 크게 풀었다. 이 조치와 함께 노키아, HP 등 주요 다국적업체가 중국에 진출하기 시작했다. 1986~91년 동안 약 190억 달러의 외자가 유입되었는데, 이전 6년 전체 유입액보다 3배나 많은 수준이다. 그러나 다국적기업들이 전면적인 영업에 나선 것은 아니다. 이들은 오히려 시장을 탐색하고, 중국 정부의 외국기업 정책을 시험하는 수준에 그쳤다.

제3기는 1992년 이후 약 10년 동안의 제1차 폭발기다. 1992년 초 덩샤오핑의 남순강화를 계기로 중국은 1989년 톈안먼사태의 충격을 딛고 또다시 개혁개방에 나서게 된다. 이와 함께 외자기업들이 쏟아져 들왔다. 1992년의 경우 외자유치금액(실제투자 기준)은 110억 달러로 전년보다 1.6배나 늘었다. 외국투자기업 역시 2배 이상 늘어 8만 4,000개에

중국의 시기별 해외직접투자 유치 (단위 : 억 달러)

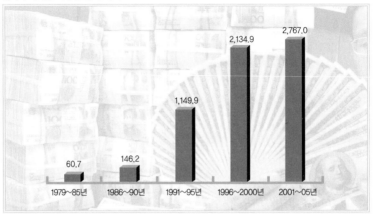

자료 : 〈국가통계연감〉

달했다. 1993년에도 외자유입이 2배 이상 늘어나는 등 폭발적인 성장세가 이어졌다.

다국적기업을 중심으로 한 외국기업들의 중국 공략이 본격적으로 시작된 것이다. 1990년대 후반 아시아 금융위기 속에서도 중국은 연간 400억 달러가 넘는 해외직접투자를 유치함으로써 왕성한 외자흡수 능력을 과시했다.

제4기는 2001년 12월 중국의 WTO 가입 이후 지금까지의 기간이다. 이 기간 외국기업들의 중국 진출은 양적으로뿐만 아니라, 질적으로도 크게 성장했다. 특히 다국적기업의 입장에서 볼 때 중국은 글로벌 전략의 한 축으로 등장하기 시작했다. 각 다국적기업들은 중국을 단지 생산 또는 시장으로서가 아닌 전체 글로벌 전략의 체계 속에서 중국을 연구했다. 생산, 판매, 연구개발, 조달 서비스 등 일괄 비즈니스 시스템이 갖춰지기 시작했다.

다국적기업의 아시안 헤드쿼터

중국의 WTO 가입 이후 다국적기업의 중국 전략에 커다란 변화가 생기고 있다. 가장 큰 특징은 중국 사업을 체계화하기 위한 라인업 재구성이다.

생산뿐 아니라 연구개발센터, 조달센터, 물류센터 등을 설립, 연구개발·생산·조달·유통 등의 일괄 체제를 구축하고 있다. 중국을 아시아 비즈니스의 헤드쿼터로 활용하겠다는 취지다. 그들은 중국에 지역본부를 설립하고 있다. 중국 사업을 총괄하는 본부를 두고 그 산하에 제조법인, 연구개발센터, 판매센터 등의 법인을 두는 형태로 사업 라인업을 갖추고 있다.

이들은 홍콩과 싱가포르 등에 있던 아시아 지역본부를 속속 베이징, 상하이 등으로 옮기고 있다. 1994년 IBM이 중국 사업 지역본부를 홍콩에서 베이징으로 옮긴 것을 시작으로 WTO 가입 이후 GE, UPS, 바스프 등 주요 기업들이 잇따라 중화권 본부를 홍콩에서 대륙으로 이전했다. 심지어 주요 투자은행인 골드만삭스 역시 아시아 지역본부를 홍콩이 아닌 상하이에 설립키로 했다. 미국 경제지 〈포천(Fortune)〉에 따르면, 다국적기업의 92%가 중국에 지역 총본부를 설립할 계획이다. 현재 다국적기업이 중국에 설립한 총본부는 상하이에 약 70개, 베이징에 50여 개에 달한다.

한편으로 다국적기업들은 기존 투자업체에 대해 대대적인 구조조정에 나서고 있다. 노키아의 경우 2005년 초 베이징, 상하이, 쑤저우, 동관 등에 있는 4개의 별도 생산공장을 하나로 통합했다. 각각 독립적으로 운영되던 공장을 유기적으로 통합, 시너지 효과를 높이자는 취지에서다. 에릭슨과 소니는 이동통신 기술의 시너지 효과를 높이기 위해 기존 중국 사업단위를 통합하기도 했다.

기존 합자형태의 중국법인을 독자로 바꾸는 기업도 늘고 있다. 중국 사업에 자신이 생기면서 사사건건 경영에 간섭하는 중국측 파트너를 배제하기 위해서다. 에릭슨은 2004년 8월 베이징 합작 파트너의 지분을 매입하는 방식으로 경영권을 확보했고, 도시바 상하이법인 역시 파트너 지분 주식 10%를 92만 달러에 매입해 독자법인으로 전환했다.

일부 기업들은 중국 내 선두기업 및 상장기업 인수를 통해 중국에서의 사업 영역을 넓히기도 한다. 프랑스 화장품업체 로레알은 중국에서 지명도가 높은 샤오후스(小護士)와 위시(羽西) 등 2개 화장품회사를 인수했다. 코닥도 러카이(樂凱)의 지분 20%를 인수, 시장을 넓혀가고 있다. 코닥은 이를 발판으로 전국 700여 개 도시에 현상 체인점을 개설하기도 했다.

R&D허브, 중국

최근 다국적기업의 중국전략 변화 중 가장 눈에 띄는 게 기술개발(R&D) 센터 설립이다. 중국을 단순한 생산기지가 아닌 지능형 제조업단지, 나아가 기술개발 단지로 활용하자는 차원이다. 다국적기업의 R&D센터는 중국 정부의 기술도입 정책과 맞물려 급속하게 늘고 있다.

현재 다국적기업이 중국에 세운 R&D센터는 약 400개. 모토롤라의 경우 베이징, 상하이, 광저우 등에 18개를 설립해 운영하고 있다. GE는 2003년 세계 4대 연구소 중 하나를 상하이에 설립했고, 오라클은 아시

쑤저우 싱가포르 공업단지의 반도체업체 스펜션. 도요타와 AMD가 합작으로 중국에 설립됐다. 다국적 기업은 이제 중국 시장 공략을 위해 손을 잡는다.

아 유일한 소프트웨어 연구센터를 선전에 설립하기도 했다. 이 밖에 항저우(노키아), 쓰촨성 청두(CA), 쑤저우(브로드밴드) 등 중국 전역에서 다국적기업의 R&D센터가 설립됐다.

중국 상무부 다국적기업연구소의 왕즈러(王志樂) 소장은 "WTO 가입 이후 다국적기업의 중국 R&D센터 설립은 한 조류가 되고 있다. 베이징 중관춘에서 시작된 R&D센터 설립 붐은 중국 전역으로 퍼져나가고 있다"고 말한다.

다국적기업 R&D센터가 중국으로 몰리는 가장 큰 이유는 '시장'이다. 중국 R&D센터에서 거대한 중국 현지 시장에 맞는 제품과 기술을 개발하자는 취지다.

일부 다국적기업은 여기서 한 발 더 나아가 중국 R&D센터를 아시안 비즈니스 전략 차원으로 끌어올리고 있다. 중국 R&D센터를 아시아 시장 공략의 전진기지로 삼겠다는 구상이다. 중국 R&D센터에서는 중국뿐 아니라 '아시아 형' 기술도 개발된다. 노키아, 모토롤라 등 일부 다국적기업의 중국 R&D센터는 중국뿐 아니라 세계 시장을 대상으로 한 기술을 개발하기도 한다.

또한 중국에는 값싸고 질 높은 IT 인재가 풍부하다. 게다가 최근 미국과 유럽에서 유학을 마치고 돌아온 해외 유학파 인재들이 많아 기술의 국제화에서도 뒤지지 않는다는 평가를 받고 있다. 전세계에서 유학 중인 11만 명의 중국 학생 중 이공계 분야에서만 매년 2만 명의 학생이 중국으로 돌아가고 있다.

델컴퓨터 상하이 R&D센터의 켄 랑세 소장은 "270명 연구원 전원을 중국인재로 채용했다. 이들의 평균 연봉은 약 1만 2,000달러로 미국에 비해 9분의 1 수준에 불과하다. 게다가 중국 연구원들은 기술 습득 능력이 뛰어나다. 앞으로 5년 안에 연구원을 1,000명으로 늘릴 계획이다"라고 말했다. 이어서 그는 "다국적기업의 R&D센터 설립은 중국의 막강한 제조업 능력과 기술을 융합하려는 시도"라며 "다국적기업은 중국에서 생산된 제품을 중국뿐 아니라 전세계로 뿌리고 있다"고 분석했다.

중국 정부 역시 외국기업의 R&D센터 유치에 발 벗고 나섰다. 중국의 연구개발 수준을 높여 결국은 산업경쟁력으로 유도하겠다는 생각에서다. 베이징 시정부가 최근 발표한 '해외 R&D센터 지원 규정'은 이를 대변한다. 이 규정은 해외기업이 베이징에 R&D센터를 설립할 경우 인재유치, 토지사용, 지식재산권 보호 등의 방면에서 각종 지원혜택을 제공한다. 특히 R&D센터 설립에 필요한 모든 장비에 관세를 면제해 주고 있다.

거대한 시장, 풍부한 인재, 높아지는 글로벌 비즈니스 위상, 정부의 적극적인 유치 노력 등을 무기로 중국이 아시아 R&D센터 허브를 향해 달려가고 있다.

금융업계로 쇄도하는 해외자금

세계 주요 금융기관들의 중국 진출도 두드러지게 늘고 있다. 중국의 금융시장 완전 개방을 앞둔 사전 포석이다. 중국은 지난 2001년 WTO에 가입하면서 5년(2006년 말까지)을 시장개방 과도기로 설정했다. 이 기간 동안 중국 금융업 진출에는 여전히 제약이 따랐다. 그러나 외국 금융기관들은 5년의 과도기를 기다리지 못하고 있다. 그들은 기존 중국은행의 주식을 인수하는 등의 우회 전략을 통해 중국으로 달려가고 있다.

쓰촨성의 난충(南充)이라는 작은 도시에 위치한 난충시상업은행은 2005년 7월 베이징 인민대회당에서 성대한 기념행사를 했다. 독일 투자자금 유치를 기념하기 위한 자리였다. 이 회사는 독일의 금융기관인 독일 DEG와 SIDT(독일저축은행국제발전기금)로부터 모두 400만 유로의 투자자금을 끌어들이는 데 성공했다. 두 은행은 난충시상업은행 주식 13.3%를 소유하게 된다.

독일의 은행이 난충시상업은행을 선택한 것은 중국 시장 진출을 위한 기반을 마련하자는 차원이었다. 난충시상업은행은 113개에 달하는 전국 지방상업은행 중 자산구조가 건전한 은행 중 하나다. 국유지분이 25%에 미치지 못하는 터라 지방정부의 입김에서 벗어날 수 있었다. 이 은행은 주로 유망 중소기업에 자금을 대출, 불량채권 비율이 4% 수준에 머물러 있다. 일반적인 중국 지방은행과는 비교가 안 될 정도로 건전하다.

독일 SIDT의 스티브 사장은 "중국의 금융시장 진출을 위해 파트너를 찾고 있던 중 난충시상업은행을 발견하게 됐다. 앞으로 이 은행과 긴밀하게 협력해서 중국 사업을 늘려나갈 것"이라고 말했다.

외국 금융자본이 지방 상업은행에 투자하기는 이번이 처음은 아니다. 난충시상업은행 외에도 상하이은행, 난징은행, 베이징은행 등 10여 개 지방은행이 외국자본을 끌어들였고, 10개 이상의 지방은행이 전략적 투자 협상을 진행하고 있다. 이는 중국에 진출하는 외국은행들이 불량채권 비율이 높은 국유상업은행을 피해 우량 지방은행을 선택하고 있기 때문으로 분석된다. 경영이 튼튼한 지방은행이 외국금융자본 유치에 선봉장으로 등장한 것이다.

2004년 뉴브리지캐피털의 선전발전은행 투자가 외국 금융자금의 중국유입에 기폭제 역할을 했다. 당시 뉴브리지캐피털은 선전발전은행 주식 17.87%를 인수함으로써 제1대 주주로 올라섰다. 뉴브리지캐피털은 현재 이사회 회장(존 랭글로이스)을 비롯, 5명의 이사를 선전발전은행에 파견하는 등 실질적으로 경영권을 행사하고 있다.

선전발전은행이 사실상 외국자본에 넘어가면서 해외 금융자본의 중국 진출은 더욱 과감해졌다. 금융기관의 1대 주주 자리를 외국인에게 넘기는 것에서 중국 정부의 금융시장 개방 의지를 확인할 수 있었던 것이다. 서방 금융자본은 이제 심지어 불량채권으로 신음하고 있는 국유상업은행에도 손을 대기 시작했다.

증시 상장을 앞두고 있는 중국은행과 건설은행 등이 첫 타깃이었다. 중국은행의 경우 스코틀랜드로열은행이 주도하는 투자단이 31억 달러 (전체 지분의 10%)를 투자한 것을 비롯해 싱가포르 투자펀드인 단마시(淡

馬錫 : 영문명 TAMASEK)가 31억 달러, USB가 10억 달러를 투자했다. 건설은행은 뱅크오브아메리카(BOA)로부터 25억 달러(9%), 단마시로부터 14억 달러 등을 끌어들였다. 또 다른 국유상업은행인 중국공상은행 역시 골드만삭스와 알리안츠로부터 28억 달러를 투자받기도 했다.

이는 외국자본이 중국 경제를 어떻게 보고 있는지 단적으로 보여준다. 금융업은 중국에서도 가장 위험성이 높은 분야로 꼽힌다. 막대한 불량채권부터 각종 정부의 정책제한에 이르기까지, 외국 금융기관으로서는 선뜻 진출하기가 어려운 분야다. 자금이 중국 국경을 넘나들기란 쉽지 않다. 그럼에도 그들은 중국으로 달려가고 있다.

돈에 관한 한 민감하기로 첫 손가락에 꼽힐 해외 투자펀드가 중국 금융업에 돈을 쏟아 붓는 이유는 무엇일까. 이는 그들이 향후 중국 시장을 낙관하고 있다는 것을 확인시켜준다. 급성장하는 중국 시장에서 뒤진다면 세계 시장 경쟁에서 밀려날 것이라는 인식이 퍼져가고 있는 것이다. 이를 위해서는 시장을 선점해야 하고, 따라서 경쟁적으로 달려들고 있다.

다른 산업 분야에서도 외국의 다국적기업들은 비즈니스 공간만 있으면 중국으로 달려간다. 시장이 아직 성숙되지 않은 금융, 유통, 회계 등 서비스 분야에서 좀더 적극적인 움직임을 보인다.

다국적기업 글로벌전략의 변두리에 있던 중국은 이제 중심부로 자리잡은 것이다.

13억 인구의 합창

　　2005년 8월 5일, 미국 나스닥 시장에 세계 인터넷 업계의 관심을 끈 새로운 스타가 탄생했다. 이날 등록된 중국의 검색 사이트 바이두(www. baidu.com)가 그 주인공이다. 이 회사 주식은 거래 첫 날 공모가보다 무려 350%나 폭등한 122.54달러를 기록했다. 덕택에 창업자 로빈리(李彦宏)는 1조 원의 대박을 터뜨린 업계의 행운아로 등장했다. 바이두의 등장은 침체된 세계 인터넷 업계에서 '차이나 파워'를 보여줬다.

　　비슷한 시기 야후는 중국의 전자상거래 전문업체인 알리바바(www. alibaba.com)의 주식 40%를 인수했다. 인수가 10억 달러, 현금 지급 조건이었다. 중국 인터넷 업계 M&A로는 최대 규모다. 중학교 교사 출신인 알리바바의 마윈(馬雲) 회장은 업계 '차이니스 드림'을 일군 주역으로 역시 세계의 주목을 끌었다.

바이두의 성공 비결, 인구 수

바이두와 알리바바의 성공 비결은 무엇일까. 이들 업체가 서방 국가의 인터넷 업체보다 더 뛰어난 기술을 갖고 있는 것은 아니다. 서비스 수준 역시 한참 떨어진다. 그럼에도 이들이 성공할 수 있었던 단 하나의 이유는 중국 기업이라는 것이다. 더 구체적으로 말하면 중국의 인구가 두 업체의 성공 비결이다. 중국의 인터넷 사용 인구는 약 1억 명으로 미국의 절반 수준이다. 그러나 인터넷 보급률은 약 10%로 턱없이 낮은 수준이다. 외국의 투자가들이 중국 인터넷 업체로 몰리는 이유가 바로 여기에 있다. 중국의 인터넷 사용자가 앞으로 크게 늘어날 것이고, 이는 곧 기업의 가치를 올릴 것이라는 계산에서다.

중국 경제의 성장을 낳았고, 또 앞으로도 성장을 이끌 최고 동력은 인구다. 이는 그 동안 중국 경제의 성장 시스템을 보면 쉽게 알 수 있다. 개혁개방 이후 덩샤오핑의 경제·산업 정책이 이전 마오쩌둥 시대와 가장 크게 다른 점은 비교우위를 십분 활용했다는 점이다. 중국의 최고 비교우위는 당연히 13억에 달하는 인구다.

덩샤오핑은 풍부한 저임노동력을 감안, 경공업 발전전략을 세웠다. 마오쩌둥이 소련식 중공업우선 전략을 취한 것과 사뭇 다르다. 덩샤오핑은 풍부한 저임노동력을 내세워 해외 투자자금을 끌어모았다. 초기에는 홍콩과 대만, 그리고 싱가포르의 화교자본이 광둥을 중심으로 중국에 들어왔다. 이들은 중국의 저임노동력을 활용, 제품을 만들어 해외에 수출했고 세계 제조업체가 중국에 달려들면서 중국은 '세계 공장' 으로 등장했다.

이렇게 해서 만들어진 제품이 해외로 수출됐고, 달러가 들어왔다. 그

달러는 중국 내 자본축적을 가능케 했고 소비시장이 형성, 확대됐다. 1990년대 들어 시장 규모가 폭발적으로 커지면서 외국기업이 중국 내수 시장을 겨냥, 중국으로 몰려들었다. 중국은 세계의 공장에서 세계의 시장으로 부각된 것이다. 그 과정을 통해 중국 산업은 고도화됐다. 물론 중국 발전에는 이 밖에도 여러 요인이 있다. 그러나 그 뼈대는 역시 인구를 바탕으로 한 비교우위 발전전략이 있었기에 가능했다.

인해전술식 세계전략

현 단계에서 중국의 힘은 질보다는 양에 있다. 중국을 '경제 강국'이라고는 할 수 없을지 몰라도 '경제 대국'이라고는 말할 수 있다. 1인당 GDP는 이제 막 1,000달러를 넘어섰지만 전체 GDP 규모 면에서는 세계 6위의 경제 대국이다. 그 힘 역시 13억 인구에서 나온다.

2005년 여름에 발생한 중국과 EU 간의 섬유분쟁에서 인구가 만든 경제학을 살펴보자. 당시 EU 국가의 각 항구는 중국산 섬유제품을 담은 컨테이너로 골치를 앓고 있었다. 중국에서 들어온 컨테이너는 날이 갈수록 늘었고, 컨테이너 하역장은 빈 공간이 없어 난리였다. EU는 중국에서 들여온 섬유제품에 대해 세이프가드를 발동했는데, 이미 쿼터가 소진된 제품이 통관되지 않아 하역장에 쌓일 수밖에 없었다. 이렇게 쌓인 각종 옷이 약 8,000만 장에 달했다.

중국으로서는 큰일이 아닐 수 없었다. 섬유제품이 통관되지 않는다면 수출에 커다란 타격을 입을 것이기 때문이다. 그러나 정작 이 문제로 쫓기게 된 것은 EU측이었다. 섬유제품이 통관되지 않자 EU의 관련 수입업체들이 반발했고, 유통업체와 소비자들은 의류가격이 급등하자 행정당국에 압력을 가했다. 오히려 EU가 곤란한 처지에 몰린 것이다.

EU는 중국을 상대로 협상에 나서야 했다. 자국의 섬유산업을 보호하기 위해 각종 무역제제를 가했으나, 결국에는 중국의 물량공세에 손을 들어야 하는 상황으로 몰린 것이다. 양측은 반반 부담으로 문제를 해결했으나, 어쨌든 부두에 쌓였던 8,000만 장의 의류는 통관절차를 거쳐 EU국가들의 유통센터로 전달됐다.

이는 세계 저가 의류시장을 장악한 섬유대국 중국의 힘을 그대로 보여준다. 어떤 요인에서든 중국 섬유제품이 서방 국가 시장진입에 막힌다면 해당 시장은 충격을 받게 된다. 가격이 급등하고, 심각한 공급부족에 직면할 것이기 때문이다. 신발, 완구, 시계 심지어 전자레인지에 이르기까지 이미 세계 시장은 중국의 눈치를 봐야 하는 상황에 직면해 있다. 이들 시장에서 중국이 차지하는 비중이 너무 높아졌기 때문이다.

그 힘을 만들어낸 주역이 바로 인구다. 중국 전역 섬유공장에서 종사하는 근로자 숫자는 약 1,800만 명이다. 그들은 약 20만~30만 원의 월급을 받으며 묵묵히 일하고 있다. 그들은 필요하면 하루 12시간 이상의 고된 노동에 동원되고, 재봉틀 바늘에 손톱이 찔려도 불평 없이 일한다. 바로 그들이 수출대국 중국의 주역인 것이다.

노동력의 질이 바뀐다

최근 중국의 인건비 상승으로 중국의 투자매력이 떨어지고 있다는 얘기가 나오면서 인도나 베트남 등이 새로운 투자처로 부상하고 있다. 그러나 제조업 공장으로서의 중국의 투자 매력은 적어도 10년 정도 계속될 것이라는 게 전문기관들의 평가다. 양뿐 아니라 질적인 측면에서도 중국의 노동력 구조가 고도화되고 있기 때문이다.

다른 제조업 국가와는 달리 중국은 인력의 수준별 스펙트럼이 넓다. 도시 노동현장에 공급될 수 있는 단순 저임노동력이 농촌 지역에 2억 명 정도가 남아 있는가 하면, 매년 도시 지역에서는 300만 명의 대학졸업생들이 쏟아져 나온다. 더군다나 매년 수만 명의 해외유학 중국인이 귀국하고 있다. 저임노동력뿐 아니라 고급 인재도 풍부한 실정이다. 이와 관련해 보스턴컨설팅 중국본부 짐 헤머링 본부장은 다음과 같이 밝히고 있다.

"베트남, 인도 등 제조업 경쟁국과 비교해 볼 때 중국에는 더욱 다양한 인력이 존재한다. 외국기업들은 공장 근로자, 중간 관리자, 최고 관리자 등 필요 인원을 쉽게 구할 수 있다. 이는 곧 중국에 진출한 외국기업의 인건비 부담을 줄여주는 결과를 낳고 있다. 적어도 향후 10년 동안 중국의 노동력 분야 투자매력은 떨어지지 않을 것이다."

양질의 중국 노동력을 낳는 주체는 학교다. 각 대학은 중국이 필요로 하는 '시장경제형 인간'을 양성하고 있다. 경제학 교실에서는 마르크스와 마오쩌둥 등 기존 공산주의 경제이론이 퇴색하고 있으며, 그 자리를 애덤 스미스나 케인스 등 서방의 경제이론이 대신 채우고 있다. 더군다나 해외유학을 마치고 귀국한 젊은 교수들이 교단의 주역으로 등장하고 있다.

대학 교육의 가장 큰 변화는 교과과목에서 발견된다. 지난 수십 년간 중국의 경제학을 주도해 온 계획경제 이론 대신 시장경제 관련 학문이 교과과정의 주류를 이루고 있다. 금융, 무역, 경영학 등의 분야에서는 이론보다 현실을 중시한 실용과정이 강조된다.

일례로 상하이 푸단 대학교 경제학과를 졸업한 리궈창(李國强)군의 성적증명서는 이를 잘 보여준다. 그가 대학 4년 동안 딴 학점은 모두 140학점으로 그 중 전공 관련 95학점 대부분이 서방 경제학이다. 그는 "자본론, 중국 경제사, 사회실천 등 일부 과목을 제외하고는 모두 서방 경제학 교과서로 배웠다"며 "순수 마르크스 경제학 이론을 배운 것은 1학년 때 배운 '정치경제학'과 3학년 때 배운 자본론이 고작이다"라고 말한다.

마르크스 이론은 교수도, 학생도 그다지 큰 비중을 두지 않고 있다는 게 리궈창의 설명이다. 학생들은 그 시간에 차라리 영어를 배우겠다는 분위기란다. 중국 경제학 교육개혁의 주체는 해외에서 유학을 마치고 귀국한 '해귀(海歸)파' 교수다. 그들은 마르크스 경제학을 주로 공부한 기존 노교수들을 밀쳐내고 경제학 교실의 중심으로 파고들고 있다.

유명 경제학자인 린이푸 교수가 이끌고 있는 베이징 대학 중국 경제 연구소의 경우 교수 27명 전원이 '해귀파' 교수다. 또 다른 명문 칭화 대학교 경제관리학원에는 56명의 해외 유학파 교수가 서방의 경제경영학을 전하고 있다.

2004년 중국으로 돌아온 해귀파 인력은 약 2만 5,000명으로 이들 중 80%는 기업 또는 창업의 길을 선택함으로써 중국 경제의 글로벌화를 주도한다. 또 해귀파 가운데 10%는 공공기관에, 나머지 10%는 학계로 돌아가는 것으로 알려져 있다. 이들이 중국의 경제와 사회, 그리고 학계를 바꾸고 있는 것이다.

쏟아지는 MBA 인력

일부 학교는 외국대학의 경제학 관련 학과와 공동으로 석박사 과정의 '중·외 합자 스쿨'을 설립하기도 한다. 학과 차원의 교류를 통해 '경제학의 서방화'를 추진하겠다는 취지다.

중국 상하이 푸둥에 자리잡은 경영학대학원 CEIBS(中歐國際工商學院)의 한 강의실에서 외국인 교수와 20여 명의 학생이 토론에 열중하고 있다. 간혹 외국 학생도 눈에 띈다. 주제는 '국제 M&A기법의 중국 적용'으로, 모두 영어로 진행된다.

"하버드, 와튼 등 세계 톱 수준의 MBA 스쿨에서 스카우트된 교수들이 선진 교과과정을 가르친다. '선진 MBA 학문과 중국 현실의 접목'이 CEIBS의 가장 큰 경쟁력이다." 장궈화(張國華) 부원장의 설명이다. 이 같은 매력에 끌려 미국과 유럽의 일류 MBA 스쿨 학생들도 교환학생 자격으로 CEIBS 강의실을 찾고 있다. 상하이 CEIBS가 아시아 MBA 학문

중국의 대학원 학생 수 추이 (단위 : 만 명)

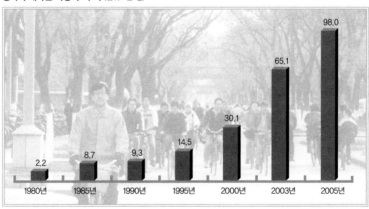

1980년	1985년	1990년	1995년	2000년	2003년	2005년
2.2	8.7	9.3	14.5	30.1	65.1	98.0

자료 : 중국통계연감

CEIBS의 수업 장면. 이 학교는 세계 랭킹 53위의 아시아 최고 MBA 스쿨이다.

의 메카로 급부상하고 있는 것이다.

영국 〈파이낸셜타임스(Financial Times)〉 선정 '세계 100대 MBA 스쿨' 중 53위가 CEIBS의 성적표다. 아시아권에서는 단연 1위. 100대 MBA 스쿨 중 아시아 지역 학교는 CEIBS와 홍콩 과기대(69위) 두 곳뿐이다. CEIBS가 아시아 지역 MBA의 영역을 개척하고 있다는 게 〈파이낸셜타임스〉의 평가다.

CEIBS가 설립 10년 만에 '아시아의 대표 MBA 스쿨'로 성장할 수 있었던 요인은 국제화에 있다. 교수진 71%가 외국인이다. 그들은 고액의 연봉을 받고 미국, 유럽 등에서 건너와 CEIBS에서 강의한다. 2학년 학생들은 35개 해외 제휴 MBA 스쿨 중 하나를 선택하여 외국에서 교환 강의를 듣는다. 장궈화 부원장은 다음과 같이 들려준다.

"선진 MBA 스쿨과의 강력한 제휴 망을 통해 MBA교육의 국제화를 이루고 있다. 중국 학생들은 유학갈 필요 없이 안방에서 선진 MBA 학문을 배울 수 있다. 중국의 경제성장과 함께 미국 일류대학 졸업생들도 CEIBS의 문을 노크한다."

현재 중국에는 이처럼 국제화된 MBA 스쿨이 약 90여 개에 이르고 있고, 한햇동안 2만 명의 학생이 MBA 스쿨을 졸업한다. WTO 가입 이후 시장경제 체제로 빠르게 진입하고 있는 중국의 '탈(脫)계획, 친(親)시장' 흐름을 읽을 수 있다.

폴크스바겐의 명줄을 쥐다

13억 인구가 만들어낸 또 다른 경제의 힘은 시장이다. 거대한 시장이 외국기업을 끌어들이고 있다. 자동차, 정보통신기기, IT제품, 철강 심지어 부동산개발에 이르기까지 내로라하는 다국적기업들은 모두 중국으로 진출했다.

폴크스바겐은 좋은 사례다. 중국에서 가장 먼저 들어온 자동차업체 폴크스바겐은 상하이와 창춘 두 곳에 공장을 두고 있다. 세계 자동차업계 경쟁에서 한참 뒤로 물러났던 폴크스바겐이 그나마 생존할 수 있었던 것은 사실 중국 시장이 있었기에 가능했다. 폴크스바겐은 시장 선점의 이점을 살려 지난 20여 년 동안 중국 자동차산업을 독점하다시피하면서 호시절을 누렸다.

그러나 2004년 들어 상황은 바뀌기 시작했다. GM, 현대, 혼다 등 후발 업체들이 최신 모델로 중국 소비자들을 유혹하자 폴크스바겐의 아성이 흔들렸다. 결국 폴크스바겐은 2005년 1/4분기 중국 사업에서 적자를 기록했다. 한때 60%에 육박했던 시장점유율은 지금 10%대로 주저앉고 말았다.

폴크스바겐의 중국 시장 실패는 중국에서 끝나지 않았다. 중국에서의 적자는 기업 자체를 흔들고 있다. 이는 중국 시장이 한 다국적기업을 살릴 수도 있고, 또 죽일 수도 있다는 것을 보여준다. 이것이 바로 13억 중국 시장의 힘이다.

항공업계도 마찬가지다. 중국이 현재 보유하고 있는 항공기는 약 700대에 달한다. 매년 여객 증가율이 8%에 달한다는 것을 감안할 때 앞으로 20년 동안 약 2,000대의 여객기를 구입해야 할 것이라는 게 중국 항공업계의 추산이다. 이 시장을 두고 세계 양대 항공기 제조업체인 보잉과 에어버스가 치열한 경쟁을 벌이고 있다. 중국 물량을 어느 정도 따내느냐에 따라 이들 항공기 업체의 운명이 뒤바뀔 수 있다. 중국 소비자가 그들의 명줄을 쥐고 있는 것이다.

해외 다국적기업의 입장에서 1980년대와 1990년대 초반의 중국은 제조업 단지로서의 성격이 강했다. 주로 저임노동력을 노린 현지 생산 형태의 진출이 많았다. 그러나 중국 시장이 폭발적으로 성장한 1990년대 후반부터는 중국 내수 시장을 노린 진출이 주류를 이뤘다.

다국적기업의 중국 진출은 2001년 중국의 WTO 가입과 함께 다시 한번 변한다. 노동력 또는 시장을 노린 것이 아니라, 글로벌 비즈니스의 한 축으로 중국에 진출한 것이다. 중국 사업은 생산, 유통, 관리 등 모든 면에서 세계 영업의 틀 속에서 진행된 것이다.

모토롤라는 중국에 34억 달러를 투자했다. 그러나 이 회사는 중국에서 투자이익을 한 푼도 미국으로 가져가지 않고 철저히 중국에 재투자

중국의 소비 시장 규모 추이 (단위 : 천 억 위안, %)

자료 : 국가통계연감

했다. 중국 시장의 성장과 함께 모토롤라의 전체 자산가치가 높아져 갈 것이기 때문이다. 이처럼 중국의 시장은 다국적기업의 중국 비즈니스 형태를 바꿔놓고 있다.

재봉틀에서 벤츠까지

현재 중국인들이 가장 갖고 싶어하는 소비품은 주택, 자동차, 보험으로 꼽힌다. 상하이, 베이징 등 대도시에는 우리 돈 수억 원을 호가하는 주택분양에 소비자들이 몰리고 있으며, 중산층을 중심으로 마이카 붐이 일고 있다. 국가의 사회보장이 줄면서 더욱 많은 사람들이 여유 돈을 보험상품 구입에 투자하고 있다. 이는 곧 중국의 소비행태가 이미 선진국 스타일로 변하고 있음을 시사한다.

경제력의 발전은 막강한 구매력을 갖춘 소비 집단을 형성했다. 갤럽 분석에 따르면, 현재 약 5억 명에 이르는 도시 지역 거주자 중 연간 가처분소득 510만 위안(약 660만 원) 이상 중산층은 1억 4,000만 명에 달하고 있다. 그리고 이 중 6,700만 명 정도가 해외 명품 브랜드를 살 수 있는 소비능력을 갖춘 것으로 분석된다. 고급 소비계층이 6,700만 명에 이른다는 얘기다. 메릴린치는 중국에서 100만 달러 이상의 금융자산(부동산 등 고정자산 제외)을 갖고 있는 부자가 23만 6,000명에 이른다고 발표하기도 했다.

최근 베이징에서 명품 브랜드 전시회가 열렸다. 이 자리에 스위스의 명품 브랜드 시계 블랑크페인이 출품됐는데, 가격은 600만 위안으로 우리 돈 약 7억 5,000만 원에 해당하는 액수다. 이 시계는 한 중국인이 구입한 것으로 알려졌다. 중국인들의 고급 제품 소비능력이 어느 정도인지 알 수 있다.

명품에 대한 정의를 명확하게 내리기 어려워 중국의 명품 시장 규모를 가늠할 수는 없다. 그러나 컨설팅 업체인 베인 앤드 컴퍼니(Bain & Company)가 핸드백, 향수 등 500여 개 사치품 제조회사의 재무제표 분석을 토대로 내놓은 자료에 따르면, 중국의 사치품 시장 규모는 대략 연 5억 달러에 달하는 것으로 추산된다. 이 시장은 연간 50~60%의 폭발적인 성장세를 지속하고 있다.

골드만삭스는, 중국이 세계 명품 수요의 12%를 차지하는 것으로 보고 있다. 아울러 2015년에는 중국이 세계 명품 수요에서 차지하는 비중이 29%를 기록함으로써 세계 최대 시장으로 부상할 것으로 전망했다.

재미있는 현상은 고급 명품 브랜드 수요 계층이 선진국과 크게 다르다는 점이다. 미국, 유럽, 일본의 경우 고가 명품 브랜드의 주요 고객은 중장년층이다. 그러나 중국은 40대 이하가 주류를 이루고 있다. 이들

상하이 난징루의 명품 거리. 중국의 명품 시장이 급성장하면서 세계 내로라하는 브랜드가 상하이 시장으로 진출하고 있다.

은 1980년대 이후 정부의 1가족 1자녀 원칙에 따라 태어난 이른바 '샤오황디(小皇帝)'로서, 부모의 후광에 힘입어 막강한 구매력을 행사하고 있다.

세계 명품 브랜드 업체가 이를 가만히 보고만 있을 리 없다. 중국의 명품 시장이 급성장하면서 관련 업체가 중국으로 몰려들고 있다. 고급 브랜드의 대명사 프랑스의 루이비통(Louis Vuitton)은 1992년 중국에 진출한 뒤 중국 내에 13개 매장을 두고 있다. 최근 상하이에만 세번째 매장 확장공사를 마쳤다. 프라다(Prada)는 향후 2년 동안 중국에 4,000만 달러를 투자해 중국 내 매장 수를 현재의 2배인 15개로 늘릴 계획이다. 중국에서 가장 화려한 거리로 손꼽히는 상하이 난징루(南京路)에는 최근 파리와 도쿄에 이어 세계에서 단 3개뿐인 디오르의 고급 제품 전문

매장이 문을 열기도 했다.

10년 전만 해도 중국에 명품 브랜드가 이처럼 호황을 누릴 것이라고 예상한 사람은 없었다. 그러나 지금 중국의 주요 도시에서는 명품 브랜드를 선전하는 포스터, 명품 전문점 등을 쉽게 발견할 수 있다. 중국이 세계 시장으로 발돋움하고 있다는 말을 실감할 수 있는 것이다. 이를 가능하게 한 힘이 바로 13억에 달하는 인구다.

월광족(月光族)을 아시나요?

상하이의 한 외자기업에서 5년째 홍보업무를 맡고 있는 28세의 선이란 (沈伊然)양은 매월 8,000위안(약 100만 원)의 월급을 받는다. 중국의 대졸 평균 초임이 2,000위안에 불과한 것을 감안하면 적지 않은 액수다. 그러나 그녀는 월급날을 며칠 앞두고 언제나 빈털터리가 된다. 돈을 모두 써버렸기 때문이다.

그녀가 한 달 동안 쓴 돈의 내역을 살펴보자. 그녀는 출퇴근길 언제나 택시를 이용함으로써 한 달 교통비로만 1,000위안을 지불한다. 그리고 매주 2번꼴로 친구와 함께 근사한 레스토랑에서 외식을 한다. 약 2,500위안이 여기에 사용된다. 또한 퇴근길마다 거의 하루도 빠짐없이 '상하이의 명동'으로 통하는 난징루에 들린다. 최근에는 3,000위안짜리 카티얼 브랜드 귀걸이를 하나 구입했다.

그녀가 저축을 전혀 안 하는 것은 아니다. 그러나 그 저축의 용도는 돈을 모으기 위한 것이 아니라 명품을 사기 위해서다. 이달에도 그 동안 모은 돈과 월급에서 일부를 떼 1만 2,000위안짜리 핸드백을 구입했다. 월급날이 다가오면 그녀는 언제나 친구에게 돈을 구걸해야 하는 신세다.

선 양과 같은 사람을 중국에서는 '월광족(月光族)'이라고 부른다. '光'은 중국어로 '돈을 모두 써버린다'는 뜻으로, 월광족은 결국 '월급을 모두 써버리는 사람'을 일컫는 말이다. 이들 월광족의 수입은 5,000~1만 위안(약 63만~125만 원) 수준으로 대졸 출신 고소득 화이트칼라 계층이며, 대부분 외자기업이나 IT업체에서 근무한다. 이들은 서구 문화를 탐닉하며, 미래를 걱정하지 않는다.

'월광족'은 중국 명품 시장의 주 소비계층이기도 하다. 이들은 자신의 월급을 몽땅 소비하는 것은 물론, 심지어 은행대출금으로 사치품을 사들이기도 한다. 주택과 자동차를 선호하는 서방의 고급 소비자와는 달리, 이들은 고급 의류, 향수, 시계 등 개인용품 구입에 치중한다.

1977년 시작된 '1자녀 갖기 계획' 때문에 부모들은 독생(獨生)자녀를 "옥이야 금이야" 하며 받들어 키웠다. '샤오황디'란 말이 그래서 나왔다. 그들은 주로 아동용품 시장의 큰 고객이었다. 그러나 나이가 20대 후반으로 접어든 지금 그들이 돈을 벌기 시작하면서 새로운 소비계층으로 부상하고 있다.

1977~81년 사이에 태어난 독생자 수는 약 9,000만 명인데, 이 중 도시 지역 거주 '월광족 후보'는 약 3,000만 명에 달하는 것으로 추산된다. 물론 이들이 모두 월광족은 아니다. 중요한 것은 이들이 새로운 소비문화를 이끌고 있다는 점이다.

전문가들의 견해에 따르면, 2008년 이후에는 월광족이 중국 소비 시장의 핵심세력으로 자리잡을 것이다. 그들의 소비행태를 이해하지 않고는 이제 중국 내수 시장을 뚫을 수 없다는 얘기다.

사영기업의
화려한 반란

2005년 5월 23일 오후, 광둥성 선전의 기업소유권교역센터(장외 주식거래센터)에 취재진이 가득 모인 가운데 한 기업의 매각 경매가 벌어졌다. 매물로 나온 기업은 국유기업인 선전항공. 중국 내 80여 개의 항공노선을 갖고 있는 이 회사의 국가 주식 65%가 경매 대상이었다.

경매는 18억 위안에서 시작됐다. 경매가격이 오르면서 싸움은 항공업계 대표적 국유기업인 중국국제항공과 통신 분야 민영기업인 이양(億陽)그룹으로 압축됐다. 국유기업과 민영기업이 대리전을 치르는 듯한 모습이었다.

중국국제항공이 예상을 뛰어넘는 거금 27억 1,000만 위안을 제시, 선전항공을 인수하는 듯했다. 그러나 그게 끝은 아니었다. 사회자가 낙찰을 알리는 의사봉을 두드리기 직전 이양그룹 관계자가 1,000만 위안

결국 광둥성 항공업계의 대표적인 국유기업이던 선전항공은 민영기업으로 탈바꿈하게 됐다. 사영기업이 국영기업을 먹어치우는 '화려한 반란'이 일어난 것이다. 중국 각 언론은 "항공업계의 국유기업 독점이 깨졌다"고 일제히 보도했다.

국유기업 철밥통을 깨라

이날 경매는 중국에서 진행되고 있는 '국유기업의 철밥통 깨뜨리기'의 한 사례다. 중국은 지금 그 동안 국가(국유기업)가 독점해 온 비즈니스의 성역을 과감하게 허무는 작업을 추진 중이다.

2005년 2월 국무원(정부)이 발표한 '비(非)공유 경제발전 시행 의견(非公36條)'이 국유기업 독점 파괴 작업의 결정타였다. 국가독점 사업에 대한 민간자본 허용의 가이드라인을 제시한 이 '의견'은 철도, 전력, 전신, 항공, 은행 심지어 군수산업에 이르기까지 사영기업의 사업 참여를 적극 유도한다는 내용을 담고 있다. 이 조치에 따라 국유기업의 경영권이 민간으로 넘어가고 있으며, 정부는 공공사업에 민자를 적극 참여시키고 있다.

중국이 '국유 독점 사업' 분야에 민간기업의 참여를 장려하는 가장 큰 이유는 풍부한 민간자금을 국가사업에 끌어들이자는 데에 있다. 철도 분야가 대표적인 케이스다. 허베이성의 주요 도시를 잇는 치엔차오(阡曹)철도건설 사업에는 8개 민간기업이 참여한다. 전체 공사비 19억 위안 중 절반가량이 이들 민간기업의 몫이다. 이 밖에도 저장, 광둥 등지에서 민간기업의 철도건설 사업이 진행 중이다.

> "중국은 오는 2020년까지 매년 1천 200억 위안을 철도건설에 투자할 계획
> 이다. 그러나 정부가 마련할 수 있는 돈은 500억 위안에 그치는 실정이다.
> 부족한 돈은 중국 민영기업 및 외자기업의 투자금으로 충당할 계획이다."
>
> ─〈국가발전개혁위원회 보고서〉

은행 부문은 민영자금 진출이 가장 활발한 분야 중 하나다. 최근 문을 연 저샹(浙商)은행은 저장성 13개 민영기업이 투자한 전국 규모의 상업은행. 이들 민영기업이 주식의 85.7%를, 나머지 14.3%를 정부산하 관련 기업이 갖는 형태로 출범했다. 민간기업이 주도적으로 은행을 만들었고, 정부가 이를 승인했다는 점에서 쩌샹은행은 중국은행업 발전에 커다란 의미를 갖는다. 중국 금융당국은 사금융이 발전하고 있는 광둥, 저장, 푸지엔 등을 중심으로 중소형 은행 설립을 더 허용할 계획이며, 현재 10여 개 민영은행 설립이 추진 중인 것으로 알려졌다.

'국유독점 깨뜨리기'는 사영기업의 활력을 빌려 국유기업의 비효율 문제를 해결하자는 뜻도 담겨 있다. 2005년 5월 말 민간자금으로 설립된 창청(長城)석유는 중국석유, 중국석유화학, 중국해양석유 등 3개 석유 관련 국유기업의 독점카르텔을 깬 사례다. 유전개발, 정유, 석유유통 등 종합 석유 관련 사업에 나선 이 회사는 특히 석유유통 분야에서 발빠르게 움직이고 있어 기존 업체를 긴장시키고 있다. 민영기업을 끌어들여 국유기업의 타성을 깨겠다는 전략은 병원, 출판, 교육 등의 서비스 분야로 확대되고 있다. 중국 전역에서 국유기업의 철밥통 깨지는 소리가 들리고 있는 것이다.

사영기업, 후보에서 주전으로

중국 정부가 나서 국유경제의 독점을 깨겠다고 나선 것은 그만큼 민영 경제의 역할을 인정해 주고 있다는 뜻이다. 민영기업은 이제 중국에서 결코 무시할 수 없는, 아니 국유경제의 철밥통을 깨서라도 키워야 할 대 상으로 떠오른 것이다.

중국 민영기업은 크게 사영기업과 꺼티후(個體戶)로 나뉜다. 직원 8 명 이상의 개인기업은 사영기업으로, 7명 이하 기업은 꺼티후로 분류된 다. 중국공상행정관리국 통계에 따르면, 2004년 말 기준 사영기업 총수 는 약 365만 개로, 종업원은 약 5,017만 명에 달한다. 또 꺼티후는 2,350만 개, 종업원은 9,600만 명에 이른다. 결국 민영기업은 1억 4,600 만 명의 직원을 고용하고 있는 것이다. 이는 중국 전체의 고용인력(농업 인구 제외) 약 4억 5,000만 명의 약 32%에 해당한다. 이들 민영기업이 창 출하는 국내총생산(GDP)이 전체 GDP의 3분의 1을 넘는다.

중국 민영기업의 공업생산 기여도가 얼마인지에 대해서는 소유 형태 의 복잡성으로 인해 정확하게 산출하기 어렵다. 그러나 베이징의 경제 연구기관인 다쥔(大軍)경제관찰연구센터의 분석에 따르면, 민영기업(사 영기업+꺼티후)은 전체 공업생산의 38%를 차지하는 것으로 나타났다. 1980년대 초만 하더라도 80% 안팎을 차지하던 국유기업 비율은 32% 로 주저앉았다. 민영기업이 국유기업을 제치고 중국 경제를 이끌고 있 는 것이며, 후보선수와 주전선수가 바뀐 것이다.

민영기업은 특히 중국이 국유기업 적자를 줄이기 위해 추진하고 있 는 국유기업 개혁 작업의 든든한 후원자가 되기도 했다. 중국은 지난 1990년대 중순 이후 부실한 국유기업에 대해 과감한 구조조정을 실시했

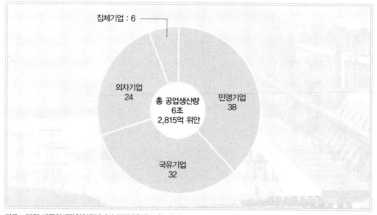

중국 공업생산에서 차지하는 소유제별 비율 (2004년, %)

집체기업 : 6

외자기업
24

총 공업생산량
6조
2,815억 위안

민영기업
38

국유기업
32

자료 : 북경 대군경제관찰연구(北京大軍經濟觀察硏究) 센터

고, 또 일부 국유기업을 시장에서 퇴출시켰다. 이 과정에서 연 1,000만 명이 넘는 실업자가 발생했다. 그 실업자들을 받아준 게 바로 민영기업 이다.

사영기업의 고용능력은 이미 국유기업을 초과한 지 오래다. 2004년 의 경우 전국에서 모두 510만 명의 실업자가 발생했다. 이 중 51%에 달 하는 263만 명의 실업자가 사영기업에서 다시 일자리를 얻었다. 사영기 업은 또 전국 대학졸업자의 48%에 해당하는 134만 명의 대졸생들에게 일자리를 제공했다. 사영기업이 없었더라면 국유기업개혁(그것이 성공했 는지의 여부는 논외로 하고)을 실시할 수조차 없었다.

국유기업이 부실로 허덕이고 있는 지금, 민영기업이 중국에 새로운 성장 에너지를 제공하고 있으며 그들은 도산한 국유기업을 인수하는 주역이기도 하다. 중국의 저명한 경제학자 마홍(馬洪)은 "앞으로 10년 간 사영기업이 국유기업을 흡수하는 일이 끊이지 않을 것"이라며 이 를 두고 "사영기업의 화려한 반란"이라고 표현하기도 했다.

최대 민영은행 회장이 된 양계장 주인

1980년대 초만 하더라도 도시 한 구석에서 포장마차로 시작한 꺼티후가 20년 후 중국 경제를 이끌어가는 주역으로 등장할 것으로 보는 사람은 아무도 없었다. 그만큼 민영기업의 발전 역사는 곧 중국 경제발전의 상징이었다.

사영기업의 출발은 문화대혁명의 후유증을 치유하는 과정에서 시작된다. 1970년 대 말 중국은 개혁개방을 추진하면서 문화혁명 시기에 시골로 쫓겨갔다 도시로 돌아온 하방(下放)인력으로 골머리를 썩는다. 도시에는 하방인력으로 넘쳐나고, 이들은 영락없이 실업자로 전락하고 말았다. 그들에게 일자리를 줘야했다. 그래서 나온 게 꺼티후다. 할 일이 없는 젊은이들은 조그만 점포를 차려 먹고 살라는 해결책이었다. 1982년 개헌에 이들 꺼티후의 권익을 보장하는 조항을 삽입하기도 했다.

이 조항과 함께 꺼티후는 폭발적으로 늘었다. 단지 숫자만이 아니다. 규모가 점점 늘어나 일부에서는 종업원을 두는 꺼티후도 생겼다. 중국은 고민했다. 노동자를 고용, 이들의 노동력을 착취하는 자본주의적 행태를 허용할 수 없었기 때문이다.

그러나 꺼티후의 확장 열기를 꺾을 수 없었다. 중국은 결국 직원 8명이 넘는 기업을 사영기업으로 규정하고 영업을 허가했다. 중국 정부는 사영기업에 대해 '선전하지 않고, 지원하지 않고, 억제하지도 않는다'라는 '삼불(三不)원칙'을 지켜나갔다. 1988년 제2차 헌법개정에는 '사영기업'이라는 용어가 등장한다. 당시 전국에는 이미 약 8만 개의 사영기업이 존재하고 있었다.

1988년 헌법에 사영기업이 등장하면서 사영기업은 빠르게 늘어나기 시작했다. 이후 중국은 1992년 중국공산당 14기 전당대회에서 꺼티후, 사영기업, 외자기업을 공유제의 보완수단으로 인정해 민영경제발전의 초석을 깔았다.

이 조치와 함께 사영기업은 봄 동산에 불 붙듯 전국으로 퍼져나갔다. 사영기업의 전성시대가 시작된 것이다. 사영기업들은 특히 2001년 '사영기업 사주는 중국특색의 사회주의 건설 주역'이라는 칭호를 받기도 했다.

이후 민영경제의 큰 전기가 온 것은 2004년 전인대(의회)에서 통과된 제4차 헌법개정이다. 개정된 헌법은 '공민의 합법적 사유재산은 침해받을 수 없다'고 규정함으로써 사유재산이 헌법으로 보장받게 됐다. 중국이 공산주의의 공유제 원칙을 버리고 사유재산의 권익을 인정하는 시대로 접어든 것이다.

신시왕(新希望)그룹의 류용하오(劉永好) 회장의 발자취는 곧 중국 민영기업 발전의 역사이기도 하다. 그는 꺼티후가 선보이기 시작한 1982년 교직을 그만두고 형 류용싱(劉永行)과 함께 사업에 뛰어들었다. 이른바 보따리 장사였다. 손목시계, 자전거 등 돈이 될 만한 것은 모두 팔았다. 어렵사리 1,000위안을 모은 그는 양계장을 세워 사업에 나섰다. 류 회장의 회고다.

"한 상인이 닭 10만 마리를 키워달라고 주문했다. 나는 참 열심히 닭을 길렀다. 그러나 그 상인은 2만 마리밖에 사가지 않았다. 8만 마리를 어떻게 처리해야 할지 앞이 캄캄했다. 우리 가족은 닭을 팔기 위해 직접 시장에 가고, 중간 상인을 찾아다녔다. 그때 시장의 속성을 알게 되었다."

류융하오는 양계장으로 사업을 시작, 부동산·금융·호텔 등의 계열사를 거느린 중국의 대표적인 민영기업가다. 그의 발자취는 곧 중국 민영기업 발전의 역사이기도 하다.

닭과 메추라기를 사육하던 류 회장은 농축산업의 현대화에 눈을 뜨게 된다. 사료개발의 필요성을 절감한 그는 1988년 사료공장을 세웠다. 중국 헌법에 사영기업이 등장한 바로 그 해다. 그는 음식 찌꺼기를 활용한 사료를 개발, 4년 만에 약 1억 위안을 벌어들였다.

1990년대 중반 이후 류 회장의 사업은 사료 공장을 벗어나 서비스업으로 확대했다. 중앙 및 지방정부가 매물로 내놓은 국유기업을 사들여 정보기술, 무역, 부동산개발, 관광 등으로 진출하기도 했다. 특히 1999년에는 민생은행 주식을 매입, 경영권을 획득하면서 금융업계의 큰손으로 등장했다. 중국 정부의 민영경제발전의 흐름을 탄 덕택이다. 현재 그는 〈포브스(Forbes)〉가 선정하는 중국의 부자 순위에서 1, 2위를 다투고 있다.

스타가 된 민영기업가, 그들의 기업가 정신

중국관영 CCTV는 매년 말 〈베스트10 경제인물 선정〉 프로그램을 방영한다. 경제관료, 경제학자, 기업인 등 한 해를 빛낸 경제인 20명을 선정하고 이들 중 10명을 다시 추려내는 프로그램이다. 최후의 경제인물 10

인에게 시상하고 수상소감을 듣는다. 대상자가 영화배우에서 기업인으로 바뀌었을 뿐 미국의 오스카상 시상식과 흡사하다. 비슷한 시간 우리나라 TV가 〈10대 가수 쇼〉를 할 때 그들은 '10대 기업인 쇼'를 하는 것이다. 중국인의 기업인 사랑을 알 수 있다.

2004년에도 이 프로그램은 방영됐다. 당시 선정된 20명의 후보자 가운데 기업 경영인은 17명, 이 중 12명이 민영기업 총수였다. 민영기업이 중국 업계를 이끌고 있음을 단적으로 보여준다. IBM PC사업을 인수한 렌샹의 CEO 양위엔칭, 전자상거래 전문기업 알리바바의 CEO 마윈, IT업체 화웨이의 런정페이(任正非), 중국 자동차산업을 주도하는 리수푸(李書福) 등이 스포트라이트를 받았다.

이들뿐만 아니다. 지금 중국 각 산업계에서 두각을 보이는 기업은 대부분 민영기업이다. 철강업계의 선원룽(沈文榮)사강(沙鋼)그룹 회장, 중기계 분야의 량원건(梁穩根)산이(三一)중공업 사장, 중국 소프트웨어 업계를 주도하고 있는 용요우(用友)의 왕원징(王文京) 사장, 소비유통시장에 돌풍을 일으키고 있는 우메이(物美)의 장원중(張文中)사장 등이 대표적이다.

중국 IT업계를 이끌고 있는 업체는 대부분 민영기업이다. 또 중국 산업발전을 상징하는 하이얼, TCL 등의 가전업체도 처음에는 국유기업으로 시작했으나 지금은 민영기업의 색체가 더 강하게 드러난다.

지역적으로는 저장, 광둥, 푸지엔 등지에서 민영기업이 크게 발전하고 있다. 이들 지역은 전통적으로 민간경제의 힘이 강한 곳으로 개혁개방과 함께 경제의 주역으로 부각된 곳이다. 국유기업에 종사하기보다는 소규모 업체라도 창업을 하겠다는 기업가 정신이 풍부한 지역이기도 하다.

소(小)상품 왕국 이우. 저장성의 민영기업이 만든 소상품이 이곳에 모여 중국과 세계 시장에 팔리고 있다.

저장성 원저우시 부시장으로 잘 나가던 관리였던 우민이(吳民一)은 어느 날 관직에서 물러났다. 잘 나가던 그가 사표를 던진 이유는 창업을 계획했기 때문이다. 그는 "행정 분야에서 만족할 만한 성과를 거둬 꿈 꿔왔던 기업인의 길을 걷고자 한다. 내 몸에 흐르는 '저샹'의 피를 거부할 수 없었다"고 사직의 변을 밝혔다.

저샹은 원저우, 항저우, 타이저우(台州), 이우 등 저장성에서 활동하는 비즈니스맨을 일컫는 말이다. 약 5만 여 개에 달하는 저장성 사영기업이 이들 작품이다. 특히 원저우 사람들은 중국 주요 도시 및 해외로 퍼져나가 거대한 고유 상권을 형성하고 있다.

항저우에 있는 완샹(万向)그룹의 루관치우(魯冠球) 회장은 저샹을 대표하는 인물이다. 그는 "가장 좋은 것을 추구하지 않는다. 다만 가장 적합한 것을 찾을 뿐이다(不求最好,只求最配)"라는 말로 저샹 상인의 비즈니스 마인드를 설명한다. '최대', '최고'라는 말에 현혹되지 않고 시장

환경에 적합한 상품만을 만든다는 얘기다.

겉으로는 초라해 보이지만 속으로는 한 해 수천억 원을 벌어들이는 알토란 같은 저장성 기업이 이를 대변한다. 저장성의 상인들은 자신의 능력이 닿지 않는 분야에 절대로 손을 대지 않는 보수성향이 강하다. 그만큼 실패 확률이 적다. 그들이 일회용 라이터, 복장, 피혁, 안경 등 별로 인기가 없는 전통 제조업에 손을 대는 이유다. 사양산업도 일단 저장성으로 들어가면 저장 상인들만의 독특한 '시장 최적주의'와 결합, 황금산업으로 거듭난다.

그렇다고 이들 소규모 업체들이 규모의 경제를 포기하는 것은 아니다. 특정 지역에 동일 업종의 군소 업체들이 결집, 자연스럽게 규모의 경제 효과를 내고 있다. 이들은 해외진출과 자재구입 등에서 때로는 경쟁하고 때로는 협조하면서 대형 기업에 견줄 수 있는 경쟁력을 창출해 내고 있다. 이우라는 작은 지역에 수백 개의 라이터 공장이 몰려 있는 사실이 이를 대변한다.

민영기업, 이젠 해외 시장이다

중국이 문화대혁명의 암울한 시기에 눌려 있던 1969년, 저장성 항저우 지역에 살고 있던 루관치우(魯冠球) 등 7명의 젊은이가 회사를 만들기로 뜻을 모으고 당시 4,000위안을 갹출해 농기계 수리회사를 세웠다. 문화대혁명도 이들의 창업정신을 꺾을 수 없었던 것이다. 오늘날 자동차부품업계의 세계적인 기업으로 성장한 민영기업 완샹은 그렇게 출발했다.

루관치우. 문화대혁명 시절 민영기업을 설립한 그는 이제 세계 시장으로 눈을 돌리고 있다.

당시는 민영경제라는 개념조차 없었던 때였다. 민영기업은 어두운 그늘, '회색 지대'에 숨어야 하는 존재였다. 정부도 이를 몰랐고, 당연히 지원도 없었다. 개혁개방과 함께 완샹은 세상에 얼굴을 내밀게 된다. 정부의 꺼티후 허용, 사영기업 인정 등의 과정을 통해 완샹은 기업의 모습을 갖추어갔고, 업종을 자동차부품으로 전환하면서 성장가도를 달리기 시작했다.

완샹을 주목하는 이유는 중국 내에서의 성장에 있지 않다. 민영기업인 이 회사가 중국 기업의 국제화를 주도하고 있다는 점에서 관심을 끈다. 완샹이 국제시장으로 달려간 것은 1990년대 말. 루관치우의 사위이자 후계자로 지목되던 니핀(倪頻)이 주도했다. 그는 저장 대학의 경영학석사 과정을 마친 뒤 1990년대 초 미국에서 박사학위를 딴 인재로서 완샹의 국제화를 이끌었다. 중국 국내에서 축적된 완샹의 자금을 활용, 미국 기업의 인수 작전에 들어갔다. 1999년 QA1회사 인수를 시작으로 UAI, GBC 등 자동차 부품 관련 업체를 사들였다. 니핀의 활동은 중국 기업의 M&A에 가이드라인이 되기도 했다.

현재 완샹이 미국에서 운영 중인 업체는 30개로서 약 1,000명의 직원을 고용하고 있다. 포드, GM, 크라이슬러 등 미국 자동차업체에 부품을 공급해 약 4억 달러의 매출액을 기록하는 기업으로 성장했다. 회색 지대 기업이던 완샹이 글로벌 기업으로 성장한 것이다.

민영기업의 해외진출 사례는 이 밖에도 많다. IBM PC를 중국으로 끌어들인 것도 민영기업(롄샹)이고, 미국 나스닥 시장 등록업체 퍼시픽 시스템컨트롤을 사들인 것도 민영기업 화리(華立)그룹이었다. 선전의 화웨이는 미국, 인도, 러시아, 스웨덴 등에 R&D센터를 두는 등 글로벌 기술 소싱에 나섰다. 민영기업이 중국 업계의 '조우추취'를 주도하고 있는 것이다.

중국 경제의 가장 큰 문제 가운데 하나는 국유기업 부실이다. 시장에 적응하지 못하는 국유기업은 중국 산업발전의 발목을 잡고 있는 것이다. 민영기업의 존재는 국유경제의 늪에 빠져 있는 중국 경제에 새로운 동력을 제공하고 있다.

8

중국 경제와 해외를 잇는
네트워크, 화상(華商)

　　1986년 6월 18일, 실권자 덩샤오핑은 베이징 인민대회당에서 귀한 손님을 맞는다. 롱(榮)씨 가문 일가가 그들이다. 이날 모임에는 롱이런(榮毅仁) 당시 국제신탁투자공사(CITIC) 회장을 비롯해 약 200여 명의 롱씨 가족이 참석했다. 덩샤오핑이 친히 마련한 자리였다. 덩샤오핑은 왜 한 가족의 모임을 국가행사가 치러지는 인민대회당에서, 그것도 자신이 친히 주관한 것일까. 중국 개혁개방 과정에서 롱씨 일가가 차지한 역할을 보면 쉽게 납득할 수 있다.

　　롱씨 일가가 중국 산업계에 등장한 것은 1900년대 초, 장쑤(江蘇)성 우시(無錫)에서였다. 당시 우시는 자본주의 경영이 싹트는 중국 방직산업의 본고장이었다. 롱이런의 부친 롱더성(榮德生)은 1889년(당시 15세) 자그만 배에 몸을 싣고 우시에서 상하이로 건너왔다. 그보다 3년 앞서 상하이로 온 형 종징(宗敬)의 뒤를 이은 길이었다. 두 형제는 상하이에서 일종의 사금고였던 치엔좡(錢庄)에 취직하여 일을 배웠다. 세상 물정을 아는 데는 그보다 나은 일이 없었다.

그러던 중 롱씨 가문 특유의 상인정신이 발동해 형제는 몇 년 후 독립했고, 금융업을 시작하기에 이른다. 형제는 '건실함을 잊지 말고, 일을 도모함에 신중하고, 절대 투기를 행하지 말라(固守穩健 謹愼行事 決不投機)'는 부친 롱시타이(榮熙泰, 롱이런의 조부)의 가훈에 따라 경영을 했다. 그 결과 금융사업은 크게 성공했고, 그들의 재산은 부풀어올랐다. 이 가훈은 지금도 롱씨 집안의 경영이념으로 전해내려 온다.

해외 화상을 중국으로 다시 끌어들인 최고 공로자 롱이런.

롱씨 가문의 사업은 금융업에서 벗어나 밀가루, 방직, 기계 등으로 확장했다. 롱씨 가문에 흐르던 독특한 사업재능에 힘입어 손을 대는 사업마다 번창했다. 밀가루의 경우 롱씨 공장의 생산량이 전국의 29%에 달할 정도였다. 롱이런은 그런 분위기 속에서 사업 수완을 배웠다. 그의 핏줄에는 화상(華商)의 전통이 흐르고 있었던 것이다(롱이런은 2005년 10월 27일 사망했다).

돌아온 홍색자본가(紅色資本家)

롱이런 가문의 사업은 공산당과 국민당의 내전을 거치면서 후퇴의 길에 공산당 정권이 들어서면서 룽씨 가문은 뿔뿔이 흩어져야 했다. 삼촌 종징(宗敬)과 그의 자식들이 모두 상하이를 떠나 홍콩, 대만, 독일 등으로 향했다. 룽이런의 동생 얼런(爾仁), 엔런(硏仁), 웨이런(偉仁)도 홍콩과 브라질로 몸을 피했다.

그러나 룽이런은 조국을 버리지 않겠다는 생각이 중국에 머물렀다. 룽이런은 공산당 정권에 협력, 재기를 모색했다. 공산당 지도부는 그의 뜻을 고맙게 받아들였고, 초기 민족자본 구조조정 작업을 그에게 맡기기도 했다. 1950년대 초 상하이 부시장을 역임하기도 한 그를 두고 마오쩌둥은 "붉은 자본가(紅色資本家)의 거두"라고 칭하기도 했다.

그러나 룽이런이 대약진운동, 문화대혁명 등으로 이어지는 중국 역사의 질곡에서 자유로울 수 없었다. 그의 재산은 모두 국유화됐고, 평범한 인민으로 돌아갔다. 특히 문화대혁명 동안 그의 장남 즈지엔(智健)은 자본주의 수괴로 몰려 지방으로 쫓겨가는 하방(下放)의 설움을 겪기도 했다(후에 그는 홍콩으로 '도피' 했다가 다시 대륙으로 돌아와 아버지의 가업을 이어나갔다).

룽이런이 다시 중국 산업계에 모습을 드러낸 것은 덩샤오핑의 개혁개방 직후다. 덩샤오핑은 중국 시장경제를 이끌 경제계 인물로 '붉은 자본가' 룽이런을 불러들였다. 그의 지혜가 필요했던 것이다.

덩샤오핑은 룽이런에게 개혁개방을 이끌 금융기관 설립을 요청했고, 룽이런은 CITIC를 설립하게 된다. 덩은 "하고 싶은 대로 해라. 누구도 CITIC의 업무에 관여하지 못하도록 독립성을 보장해 주겠다. 당신이 하는 일은 옳기 때문이다"라며 룽이런에게 힘을 실어줬다. 개혁개방 초기 중국과 해외자금을 연결해 주던 통로 CITIC의 탄생과정이다.

개혁개방과 함께 롱이런의 비즈니스 마인드는 다시 살아났다. 롱이런은 세계 각지를 돌아다니며 '차이나 펀드'를 끌어모았다. 1993년 CITIC는 홍콩, 런던, 도쿄, 뉴욕 등지에서 20억 달러의 채권을 발행하는 데 성공하기도 했다. CITIC가 없었더라면 중국의 개혁개방이 그처럼 빨리 진행되지는 못했을 것이다.

공산정권 수립과 함께 해외로 뿔뿔이 흩어졌던 롱씨 집안의 다른 사업가들은 현지에서 롱씨 가문의 독특한 비즈니스 마인드를 바탕으로 터를 잡았다. 그들은 해외 화교기업으로 성장한 것이다. 흔히 말하는 화교상인(華商)이다. 그리고 그들은 개혁개방과 함께 다시 중국으로 들어오기 시작했다. 화교자본의 대륙 투자인 셈이다.

롱이런의 삼촌 종징(宗敬)의 막내아들 홍칭(鴻慶)은 홍콩과 대만에서 섬유업체로 성공했다. 그는 중국이 열리면서 대륙으로 와 첫 중국 · 대만 합자은행인 상하이대만저축은행을 설립했다. 홍칭은 또 상하이 최대 방직업체인 선난(申南)방직을 설립하기도 했다.

롱이런의 아들 즈지엔(智健)은 홍콩에서 돌아와 중국 최대 개인기업인 중신타이푸(中信泰富)를 이끌고 있으며, 롱이런의 조카 즈신(智鑫)은 MIT공대를 졸업한 뒤 미국과 홍콩에서 거부가 됐다. 즈신은 홍콩에 설립한 롱원커지(榮文科技)를 토대로 대륙에서 사업을 하고 있다.

이 밖에도 많은 롱씨 가문 비즈니스맨들이 개혁개방 이후 대륙으로 회귀해 각 분야에서 최고의 기업가로 성장하고 있다. 또 미국, 캐나다, 호주, 브라질, 독일 등에도 롱씨 가문 업체가 활동하면서 롱씨 가문의 네트워크를 형성하고 있다.

인터넷보다 강한 화교 네트워크

중국인이 대규모로 해외에 나가 해외 화인(華人)이 된 첫 사건은 600여 년 전 정화(鄭和)의 해양원정이다. 그는 중국 황제의 위엄을 세계에 알리기 위해 1405년부터 28년 동안 7차례에 걸쳐 원정길에 나섰다. 이 원정길에 대략 20만 명의 중국인이 동행, 이 중 상당수는 해외에 잔류한 것으로 알려져 있다.

두번째 대규모 해외이민은 아편전쟁(1840년) 이후 중국공산당 건국(1949년)까지 약 100년에 걸쳐 이뤄졌다. 이 시기 이민은 경제적인 이유가 대부분이었고, 동남아, 미국, 유럽 등으로 고루 퍼져나갔다. 현재 해외에서 활동 중인 화교와 그의 후예들은 대부분 이 시기에 중국을 떠난 사람들이다.

현재 화교의 숫자가 얼마나 되는지는 집계 기관별로 다소 차이가 있지만 중국 정부의 공식통계에 따르면, 중국대륙 이외의 지역에서 생활하고 있는 화교 수는 168개 국가에 8,700만 명에 달하고 있다(〈인민일보〉 보도). 특히 동남아 지역의 경우 이들이 경제를 주도할 정도로 막강한 실세를 갖추고 있다.

화교는 중국 경제의 새로운 동력이다. 중국의 개혁개방 정책이 초기에 뿌리를 내릴 수 있었던 데에는 화교의 힘이 결정적이었다. 서방 기업들이 중국의 개혁개방 정책에 대해 반신반의하고 있을 때 자금을 싸들고 중국으로 달려온 사람들이 바로 화상이다. 룽씨 가문의 일화는 이를 상징적으로 보여준다. 이들은 또 1989년 톈안먼사태 때, 서방의 자본이 썰물처럼 밀려나갈 때에도 중국을 지키는 '충정'을 보여주었다.

덩샤오핑은 개혁개방 초기 믿을 것은 화교자본밖에는 없다는 사실을 간파했고, 끊임없는 구애를 통해 화교자본을 끌어들이는 데 성공했다. 1987년 중국이 끌어들인 해외기업 중 80%가 화교기업, 투자금액의 70%가 화교자본이었다. 화교자본의 중국 투자비율은 지금도 여전히 높아 전체 투자기업의 70%, 실제투자금액의 60% 이상을 화교가 차지하고 있다. 중국이 끌어들인 해외자본의 3분의 2에 달하는 4,000억 달러가 화교 몫이었다.

그들은 자본뿐 아니라 시장경제 노하우를 중국에 이식함으로써 중국 시장경제의 방향을 제시하기도 했다. 덩샤오핑이 '해외 화인은 중국 경제의 제2 역량'이라고 표현한 것도 그 때문이다.

화교의 힘을 논하는 것은 중국 개혁개방에 대한 이들의 공헌 때문만은 아니다. 세계 전체 경제에서 화교자본 자체가 갖는 의미가 커지고 있다는 사실이 화교자본을 이해하는 핵심이다.

해외 화교가 동원할 수 있는 자금은 약 2조~3조 달러에 이르는 것으로 알려져 있다. 세계 제6위 경제 대국인 중국의 전체 GDP(국내총생산)를 두 배 이상 초과하는 수준이다. 경제 집단으로 치자면 미국, EU에 이은 제3의 세력이라는 평가를 받고 있다. 월가에서는, 유대자본에 필적할 상대는 화교자본밖에 없다는 말이 공공연하게 나올 정도다. 화교자본은 이미 태국, 싱가포르, 인도네시아, 필리핀, 말레이시아 등 동남아 경제를 장악하고 있다. 이는 중국이 추진하고 있는 중국-아세안 FTA(자유무역지대) 결성의 강력한 추진력을 제공해 준다. 또 대만 최대인 캐세이금융, 싱가포르 은행 서열 1, 2위를 다투는 다화(大華)은행과 화교(華僑)은행 등을 화교금융자본이 주도하고 있다.

화교자본은 아시아에 머물지 않는다. 그들은 전세계로 눈을 돌렸는데, 홍콩 이가성(李嘉誠)이 이끌고 있는 청쿵그룹이 캐나다에서 가장 큰 항공사 에어캐나다와 허스키오일을 인수했고, 대만 포모사그룹은 미국 등지에 대규모 석유화학공장을 운영하고 있다.

세계 각지의 화교자본은 급성장하고 있는 중국과 호흡을 같이 하며 세계 경제의 중심으로 다가서고 있다. "21세기는 화인(華人)의 시대"라는 말이 설득력 있게 들린다.

화교, 서방 기업의 중국 진출 선봉

상하이 푸둥 강변에 정따(正大)빌딩이 있다. 할인점과 고급 상가, 식당, 사무실 등으로 구성된 복합 쇼핑센터다. 이 빌딩에 자리한 식당 차오장난(俏江南)은 음식 값이 비싸기로 유명하다. 그러나 황푸(黃浦)강을 내려다보는 멋진 분위기를 즐길 수 있기에 예약 손님이 끊이지 않는다.

그 옆에 샹그릴라 호텔이 있다. 상하이에서 하루 방 값이 가장 비싼 것으로 알려진 곳이다. 많은 다국적기업이 그곳에서 황푸강을 내려다보며 회의를 갖는다. 그 샹그릴라 옆에는 오로라 빌딩이 있다. 가구 사무용기기 전문업체 오로라 본점이 입주한 초대형 오피스빌딩이다.

이들 3개 빌딩에는 공통점이 있는데, 바로 화교자본이 지었다는 것이다. 정따빌딩은 태국의 화교자본이, 샹그릴라는 말레이시아 화교가, 그리고 오로라는 대만자본이 투입되었다. 화교자본이 상하이 푸둥의 알짜배기 땅을 차지하고 있는 것이다. 중국 경제에서 차지하는 화교자본의 힘을 여실히 보여준다.

그 중 정따빌딩은 태국의 화교자본인 CP그룹이 지었다. CP그룹은 중국에서 지명도가 가장 높은 화교기업 중 하나다. CP그룹은 중국에 약

푸둥의 화상 빌딩들. 왼쪽부터 정따빌딩, 샹그릴라호텔, 오로라빌딩. 황푸강이 내려다보이는 금싸라기 땅에 자리잡고 있는 이들 빌딩은 중국 내 화상의 입지를 잘 보여준다.

50억 달러를 투자, 180개의 기업을 운영하고 있으며 직원 수만 해도 8만 명에 이른다. 사료 제조업에서 시작한 CP그룹의 중국 사업은 오토바이, 유통, 부동산개발, 의약, 금융 분야 등으로 확대되고 있다. 중국 주요 도시 곳곳에 설립된 할인매장 이추렌화(易初蓮花)가 CP그룹 산하 업체다.

CP그룹 설립자 씨에이추(謝易初)가 태국으로 건너간 것은 1921년의 일이다. 그는 당시 대규모 태풍이 불어 가업(곡물 종자 판매)이 망하자, 고향 광둥을 버리고 이민의 길을 떠났다. 씨에이추는 태국에서도 곡물업에 손을 댔고, 농업국 태국을 대표하는 농산물 무역상으로 성장해서 '아시아의 카길'이라는 별명을 얻기도 했다.

CP그룹이 중국으로 다시 돌아온 것은 개혁개방 원년인 1979년이다. 창업 2세인 씨에궈민(謝國民)은 덩샤오핑의 '간곡한' 부탁에 따라 선전 특구에 둥지를 틀었다. 선전 제1호 외국투자기업이다.

특이한 점은 CP그룹이 중국에 올 때 세계 선진업체가 언제나 함께 왔다는 점이다. 당시 CP그룹은 세계 곡물 메이저 중 하나인 미국의 컨티넨털그레인과 합작 형식으로 선전에 왔다. 이는 이후 계속된 CP그룹의 중국 진출 모델이 됐다. 외국 선진기업과 동반해서 중국에 온 것이다. 이는 서방 기업과 화교자본의 결합이라는 중국 진출의 모델이 되어 지금도 많은 서방 기업들이 중국에 진출할 때 화교자본과 함께 온다.

화교기업으로서는 중국이 고마울 따름이다. 많은 화교기업들은 중국에서의 성장을 바탕으로 국제적 위상을 높이고 있다. CP그룹의 경우 뉴욕과 런던, 홍콩 등에 10여 개의 상장회사를 거느리고 있다. CP그룹 관계자들조차 "중국에서의 실적이 없었더라면 어림도 없는 일"이라고 말한다. 화교기업이 중국의 국제화에 도움을 주고, 또 중국 성장의 혜택을 누리는 상생(相生)의 효과를 누리고 있는 것이다.

서방 기업들은 독자적으로 진출하는 기업이라도 주요 사업 관리는 화교에 맡기는 경우가 많다. 중국의 문화를 이해하지 못하는 다국적기업으로서는 서방의 기업문화와 중국문화를 모두 이해할 수 있는 화교를 찾을 수밖에 없다. 모토롤라의 중국 사업을 책임지고 있는 량니엔지엔(梁念堅), 노키아의 허칭위엔(何慶源), 마이크로소프트의 천용쩡(陳永正), 시스코의 두자빈(杜家濱) 등이 모두 화교다.

현대자동차가 중국에 빠르게 정착할 수 있었던 데에도 화교 설영흥 부회장의 역할이 컸다. 다국적기업의 주요 포스트는 대부분 외국에서 태어난 화교, 또는 외국에서 공부한 해외유학파로 채워져 있다. 화교가 다국적기업 중국 진출의 선봉 역할을 하고 있는 것이다. 우리나라 기업들이 화교기업과 협력해야 하는 이유가 여기에 있다.

회귀하는 바다거북이

해외에 거주하는 중국인(화교)과 관련해서 빼놓을 수 없는 게 해외유학생들이다. 최근 해외에서 공부를 마치고 중국으로 돌아오는 유학생들이 늘고 있다. 중국은 이들을 '하이구이(海歸)'라고 부른다. 해외에서 돌아온 사람들이라는 뜻이다. 이들은 '바다거북이(海龜)'라고도 한다. 중국어 '歸'가 '龜'와 같은 발음이라서 붙여진 별명이다. 늘어나는 해외유학생들의 귀국에 대해 '대륙에 상륙하는 거북이가 늘고 있다'는 비유를 하기도 한다.

중국은 개혁개방 초기부터 '경제개혁 군단'을 양성하기 위해 대거 해외유학생들을 파견했다. 1978년부터 해외로 내보낸 유학생은 2003년 말까지 70만 명이 넘는다. 이 중 약 20만 명이 귀국해 활동하고 있는 것으로 알려져 있다. 덩샤오핑의 뜻대로 경제개혁의 선봉에 그들이 서 있다.

'바다거북이'들은 업계, 관계, 학계 등에서 맹렬한 활약을 보이고 있다. 금융계의 경우 2005년 6월 중국인민은행 부행장에서 수출입은행장으로 승진한 리뤄구(李若谷)는 1984년 미국 프린스턴 대학에서 공공관리 석사학위를 받은 유학파다. 중국 금융의 부실채권 처리를 진두지휘하는 은행업감독관리위원회를 2003년 설립 때부터 맡고 있는 류밍캉(劉明康) 주석도 1987년에 영국 런던 대학에서 석사학위를 받았다.

2004년 7월 인민은행 통화정책 국장에서 행장보로 승진한 이강(易綱)은 미국 일리노이 대학에서 경제학 박사학위를 받은 후, 인디애나 대학에서 10여 년간 교수로 활동하기도 했다.

제조업 분야에서도 유학파의 약진이 두드러진다. 미국 석유업체 유노칼 인수를 시도했던 CNOOC(중국해양석유)의 푸청위(傅成玉) 회장은 미국 남가주 대학에서 석유공학 석사학위를 받은 인물이다. '중국판 구글' 인 바이두 창업자 리옌훙(李産宏) 회장은 뉴욕 주립대학에서 컴퓨터공학 석사학위를 받은 뒤 현지 정보통신 기업에서 경험을 쌓았다.

또한 행정 부문 곳곳에 유학파들이 포진해 있다. 쉬관화(徐冠華) 과학기술부장(장관)은 스웨덴에서 방문교수로 활동했고, 부부장(차관) 마숭더(馬頌德)는 파리 제6대학에서 컴퓨터공학 박사학위를 받은 엔지니어다. 2005년 4월 외교부 부부장에서 주미 중국대사로 자리를 옮긴 저우원중(周文重)은 런던 대학 석사 출신이다. 2003년 UN 중국대표로 부임한 왕광야(王光亞) 전 부부장 역시 미국 존스 홉킨스 대학 출신이어서 외교가에선 구미 유학파들이 옛 소련 유학파를 급속히 대체해 가는 양상이다.

학계의 '바다거북이' 들은 중국 대학교육의 질을 바꾸고 있다. 전국 대학총장의 78%, 국가급 및 성급 연구소와 중점실험실 주임의 72%가 유학파다. 해외유학생들의 귀국은 바야흐로 시대적 흐름이 됐다. 그들은 서방에서 배운 기술과 서방문화를 중국의 각 분야에 이식시키는 데 앞장서고 있다. 중국에 비즈니스 기회가 많고, 또 중국 정부의 적극적인 해외유학생 지원 제도가 이들을 대륙으로 불러모으고 있다.

중국은 특히 IT 분야 유학생들이 회귀, 대륙에서 창업을 할 수 있도록 전국 곳곳에 '유학생 창업센터' 를 조성해 운영하고 있다. 검증된 유학생에게 금융, 세제, 자녀교육, 주택 등에서 많은 혜택을 제공하기도 한다. 중국 IT 산업의 발전은 이들이 주도했다.

상하이의 경우 지난 2003년 8월 '해외유학생 1만 명 유치 프로젝트'를 시정부 차원에서 시작했다. 외국에서 활동하고 있거나 갓 졸업한 유학생을 끌어들이기 위해 세계 주요 도시를 돌며 '인재 채용 박람회'를 개최하고, 해외유학생에 대해 각종 편의시설을 마련해 주는 프로그램이다. 이 프로그램을 실시한 지 2년 반 만에 상하이에 자리잡은 해외유학생들은 1만 명을 돌파했는데, 이 중 91%가 석·박사급 인력이었다.

21세기는 화인(華人)의 시대

요즘 중국 업계의 화두는 '해외 진출'이다. 많은 기업들이 여러 가지 이유로, 여러 방식으로 해외 시장에 진출하고 있다. 원저우는 수공업으로 유명한 곳이다. 시간당 원저우에서 생산되는 운동화는 12만 켤레, 하루 선글라스 생산 100만 개, 하루 가스라이터 164만 개 생산…. 이들 제품 중 70% 이상이 해외로 수출된다. 이 많은 수량이 어떻게 전세계로 뻗어 나갈까. 그 해답은 '화교 네트워크'에 있다.

현재 해외에 진출한 원저우 출신 화교 수는 대략 50만 명으로 이들은 이탈리아, 프랑스, 미국, 파나마, 남미 등에 골고루 퍼져 있다. 원저우 화교가 가장 많은 뉴욕의 경우 약 10만 명에 달하는 것으로 알려져 있다. 이탈리아의 경우 제화산업의 절반 이상을 원저우 화교가 장악하고 있는데, 이들은 원저우 사람들에게 강력한 해외 유통망이다. 혈연 및 지연 성향이 강한 원저우 화교들은 원저우 제품을 해외에 뿌리고 있다. '아시아의 유대인'이라는 원저우인들의 독특한 비즈니스 노하우가 해외로 뻗어나가고 있는 것이다.

더군다나 광둥 ,푸지엔, 저장 등 주요 제조업 도시는 해외에 화교유통망을 갖고 있다. 중국인들은 해외에서 활동하고 있는 이들을 '서투안(社團)'이라고 부른다. 이 서투안은 지금 인터넷보다 더 강력한 힘으로 중국 기업의 해외 시장 진출을 돕고 있다.

중국 기업의 해외 투자에서도 해외 화교의 힘이 결정적이다. 중국 기업의 '조우추취' 첫 대상은 동남아시아다. 가전, 에너지, 자동차 등을 중심으로 많은 중국 기업이 동남아로 달려가고 있다. 이 과정에서 동남아 경제를 주도하고 있는 화교 기업과 손을 잡고 있다. 미국 월가의 화교금융 전문가들은 중국 기업의 뉴욕 증시 상장을 대리하고 있다.

미국, 남미, 심지어 아프리카에 이르기까지 화교는 어디에든 존재한다. 그들은 현지 언어에 능통하고, 또 중국어를 기본으로 한다. 따라서 중국과 외국을 연결하는 언어 통로를 제공한다. 그들은 중국 경제의 성장과 함께 세계 경제계에서 새로운 경제파워를 형성해 가고 있다. 그래서 21세기는 '화인의 시대' 라는 말이 있는 것이다.

아시아를 넘어
세계로

9

       그날, 일본은 공격받고 있었다. 상하이 일본 총영사관은 이미 시내 각 지역에서 몰려든 시위대로 포위되었다. 돌이 날아와 유리창을 뚫었고 계란, 페인트, 토마토 등이 건물 벽을 물들였다. '일본은 떠나라', '일본 제품 불매', '댜오위다오(釣魚島)수호' …. 시위대들은 소리치고 있었다.

    영사관 옆에 위치한 일식집은 완전 초토화됐다. 시위대가 던진 돌로 유리창이 파손됐고, 식당 안까지 돌과 물병이 날아들었다. 일본어로 씌어 있었다는 이유만으로 거리 일본어 간판은 공격을 받았다. 시위대들은 일제 차에 토마토와 계란을 던졌다. 총영사관 주변에서 결국 혼다자동차가 뒤집혔다.

    그러나 경찰은 팔짱을 끼고 학생들의 공격을 보고만 있을 뿐, 별다른 조치를 취하지 않다. 아니, 애당초 그들은 시위를 저지하겠다는 의지

2005년 4월 상하이의 일본영사관. 시위대의 일본 총영사관 공격은 중국인들의 뿌리 깊은 반일감정을 드러냈다.

가 없었는지도 모른다. 생각이 있었다면 경찰은 쉽게 시위대의 일본 총
영사관 접근을 막을 수 있었다. 작은 도로만 차단했더라면 총영사관은
원천적으로 보호될 수 있었으니 말이다. 그러나 경찰은 일본 총영사관
의 한쪽 면을 시위대에게 '개방' 했고 학생들은 편하게 돌을 던질 수 있
었다. 2005년 4월 16일, 상하이에서 벌어진 일이다.

　전쟁 중에도 적장이 보낸 사자(使者)는 보호받아야 하는 법이다. 하물
며 현대 국가에서 상대 정부의 외교공관이 공격받는 일은 있을 수 없다.
그럼에도 상하이의 일본 총영사관은 공격을 받았다. 이는 무엇을 뜻하
는 것일까.

뒤바뀐 기러기행렬의 순서

아시아 경제발전을 거론할 때 빠지지 않고 등장하는 게 '안행(雁行) 모델'이다. 이 지역의 발전 모습을 기러기떼가 무리지어 이동하는 형상으로 표현한 이론이다. 선두 기러기는 일본이었다. 그 뒤로 한국, 싱가포르, 대만, 홍콩 등 4개 신흥공업국이 따르고 있으며, 또다시 그 뒤에는 말레이시아, 인도네시아 등 아세안 국가들이 쫓고 있다. 아시아 기러기떼의 가장 뒤에는 중국과 베트남이 따르고 있다.

그러나 '안행 모델'은 1990년대 들어 깨지고 만다. 가장 큰 이유는 중국의 급성장과, 이에 맞물린 일본 경제의 후퇴였다. 중국은 1990년대 눈부신 발전을 이뤘다. 서방에서 투자자금이 쇄도했고, 메이드인차이나 제품은 세계 시장을 파고들기 시작했다. 반면 일본 경제는 10여 년 이상 침체에 빠져들었다. 앞서던 기러기가 방향을 읽고 주춤하는 사이 맨 뒤의 기러기가 앞으로 치고나오는 양상이 벌어진 것이다.

현재 중국의 경제규모(GDP기준)는 약 2조 2,000억 달러에 육박하고 있다. 아직 일본의 절반에도 미치지 못한다. 그러나 전문가들은 중국이 일본을 제치고 아시아 최대 경제 대국으로 등장하는 것은 시간문제라고 보고 있다. 모건스탠리의 앤디 시에 아시아태평양 수석연구원은 "10년이면 충분하다"고 주장하는데, 많은 이들이 그렇게 믿고 있다.

문제는 규모에 있지 않다. 더 중요한 것은 누가 아시아 경제성장을 이끄느냐 하는 것이다. 2004년 중국과 일본의 대 동아시아 국가 수입증가율을 보면 중국이 모든 나라에서 월등하게 높았다. 중국이 동아시아 국가에 점점 더 많은 시장을 제공해 주고 있다는 얘기다.

1990년대 중국이 제조업 강국으로 등장하면서 이 지역에 새로운 분

중국과 일본의 동아시아 국가 수입증가율 (2004년, 전년 대비 %)

구분	한국	대만	말레이시아	싱가포르	태국
중국	44.0	31.2	29.7	33.5	30.7
일본	23.6	16.9	12.3	15.8	19.0

자료 : 무역협회(KITA)

업구조가 정착되고 있다. 크게 봐서 기술은 일본이, 중간재는 한국과 대만이 공급하고, 중국에서 완제품을 생산해 미국에 수출하는 구조다. 아시아 생산과정에서의 새로운 분업 시스템이 형성된 것이다. 그러기에 중국에서 생산된 제품은 'made in China'가 아니라 사실은 'made in Asia'였던 셈이다.

아시아의 맏형, 중국

이제 중국의 부상이 아시아 경제에 어떤 영향을 미쳤는지를 살펴보자.

아시아 국가들이 금융위기로 신음하던 1990년대 말, 중국의 위안화 평가절하에 세계의 관심이 모아졌다. 서방 언론들은 중국이 결국 경제 탈출구를 찾기 위해 평가절하 조치를 단행할 것이라는 추측기사를 쏟아내고 있었다.

그러나 중국은 위안화를 지켰다. 중국이 내건 이유가 '아시아 경제' 때문이었다. 중국이 위안화를 평가절하한다면 중국의 수출경쟁력이 높아질 것이고, 이는 가뜩이나 위기에 빠져 있는 아시아 주변국 경제에 큰 부담을 줄 것이라는 설명이었다. 일본이 경제불황 탓에 숨을 죽이고 있는 동안 중국은 아시아 경제의 전면으로 부상하고 있었다. 그때부터 중국은 '아시아의 따거(大哥, 맏형)' 자리를 꿰찬 것인지도 모른다.

주지하다시피 중국은 2003년 이후 미국을 제치고 우리나라 최대 수출 대상국으로 등장했다. 2004년 우리나라는 중국에 498억 달러를 수출, 전체 수출의 약 20%를 차지했다. 여기에 홍콩과 대만 등을 포함한 대중화권 수출비중은 30%에 달하고 있다. 같은 해 대중 무역흑자는 202억 달러. 전체 무역 달러의 69%에 해당하는 수준이다.

중국의 부상은 우리나라 경제에 부담을 주기도 한다. 중국 경제의 등락에 따라 국내 주가는 춤을 추기도 한다. 경제가 지나치게 중국에 의존하면서 이제는 중국 재채기가 우리나라 독감으로 연결되는 시기가 됐다. 중국 업체들은 우리나라 기술에 눈독을 들이며 먹어 치울 기세다. 우리나라에 대한 중국의 영향력이 점점 높아지고 있는 것이다.

쌍두화차(雙頭火車)

그렇다면 일본의 경우는 어떠할까.

지금 미국이 중국에 대해 위안화 평가절상 압력을 가하고 있다. 그러나 위안화 평가절상 문제를 제기한 국가는 미국이 아닌 일본이다. 지난 2003년 일본은 G7(서방 선진 7개국)회의에서 저평가된 위안화가 디플레 수출로 세계 경제를 왜곡시킨다며 위안화 평가절상을 거론했다. 당시 일본에서는 '중국 위협론'이 퍼지고 있었다.

그러나 일본은 2004년 들어 위안화 평가절하 주장을 거둬들였다. 자세를 180도 전환한 것이다. 같은 해 초, 일본 언론에서 그 변화의 조짐이 일기 시작했다. '중국 위협론'이 사라지고 '중국 견인(牽引)론', '중국 특수' 등의 용어가 등장했다. 중국이 갑자기 위협적인 국가에서 경제발전을 이끌어주는 존재로 바뀐 것이다.

그렇다면 일본이 바라보는 중국에 대한 시각에 변화가 생긴 이유는 무엇일까. 이를 무역통계로 추적해 보겠다.

2001년까지만 해도 일본은 중국과의 교역에서 만성적인 적자를 기록했다. 2002년에 흑자를 기록했으나 그 폭은 35억 7,000만 달러로 미미했다. 그러나 2003년에 들어 사정이 달라지기 시작했다. 2004년 초에 발표된 일본의 2003년 대중 수출(홍콩 포함)은 873억 8,700만 달러로 전년보다 무려 33.3%나 급증했다. 같은 해 일본 수출 증가액의 80% 정도는 중국 몫이었다. 덕택에 일본은 중국에 대해 약 118억 달러의 흑자를 기록했다. 전년보다 3배 이상 증가한 것이다. 2004년 일본의 대중국 무역흑자는 148억 6,000만 달러로 높은 증가세를 지속했다.

그런데 재미있는 사실은 2003년 일본의 대미 수출이 오히려 9.8% 줄었다는 점이다. 일본 경제에 있어 중국의 중요성이 날로 증가하고 있음을 알 수 있다. 특히 중국은 2004년을 계기로 일본의 최대 무역대상국으로 부상했다. 일본의 전체 무역에서 차지하는 중국(홍콩 포함)의 비중은 2003년 19.2%에서 2004년 20.1%로 오른 반면, 미국의 비중은 20.5%에서 18.6%로 내려앉았다.

1990년대 긴 불황기를 겪은 일본 경제는 2003년 1.4%의 성장률을 기록, 마이너스 성장에서 탈피한 뒤 2004년에는 성장률이 2.7%로 다시 높아졌다. 일본 언론 역시 일본의 성장은 '중국 특수'에 힘입은 바 크다고 인정한다. 아시아의 구세주로 자처하고 있는 중국이 일본 경제마저 구하고 있다는 말이 나오는 것은 당연했다. 그러기에 일본이 위안화 평가절상 압력 진영에서 빠졌고, 또 '중국 위협론'이 '중국 견인론'으로 바뀐 것이다.

물론 중국과 일본의 경제를 대립적인 것으로만 볼 수는 없다. 양국의 경제는 빠르게 상호 보완관계를 찾아가고 있다. 일본에 중국이 중요하듯, 중국 역시 일본을 필요로 하고 있다. 양국 간의 기술격차는 양국 분업영역을 넓혀가고 있다. 그러나 아시아에서 중국의 역할이 일본 이상으로 중요해지고 있다는 사실은 분명해 보인다.

그렇다면 중국은 아시아에서 벌어지고 있는 경제구조의 재편을 어떻게 보고 있을까. '쌍두화차(雙頭火車, 두 기관차 선도)'라는 말에 그 해답이 있다.

중국 전문가들은 아시아 발전형세를 '쌍두화차'라는 말로 표현한다. 중국은 일본과 함께 아시아 경제를 이끄는 기관차로 성장했다는 자신감이 담겨 있다. 중국사회과학원 일본연구소의 진시더(金熙德) 교수는 "앞으로 10~15년 동안 쌍두화차체제가 지속될 것이다. 그리고 이 시기 중국과 일본은 치열한 경제주도권 경쟁을 벌일 것이다"라고 말했다. 그는 "이 시기 중국이 해야 할 일은 힘을 기르는 것"이라고 덧붙였다.

이는 곧 힘을 길러 10여 년 후 '단두화차(單頭火車, 단일 기관차 선두)' 체제로 가자는 뜻이다. 물론 선두 기관차는 중국이다. 중국이 아시아 발전을 이끄는 선두 기러기가 되겠다는 얘기다.

동남아, 중국의 품으로

아세안의 핵심 멤버인 태국은 1997년 아시아 금융위기의 기점이 된 나라다. 태국이 위기에 빠져들었을 때 뜻하지 않은 구원의 손길을 내미는 나라가 있었으니 다름 아닌 중국이었다. 중국은 당시 태국에 10억 달러를 선뜻 제공했다. 또 다른 아세안 구성 멤버 인도네시아 역시 중국으로부터 4억 달러의 자금지원을 받았다.

이는 중국과 아세안 간 관계 변화를 보여준 사건이다. 그 전까지만 해도 아세안 국가에게 중국은 껄끄러운 존재였다. 아세안 국가들은 공산주의 중국이 정치적으로 부담스러웠다. 특히 1970년대 인도차이나 반도가 공산화되면서 중국의 위협은 현실적인 문제로 닥치기도 했다. 아세안의 출범 자체가 중국을 겨냥한 측면이 강하다. 경제적으로 아세안은 일본의 텃밭이었다. 1985년 플라자협정 이후 많은 일본 기업들이 엔화 가치 상승을 피해 해외로 탈출했고, 그 주요 대상 지역이 바로 아세안이었다.

그러나 아세안 국가들은 1990년대 중국의 급부상을 피해갈 수 없었다. 화교가 먼저 움직였다. 동남아시아 경제를 실질적으로 주도하고 있는 화교들은 대거 중국으로 몰려들었다. 여기에 기존 아세안으로 유입되던 외국의 투자자금이 빠르게 중국으로 이동해 갔다. 해외 시장에서 아세안 국가들은 중국 저가상품과 경쟁해야 했고, 중국에 시장을 빼앗기기 시작했다.

아세안 국가들은 중국을 외면할 수 없었다. 냉전구조가 와해되고 경제문제가 정치외교의 우선순위로 등장하면서 아세안 국가는 중국으로 다가갔다. 아세안은 1996년 중국을 전면적 대화 파트너로 인정했고, 1997년 한국, 일본과 함께 중국을 아세안 회의(아세안+3)에 초청했다. 이 같은 분위기 속에서 중국의 태국에 대한 10억 달러 지원이 나온 것이다.

중국과 아세안 국가 간 관계가 호전되면서 아세안 국가에서 중국 기

중국과 일본의 동남아 주요국 수입 (2004년 억 달러, 전년 대비 성장률 %)

구분	중국	일본
싱가포르	140(33.5)	63(15.9)
말레이시아	182(29.7)	141(12.4)
태국	115(30.7)	141(19.0)
인도네시아	72(25.3)	187(14.1)
필리핀	91(43.6)	82(17.4)

자료 : 중국 및 일본의 수입통계 작성

업, 중국 상품이 늘어났다. 중국 기업들은 해외진출 대상으로 동남아시아를 선택했다. 한국이나 일본보다 가격이 20~30% 저렴한 중국 가전제품은 쉽게 아세안 소비자들을 끌어들였다. 컬러 TV, 세탁기, 냉장고 등 백색가전은 일본이나 한국 제품을 밀어내고 동남아시아 시장을 장악했다.

'오토바이 왕국' 베트남의 주요 시내를 질주하는 오토바이의 60% 이상은 중국산이다. 중국의 강력한 흡입력에 아세안 경제가 빨려들기 시작한 것이다. 중국은 전략적인 이유로 국경을 맞대고 있는 아세안 국가들을 끌어들일 필요가 있었다. 주변에 껄끄러운 관계를 가진 국가를 둘 수는 없기 때문이다. 경제적으로 봐도 아세안은 원자재공급 지역으로서의 중요성이 크며 시장 규모도 적지 않다. 따라서 중국이 아세안 국가에 손길을 내민 것은 너무도 당연했다.

아세안 국가들은 중국에 하이테크 제품이나 원자재를 수출했다. 싱가포르와 베트남을 제외한 아세안 국가들은 중국과의 교역에서 무역흑자를 보고 있다. 2004년 중국의 대 아세안 무역은 1,058억 달러로 중국이 약 200억 달러의 적자를 기록했다. 아세안 국가들은 이제 중국을 필요로 하고 있다.

중국과 아세안은 지난 2001년 10년 이내에 FTA를 설립키로 합의했는데, 현재 그 작업이 착실하게 진행 중이다. 인구 17억 명의 세계 최대 규모의 시장이 탄생하게 되는 것이다. FTA 발족을 계기로 아세안과 중국의 경제관계는 더욱 깊어질 것으로 보인다. 아세안이 중국의 품으로 들어가고 있는 것이다.

중국·아세안의 FTA 체결을 계기로 일본의 발걸음이 바빠졌다. 그동안 텃밭이었던 아세안을 중국에 빼앗기지나 않을까 노심초사하며 아세안과 FTA 성립을 위해 분주하게 뛰고 있다.

에너지 주권, 미국의 경제포위를 뚫어라

아프리카 주요 국가 거리에 황색 얼굴을 가진 동양인들이 갈수록 늘어나고 있다. 그들은 다름 아닌 중국인이다. 중국은 지금 에티오피아, 나이지리아, 르완다 등이 건설하고 있는 도로 건설을 지원하고 있다. 중국인들은 잠비아 최대 동광(銅鑛)을 소유하고 있고, 적도기니에서는 중국 사람들이 목제 가공회사를 차려놓고 사업을 하고 있다. 지난 2~3년 사이 후진타오 주석, 원자바오 총리 등이 아프리카를 공식방문하기도 했다.

중국인들은 왜 검은 대륙 아프리카에 얼굴을 내미는 것일까. 그 이유는 석유 때문이다. 중국이 동남아에 진출하는 이유가 주변 국가들을 경제적으로 품겠다는 뜻이라면, 아프리카 진출은 에너지, 즉 석유 확보에 있다.

에너지는 이제 경제주권을 좌우할 정도로 중요한 요소가 되었다. 따라서 에너지를 지배하는 국가가 경제주도권을 행사할 수밖에 없다.

　중국의 경우 에너지 수급 상황은 심각하다. 중국이 세계 경제에서 차지하는 경제력은 4%에 불과한 반면, 철강소비는 세계 전체 소비량의 27%, 석탄 31%, 시멘트 50%를 차지한다. 자원문제가 해결되지 못한다면 중국의 고속성장은 지속되기 어렵다. 특히 석유 확보는 시급한 과제다. 1990년대 초 석유수입국으로 전락한 중국은 현재 전체 소비의 약 40% 안팎을 수입에 의존하고 있다. 지금과 같은 소비 추세라면 중국의 석유 해외 의존도는 오는 2010년 60%, 2020년 77.6%, 2030년에는 82.5%까지 늘어날 것이라는 게 중국 당국의 우려.

　현재 석유를 지배하고 있는 국가는 미국이다. 미국이 중동국가와 석유 시장을 쥐락펴락하며 세계 경제를 농락하고 있다는 게 중국의 시각이다. 이 같은 상황이 전개되자 중국은 아프리카로 눈을 돌리는 것이다. 미국이 중동에 매달려 있는 동안 중국 지도자들은 아프리카를 돌며 석유 확보에 나섰다. 미국의 석유 독점에 맞설 수 있는 중국의 석유벨트를 형성하자는 차원이다. 아프리카는 중국이 추진하고 있는 에너지 주권 확보의 주요 전략기지가 되고 있다. 중국이 2004년 아프리카에서 수입한 석유는 약 100억 달러로, 중국 전체 석유수입의 약 3분의 1을 차지한다.

　원자바오 총리는 2003년 에티오피아를 방문했다. 방문길에서 그는 "아프리카에 진출한 중국 기업은 대부분 국가가 주도하고 있는 국유기업"이라며 "중국의 아프리카 협력은 단기적 이익보다는 장기적인 차원에서 접근할 것"이라고 말했다. 중국은 아프리카 석유를 얻기 위해 먼 미래를 바라보고 있는 것이다.

　중국은 지금 아프리카를 비롯해 러시아, 중앙아시아, 남미 등 석유가 나는 곳이면 어디든 달려가고 있다. 국가가 주도하고 있는 대형 석유업

중국의 석유소비 추이 (단위 : 백만 b/d, %)

구분	2002년	2003년	2004년	2005년	연평균 증가율(%)
중국(A)	5.0	5.5	6.4	6.9	11.4
세계(B)	77.9	79.8	82.5	84.3	2.7
A/B(%)	6.4	6.9	7.8	8.2	4.2배

자료 : 세계석유무역

체들이 첨병이다. 중국석유천연가스(CNPC)는 2005년 8월에 카자흐스탄의 3위 석유업체인 페트로카자흐스탄을 인수했다. 매입금액은 41억 8,000만 달러로 중국 기업의 해외투자 중 사상 최고다. 이는 중국해양석유총공사가 미국 의회의 반발로 석유회사인 유노칼 인수를 포기한 직후에 나왔다는 점에서 시사하는 바가 크다. 중국에 대한 미국의 에너지 봉쇄를 뚫은 것이다.

CNPC는 이 밖에도 수단, 알제리, 이란, 인도네시아, 베네수엘라 등에서 석유 채굴권을 따내기도 했다. 중국석유화공집단(SINOPEC)은 캐나다 시넨코에너지와 오일샌드 개발을 위한 합작사를 설립했고, CNOOC는 인도네시아 렙솔사가 보유한 유전권을 인수해 인도네시아 최대 외국계 정유회사로 등장하기도 했다.

석유확보는 중국 국가차원에서 이뤄지고 있다. 중국 정부는 정상외교를 통해 러시아, 중앙아시아, 아프리카 등과 에너지 협력관계를 구축했다. 후진타오 주석은 러시아의 천연가스를 중국으로 끌어오기 위해 모스크바를 오가며 일본과 전쟁을 치르기도 했다.

중국은 석유주권이 서지 않는다면 미국에 끌려다닐 수밖에 없다는 것을 잘 알고 있다. 따라서 에너지만큼은 미국의 통제에서 벗어나야 한다는 게 중국 지도부의 생각이다. 중국은 이미 21세기 세계 경제 패권을 놓고 미국과 경쟁에 들어간 것이다.

"노(no)" 라고 말하는 중국

중국 외교에 금과옥조(金科玉條)가 하나 있다. '타오광양후이(韜光養晦, 빛을 감추고 어둠을 키운다)'라는 말이 그것이다. 중국 개혁개방의 설계사 덩샤오핑의 어록에 있는 말이다.

> "중국 공산주의, 까마득히 먼 얘기다. 중국은 사회주의 단계에 머물러 있고, 그 사회주의에서도 초급 단계일 뿐이다. 사회주의 초급 단계에서는 생산력 증강이 절대적이다. 즉 경제건설이라는 얘기다. 모든 외교정책은 경제건설에 초점을 맞추어야 한다. 괜히 패권을 노리지 말고, 패권의 우두머리가 되지도 말고, 남의 나라 일에 간섭하지도 말아라. 경제건설에 도움이 된다면 조금 손해를 보더라도 참아라. 냉철하게, 또 냉철하게 외교현안을 보고, 보폭을 줄여라. 앞으로 100년 동안은 경제건설에만 매진하라!"

중국은 덩샤오핑의 유지에 따라 패권을 추구하지도 않았고, 자존심을 구기면서까지 참았다. 2001년 4월 중국 하이난섬(海南島) 상공에서 미국 정찰기가 영공을 침범하고 양측 간 접촉으로 중국 전투기가 떨어졌을 때에도 중국은 '봉합'을 위해 미국에 많은 것을 양보했다.

그런데 요즘 '빛을 숨기고 어둠을 키워라'는 외교노선이 조금씩 달라지고 있다. 서방의 압력에 맞받아치고, 일본의 역사왜곡에 공격적으로 대응하고 있다.

중국은 미국의 끈질긴 위안화 평가절상 압력에 2.1% 절상이라는 시늉만 했을 뿐, 지금도 버티고 있다. 또한 원자바오 총리가 직접 나서 미국의 경제압박을 공공연하게 비난한다. 일본에 대해서는 더 직접적이다. 항일 시위대가 치외법권으로 보호받아야 할 영사관을 '공격'하고 있는데도 국가(경찰)는 수수방관했다. 우의(吳儀) 부총리는 일본 고이즈미 총리와의 예정된 면담을 문턱에서 전격 취소하고 돌아오는 '무례'도 서슴지 않는 등 외교적으로 도저히 용납될 수 없는 일이 벌어지고 있다.

중국은 자신의 능력을 숨기려 하지 않고, 또 외교적 입장을 모호하게 얼버무리려 하지도 않는다. 그들은 이제 빛을 발산해서 어둠을 걷으려 한다.

후진타오 주석의 정치성향도 살펴볼 필요가 있다. 1942년 태어난 후 주석은 혁명 2세대다. 그는 총을 들고 공산혁명에 참여하지도 않았고, 기나긴 장정(長征)도 밟지 않았다. 그리고 그는 혁명세대와 다른 철학을 갖고 있다.

혁명세대들은 소련과 미국이라는 두 슈퍼 파워에 시달려야 했다. 국민당과 싸울 때 미국 때문에 고민했고, 한국전에서 또 미국과 싸워야 했다. 소련도 공포였다. 중국은 후루시초프 등장 이후 지속된 소련의 '수정주의'를 경계해 왔다. 국경에서는 국지전이 벌어지기도 했다. 마오쩌둥–덩샤오핑–장쩌민에 이르는 혁명세대의 마음 속에는 슈퍼 파워에 대한 막연한 불안감이 흐르고 있었다. 그러나 후진타오에게는 그것이 없다. 혁명 후 세대들의 마음 속에는 "중국이 꿀릴 게 무엇이 있느냐?"는 자신감이 강하다. 이 같은 우월감은 곧 '중화주의'로 표현되고 있다. 후진타오 주석은 '중화주의'를 정치적인 이데올로기로 설정할 가능성이 없지 않다.

더 근본적인 이유는 역시 경제다. 지난 28년 동안 축적한 경제적 힘이 해외 외교무대로 자연스럽게 연결되고 있는 것이다. 중국은 이미 군중들의 일본 영사관 공격을 방임할 정도로 일본에 대해 "노(no)"라고 말했다. 이는 중국이 일본을 한 수 아래로 접어보고 있다는 외교행위로 해석된다.

　중국은 아시아를 넘어 이제 세계 경제의 중심무대로 달려가고 있다. 경제력에 걸맞은 외교의 표현일 수도 있고, 경제패권으로도 해석될 수 있다. 현재로서는 그 힘을 견제할 수 있는 나라로 미국이 유일해 보인다. 그게 언제까지 지속될지 모르지만 말이다.

PART 4

맺는 글

중국의 길, 그리고
한국의 길

'황화(黃禍, yellow peril)'라는 말이 있다. 19세기 중반 독일 빌헬름 황제가 처음 언급한 것으로 알려진 이 말은 황인(중국인)들이 세계무대로 나오면 곧 재앙을 초래할 것이라는 뜻이다. 유럽인의 간담을 서늘케 만든 칭기즈칸이 바로 그 상징이다.

중국 경제가 지난 25년 동안 눈부신 고도성장을 거듭하면서 또다시 '황화' 공포가 등장하고 있다. 철강업이 대표적인 사례다. 중국 철강업체들이 무리한 투자에 나서면서 2004년 초 국제 철강가격이 급등했다. 이를 실어 나르는 벌크선 파동이 날 정도였다. 우리나라도 '차이나 발 철강 쇼크'를 겪어야 했다.

거기서 끝난 게 아니었다. 그 동안 우후죽순처럼 생겨난 4,000여 개의 중국 철강공장이 제품을 쏟아내면서 철강산업의 '황화'는 원자재뿐 아니라 제품에서도 나타났다. 2005년 국제 철강가격이 폭락한 것이다.

철강뿐만 아니다. 에어컨과 휴대폰 심지어 자동차에 이르기까지 중국 제품은 가격경쟁을 무기로 세계 시장을 휩쓸 기세다. 현재 중국 제품이 세계 시장에서 우리나라 제품을 밀어내고 있으며, 더 많은 분야에서 서로 경쟁을 벌이고 있다.

중국이 세계무대의 전면에 나서면서 다시 떠올리게 되는 황화. 그 황화는 비단 서방뿐 아니라 우리나라 경제에도 위기의식을 제공한다. 우리가 앞에서 살펴본 중국 경제의 위험 요소, 또는 중국의 경제성장 동력 모두는 우리에게 '황화'로 다가올 수 있는 요소들이다. 이제 우리의 문제로 돌아와보자. 중국의 황화를 극복하고, 우리와 중국이 함께 발전할 수 있는 상생(相生)의 길을 찾아보자는 얘기다.

아시아의
경제지도가 바뀐다

1990년대 아시아 경제의 가장 큰 특징 중 하나는 중국의 급성장이다. 1989년 톈안먼사태로 휘청했던 중국은 1992년 덩샤오핑의 남순강화를 계기로 또다시 개혁개방의 물길을 잡았다. 그러고는 맹렬한 성장세를 보여주었다. 주변 국가들이 금융위기로 비틀거릴 때에도 중국 경제는 '독야청청' 잘 나갔다.

중국은 여러 가지 내부적인 문제에도 불구하고 장기적으로 고속 성장세를 지속할 것이라는 데 전문가들은 이견을 달지 않는다. 2001년 WTO에 가입한 중국은 미국에 견줄 수 있는 유일한 국가로 지목받고 있다. 중국은 개혁개방을 추진한 1978년 이후 연평균 9.4%의 성장세를 기록했으며, 이런 추세가 지속된다면 오는 2020년에는 일본, 2050년쯤이면 미국을 능가할 것이라는 전망이다.

그 전망이 실현될지 여부는 중요하지 않다. 더욱 분명한 것은 아시아 지역에 또 다른 경제 대국이 등장했으며, 그로 인해 아시아 경제구조가 근본적으로 바뀌고 있다는 점이다. 그리고 그 변화는 우리에게 커다란 도전이자, 또한 기회를 제공하기도 한다.

아시아 경제를 바꾼 중국

1990년대 일본과 한국, 대만, 홍콩 등의 기업은 저임 노동력을 찾아 중국으로 몰려들었다. 그들은 중국의 풍부한 노동력을 이용해 제품을 만들었고, 이를 미국과 유럽에 수출했다. 그러기에 미국 편의점에 진열되어 있는 'made in China' 제품은 사실 'made in Asia'라는 라벨이 붙어야 한다. 아시아 기업들이 중국에 부품이나 반가공품, 설비 등을 수출하고 중국은 이를 바탕으로 제품을 생산해 미국 등 서방국가로 수출하는 3각 무역체제가 형성되어 있다. 이런 형태의 무역은 이 지역 전체 수출의 약 30%를 차지한다.

중국의 소득증가는 아시아 국가에게 기대한 수출시장을 형성했다. 지난 2000년까지만 해도 아시아 국가에 가장 큰 시장을 제공한 나라는 일본이었다. 그러나 2001년 중국이 그 자리를 이어받았다. 2004년 중국이 동아시아 국가(일본, 4개 신흥공업국, 4개 아세안 국가)와의 교역에서 발생한 수입액은 2,929억 달러였던 반면, 일본의 수입액(중국, 4개 신흥공업국, 4개 아세안 국가)은 1,958억 달러에 그쳤다. 이는 중국이 아시아 지역의 최대 수출시장으로 부상하면서, 아시아 경제성장의 동력을 제공했다는 얘기다.

중국이 우리나라 경제성장에 미친 영향은 더 이상 언급할 필요가 없

을 것이다. 우리나라 수출의 약 20%가 중국으로 향하고 있으며, 무역흑
자의 70% 정도를 중국에서 얻고 있다. 중국은 우리나라 최대 투자대상
국이기도 하다. 지금도 전 산업에 걸쳐 중국으로 향하는 기업들이 줄을
서고 있다.

물론 아시아 경제에서 일본이 차지하는 역할은 여전히 중요하다. 일
본 기업은 앞선 기술과 강한 자금력을 바탕으로 아시아 산업발전을 주
도하고 있다. 중국 역시 일본의 자본과 기술이 절실한 실정이다. 그러나
1990년대 중국의 급부상과 함께 일본을 정점으로 순차적으로 발전해
온 아시아의 '안행식' 발전 모델이 깨지고 있음은 분명해 보인다. 이렇
듯 중국의 부상은 아시아의 경제구조를 바꿔놓고 있다.

중국 부상의 후폭풍

중국의 급부상은 아시아 국가에 기회와 함께 위기도 불러왔다. 중국이
강력한 흡입력으로 아시아 지역의 경제자원을 빨아들이면서 주변 아시
아 국가에 부담을 안겨주고 있는 것이다. 그 대표적인 것이 대만, 한국,
일본 등이 우려하는 제조업 공동화 문제다.

중국의 부상으로 제조업 공동화에 대한 우려의 목소리가 가장 먼저
터져나온 것은 대만이었다. 대만 기업들이 중국에 본격적으로 투자하
기 시작한 것은 1990년부터다. 정부의 눈을 피해 중소 제조업체에서 시
작된 중국 투자 붐은 중견 대기업에 이르기까지 모든 산업에 걸쳐 이뤄
졌다. 공장의 중국 이전은 제조업 공동화를 낳았고 실업이 늘어났다.
1990년대 초 1.6% 수준에 머물던 실업률이 현재 5% 안팎을 기록하고

있다. 물론 경기침체에도 원인이 있겠지만, 제조업의 중국 진출로 인한 요인이 컸음은 부인할 수 없다.

정도의 차이는 있지만 중국으로의 공장 이전에 따른 제조업 공동화 문제는 우리나라에서도 심각한 수준이다. 한국은행의 통계에 따르면, 2004년 국내 제조업의 중국 투자액은 19억 6,000만 달러에 달했다. 이는 지난 2000년보다 약 3.5배나 많은 수준이다. 많은 기업들이 열악한 국내 생산여건을 피해 중국으로 달려가고 있다는 얘기다. 이는 당연히 한국 제조업 기반의 위축 및 고용능력 약화로 이어질 수밖에 없다.

중국의 부상은 해외 시장에서 한국 제품의 경쟁력을 위협하는 요소이기도 하다. 한국 제품의 세계 시장점유율은 지난 8년 동안 2.7% 수준에서 맴돌고 있다. 그러나 중국은 1995년 2.7%에서 2004년 6.4%로 급상승했다. 물론 중국의 시장점유율 상승이 곧 한국 제품의 시장을 잠식하는 것은 아니다. 그러나 최근 중국의 시장점유율 확대는 한국이 전통적으로 경쟁력을 유지하고 있는 화학, 섬유, 컴퓨터, 가전 분야 등에서 나타나고 있어 우리나라에 위협이 되고 있다.

요즘에는 기술유출 문제도 제기되고 있다. 우리나라 기업들은 유럽, 미국, 일본 등 선진국보다 뒤늦게 중국에 진출했다. 후발주자가 시장을 빼앗기 위해서는 한 단계 앞선 제품을 내놔야 한다. 그러기에 선진국 기업들이 중국에 대한 기술 이전을 꺼려할 때 한국은 과감히 신기술을 제공하려는 유혹에 빠지곤 한다. 현대자동차가 베이징 공장을 세우면서 중국 시장에 최신 모델을 출시한 것이 대표적인 사례다. 더군다나 쌍용자동차, 하이디스 등의 기업은 중국에 몽땅 팔리기도 했다.

중국의 기술 추격으로 세계 시장에서 우리나라의 입지가 흔들리고 있다. 중국의 경기 움직임에 따라 우리나라 경제가 흔들리는 경우를 우리는 이미 체험한 바 있으며, 한국 주가는 '차이나 쇼크'에 급락하기도 한다. 중국의 기침에 우리는 몸살을 앓는 꼴이다. 그러나 이는 시작에 불과할 뿐이다. 중국 경제의 급부상은 앞으로 우리나라 경제에 더 큰 충격을 몰고올 수도 있다. 지금까지의 차이나 쇼크가 '스쳐가는 바람'이 었다면, 앞으로 올 충격은 '태풍'일 수도 있다. 중국의 부상은 우리의 대응 여하에 따라 대한민국의 운명을 좌우할 수 있는 파괴력을 지니고 있다.

중국에서 먹을 떡이 줄어들고 있다

중국 경제는 전통적으로 단순 조립가공형 산업구조를 보여왔다. 고기술 중간재(부품이나 반가공품)를 해외에서 수입, 이를 조립해 외국으로 수출하는 구조다. 이 과정에서 한국과 대만 등이 중국에 관련 중간재를 수출하여 톡톡히 재미를 봤다.

　그러나 중국이 선진기술을 받아들이면서 상황은 달라지고 있다. 중국은 이제 중간재의 자급률을 높여 해외 의존도를 점차 낮춰가고 있다. 중국에서 중간재 부품을 만드는 업체가 중국 업체인지, 아니면 외국 투자업체인지는 중요하지 않다. 이들은 모두 중국에서 제품을 만들어내고 있으며, 그렇게 만들어낸 제품을 완제품 조립공장에 공급하고 있다. 중국이 해외에 의존하지 않고도 완성품을 만들어 해외에 수출하는 비율이 높아지고 있는 것이다. 중국의 산업구조가 기존 조립가공형에서 풀셋(full-set)형태로 발전하고 있는 것이다. 이는 자기완결형 산업구조라

고도 할 수 있다.

이 같은 흐름의 가장 큰 타격을 받게 될 나라는 한국이다. 2004년 우리나라의 대중국 수출을 가공 단계별로 살펴보면, 반제품 및 부품이 전체의 약 80%를 차지한다. 그 다음은 설비 수출로 약 16.2%를 차지하고 있다. 이 두 분야가 전체 중국 수출의 약 96%를 차지한다. 중국이 부품 및 설비 자급률을 높여 풀셋형 경제구조를 갖추게 되면, 이는 곧 한국의 대중국 수출 감소로 이어질 게 뻔하다. 특히 중국에 진출한 우리나라 기업들은 원가절감을 위해 소재 및 부품 조달을 중국에서 해결하려는 경향을 보이고 있다.

게다가 중국의 중간재 제품은 중국 국내뿐 아니라 세계 시장에서도 한국 제품을 위협하는 수준으로 발전했다. 산업연구원 조사에 따르면, 1996~2003년 기간 동안 한국의 중간재제품 세계 시장점유율은 3.9%에서 4.4%로 증가하는 데 그친 반면, 중국은 2.6%에서 6.4%로 크게 신장했다. 이 기간 우리나라는 7개 주요 중간재 수출항목 중 컴퓨터, 섬유, 화학, 기계, 자동차 등의 시장점유율이 중국에 밀렸고, 전자부품과 1차 금속 2개 분야에서만 시장점유율이 높은 것으로 나타났다.

5년 후 중국은 없다?

주목되는 것은 일본의 움직임이다. 중국의 WTO 가입 이후 중국에 대한 일본의 접근방식이 근본적으로 변하고 있다. 일본에서 제기됐던 '중국 위협론'은 지금 '중국 특수론'으로 바뀌고 있다. 일본은 중국의 성장이 일본 경제에 위협이 되기보다는 이득이 더 많다는 판단을 내린 것이다. 이후 일본 기업의 중국 진출은 더욱 과감하고 폭넓게 추진되고 있다.

무엇이 일본과 중국 경제를 묶어놓고 있을까. 답은 기술 격차에 있다. 중국의 산업기술은 거의 대부분 영역에서 일본을 따라잡기 어려울 것이라는 게 일본 전문가들의 판단이다. 일본 기업에게 중국은 취약한 일본 내 생산 여건을 극복할 수 있는 곳으로 부각되고 있다. 중국에서 들여오는 값싼 제품은 일본 기업의 생산비용 절감에도 도움을 주고 있다.

중국과 일본의 무역은 일본에게 유리한 구조로 정착되고 있다. 지난 1990년 이후 일본의 대중 수출단가는 1.9% 상승한 반면, 중국의 대일본 수출단가는 22.9%나 하락한 것으로 나타났다. 일본의 대중국 교역조건이 크게 향상되고 있음을 보여준다. 교역이 늘어날수록 일본에 유리한 것이다. 2002년 이후 일본은 중국(홍콩 포함)에 대해 무역흑자를 기록하고 있다. 그러기에 2000년대 들어 일본 기업의 중국 투자는 급속하게 늘고 있다.

그렇다고 일본이 중국에 '올인'하는 것은 아니다. 일본 기업들은 중국에 새로운 생산거점을 늘려가면서도 기존 동남아 지역의 생산시설을 고급화하는 모습을 보이고 있다. 2003년 일본 제조업 해외법인의 설비투자를 보면 동남아 지역이 4,380억 엔으로 중국의 3,030억 엔보다 오히려 높았다. 일본 기업은 중국과 아세안의 생산거점을 부품별·공정별로 통합하려는 움직임을 보이고 있다. 두 지역을 서로 지렛대로 활용하고 있는 것이다. 중국에 모든 것을 거는 우리 기업의 모습과는 사뭇 다르다.

중국에게도 일본은 필요한 존재다. 중국은 거의 전 산업 부문에 걸쳐 일본의 기술이 아쉬운 형편이다. 중국이 일본과 정치적인 대립각을 세우면서도 경제협력에는 신중하게 접근하는 이유가 여기에 있다. 전문가들은 "아시아에서 기술과 생산의 분업이 일어난다면 이는 기술격차가 큰 나라와의 협력이 늘어날 수밖에 없다"고 말한다. 중국과 일본의 결합이 늘어난다는 것은 곧 새롭게 형성되고 있는 아시아 분업체계에서 우리나라가 소외될 수 있다는 얘기가 된다.

중국이 풀셋형 공업구조를 이루는 과정에서 일본과의 협력이 많아질수록 중국과 우리나라는 상호 보완관계가 아닌 경쟁자 관계로 구도가 바뀔 가능성이 높다. 이는 곧 우리나라 대중국 수출의 약 80%를 차지하는 중간재 수출 감소를 재촉하는 결과로 이어질 수밖에 없다. 게다가 우리나라는 철강, 섬유, 화학, 정보통신, 가전, 자동차 등 핵심산업 분야에서 중국과 경쟁하고 있거나, 경쟁자로 변할 것으로 예상돼 입지가 더 좁아질 것으로 보인다.

산업연구원 분석에 따르면, 오는 2010년 우리나라와 중국은 섬유, 가전, 화학, 통신. 반도체 등의 분야에서 경쟁력이 동등해질 것으로 전망한다. 2010년쯤 중국의 주요 산업은 기본적인 풀셋 구조를 형성할 수 있을 것으로 전망된다. 치열한 대응 없이 2010년을 맞게 된다면 우리는 중국에 팔 것도, 더 이상 투자할 곳도 없어질지 모른다. 일본의 기술에 밀리고, 중국의 생산능력에 쫓기는 그야말로 샌드위치 신세로 전락할 수도 있는 것이다. 그래서 "5년 후 중국은 없다"는 말이 나온다.

선전이 우리은행에 25만 달러를 내준 이유

일본에서 신흥공업국으로, 신흥공업국에서 아세안으로, 그리고 아세안에서 중국, 베트남 등으로 자본과 기술이 이전되는 동아시아의 '기러기 떼' 발전 구조가 깨졌다. 그렇다면 이 지역 내에서 새로운 분업구조가 어떻게 형성될 것인가.

전문가들은 이제 기술과 자본이 국가 단위로 이동하는 것이 아니라, 최적의 산업집적 단지를 찾아 움직인다고 분석한다. 그 지역이 어느 국가인지는 중요하지 않다. 다만 최적의 생산조건, 시장 여건만 갖추게 되면 기술과 자본이 몰려드는 것이다. 아시아 지역에 등장하고 있는 지역적 산업클러스터가 바로 그곳이다.

그렇다면 21세기를 주도할 산업클러스터는 어디일까. 새롭게 부각되고 있는 산업집적 지역을 꼽자면 중국 상하이를 정점으로 한 창장삼각주를 들 수 있다. 상하이 등 16개 도시로 구성된 창장삼각주는 현재 한국, 일본, 대만 등 아시아 국가뿐 아니라 전세계 기업들이 몰려들고 있다. 이 지역은 단순 제조업은 물론 자동차, 반도체, 컴퓨터, 화공, 철강, 기계 등 핵심산업도 몰리고 있어 일괄 산업기지로서의 기능을 갖춰가고 있다.

창장삼각주뿐만 아니다. 중국에서 비교적 일찍 산업화가 시작된 광둥성의 주장삼각주 지역, 베이징, 톈진 등의 환발해경제권, 동북3성 공업벨트 등 크고 작은 산업클러스터가 곳곳에 형성되어 있다. 이들은 결코 자연적으로 발생하지 않았다. 중국 정부의 적극적인 외자유치 전략이 있었기에 가능했다.

우리은행의 선전지점 개점을 예로 들어보자. 우리은행이 선전에 지점을 개설한 것은 2005년 7월이었다. 당시 선전 시당국은 우리은행측에 현금 25만 달러를 아무 조건 없이 내주었다. '선전에 투자한 것에 대한 고마움'의 표시다. 우리은행의 선전지점 개소가 선전의 금융업 발전에 어느 정도 도움을 주겠는가. 그럼에도 그들은 상징성이 강한 '현금' 이라는 강력한 수단을 써가며 외국 금융기관을 끌어들이고 있다. 그게 바로 중국 산업클러스터의 현실이요, 힘이다.

우리는 어떤가. 인천에 추진 중인 경제자유구역 추진 상황은 몇 년째 겉돌고 있다. 심지어 이 지역에 투자하겠다고 돈을 싸들고 들어온 외국투자자금을 쫓아내는 게 우리의 현실이다(우리나라 경제특구의 현실이 어떤지를 보려면 〈한국경제신문〉 2005년 10월 24일자 보도를 참조하라. 30억 달러를 투자하겠다는 업체를 쫓아버린 사례가 상세하게 정리되어 있다).

우리가 인천 경제특구에 외국대학교를 설립하느냐 마느냐를 놓고 논쟁을 벌이고 있을 때 중국은 텐진 빈하이 지역에 물류, 금융, 제조업 기반을 갖춘 제2의 푸둥 건설에 나섰다. 우리가 부산항 화물노조 파업으로 신음하고 있을 때 중국은 상하이에 세계 최대 규모의 항구를 건설하고 있었다. 이런 상황이라면 동아시아의 산업발전 흐름에서 우리가 일본은 물론 중국에도 뒤질 수 있다. 동북아 중심 국가로 성장하겠다는 거대한 비전은 공염불에 그칠 수 있다는 얘기다.

그러나 우리에게 아직 희망은 있다. 현재 중국은 제도의 낙후성, 경직된 사회분위기, 분절된 경제구조 등 내부적으로 많은 문제점을 갖고 있다. 일본 역시 고비용, 역동성의 부족 등의 문제점을 지니고 있다. 일본과 중국의 틈새에 끼어 있는 우리는 중국보다 선진적인 경제 · 사회 시스템을 갖추고 있으며, 일본보다 뛰어난 활력을 갖고 있다. 무엇보다 우리나라는 환경의 변화에 빠르게 적응할 수 있는 능력을 갖추고 있다. 이 같은 우리의 장점을 잘 살린다면 21세기 동아시아의 산업 질서는 우리에게 많은 기회를 제공할 것이 분명하다.

바뀌는 중국 경제 패러다임, 그리고 **한국의 선택** 2

이 책의 전반에서 거론했듯 중국 경제는 분명 많은 위기 요소를 안고 있다. 빈부격차, 지역 불균형, 낮은 생산성, 금융 및 국유기업 부실 등이 중국 경제를 옥죄고 있다. 이는 급성장에 따른 후유증일수도 있고, 계획경제에서 시장경제로의 전환과정에서 불가피하게 불거진 문제이기도 하다. 13억 인구를 가진 중국의 문제가 어디 여기에 그치겠는가. 경제 분야뿐 아니라 정치 · 사회 · 문화 등 곳곳에 중국을 괴롭히는 지뢰가 숨어 있을 것이다.

그렇다고 중국이 문제해결에 게을리 하고 있는 것은 아니다. 그들은 경제위기 요소를 속속들이 간파하고 있다. 중국은 공산당을 중심으로 여러 가지 문제를 효과적으로 해결해 나가고 있다. 중국공산당은 특히 문제점을 해소하고, 불합리한 경제구조를 개혁하는 과정에서 성장의 동력을 찾고 있다. 그들은 개혁과 성장을 동전의 양면이라고 본다. 개혁이 성장을 방해하지 않고, 오히려 성장을 촉진하는 작용을 하고 있다. 그렇게 중국 경제는 발전해 왔고, 또 발전해 나갈 것이다.

이와 함께 중국 내부에 숨겨진 강력한 성장 에너지가 중국 경제에 동력을 제공하고 있다. 13억 인구가 만들어내는 강력한 생산력과 넓은 시장, 끊이지 않고 쏟아져 들어오는 세계 주요 기업, 후발주자로서의 이점 등이 중국 경제의 역동성을 키워가고 있다. 그 힘을 바탕으로 중국은 이제 아시아를 넘어 세계로 향하고 있다. 외부세계가 어떻게 보든 중국은 날로 성장을 거듭하고 있다. 그게 바로 '차이나 웨이(China Way)' 요, 중국인들이 말하는 '중국의 길(中國之路)'이다.

넓어지는 개방의 지평선, 변화하는 패러다임

일부에서는 아직도 중국의 성장에 대해 회의를 제기한다. '중국 붕괴론', '중국 위협론'이라는 논조가 여전히 수그러들지 않고 있다. 특히 서방의 시각이 그러하다. 그런데 가만히 속을 들여다보면 이상한 점이 있다. 서방에서 제기되는 이 같은 부정적인 시각에도 불구하고 세계 투자자금은 중국으로 끊임없이 몰려들고 있다는 점이다.

중국의 은행업 전면 개방이 다가오면서 서방 금융자본의 중국행 러시 현상이 벌어지고 있는 게 단적인 예다. 서방 금융자본은 중국의 우량 지방은행은 물론 중국 금융부실의 '원흉'이라는 국유상업은행의 지분 매입을 위해 수십 억 달러 단위의 자금을 쏟아 붓고 있다. 최근 2~3년 간 약 150억 달러 정도의 자금이 들어왔다. 그런가 하면 모건스탠리, 골드만삭스 등 서방의 날고 뛴다는 투자기관들은 아예 중국 부동산 시장에서 수억 달러 단위의 빌딩을 매입하고 있다.

서방의 투자기관들은 돈에 가장 민감하게 움직이는 자본주의의 첨병들이다. 이런 그들이 중국으로 돈을 싸들고 오는 이유는 간단하다. 중국 경제의 성장을 돌이킬 수 없는 대세라고 판단했기 때문이다. 그들은 겉으로는 중국 경제가 위험하다느니, 중국이 세계 경제에 위협을 주고 있다느니 등의 보고서를 쓰면서도 속으로는 돈을 싸들고 중국으로 몰려들고 있다.

서방 금융자본의 중국 진출 러시는 중국 경제의 패러다임이 이미 바뀌었음을 단적으로 보여주고 있다. 변곡점은 2001년 중국의 WTO 가입 이후다. 중국은 WTO 가입과 함께 세계 경제의 조류와 함께 움직이기 시작했다. 세계 금융시장은 이제 위안화 움직임에 촉각을 곤두세워야 하고, 또 해외 M&A 시장에서도 중국 기업의 움직임은 중요한 요소로 등장했다. 많은 다국적기업들은 중국에 아시아 지역 헤드쿼터를 설립하고 있으며, 더 이상 중국을 글로벌 비즈니스의 변두리가 아닌 중심부로 승격시키고 있다.

후진타오 체제 하의 중국 경제는 기존 덩샤오핑식 성장 편향적 정책에서 상당 부분 벗어날 것으로 예상된다. 적정 수준의 성장은 유지하되 소득불균형 해소, 지역격차 축소, 모두가 잘사는 허시에(和諧)사회 건설 등이 강조되고 있다. 또 기술독립을 위해 자주창신(自主創新)을 주창하고 있다. 그게 바로 '과학발전관' 이다.

중국은 새로운 성장의 동력으로 '서비스 산업' 이라는 카드를 뽑아들었다. 제조업뿐 아니라 유통, 금융 등 서비스 시장 발전을 위한 산업정책도 추진될 것으로 보인다. 서비스 시장에 중국 비즈니스의 기회가 있다는 얘기다. 중국에 공장을 짓고, 저임금 노동자들을 고용해 제품을 생산, 수출하는 기존의 패러다임으로 중국에 접근한다면 중국에서 더 이상 얻을 게 없는 시대가 오고 있다.

한·중 경제관계의 패러다임도 바뀌어야 한다.

이제까지 우리는 '중국' 하면, 가서 돈을 버는 나라로 여겨왔다. 실제 수출을 통해 달러도 많이 벌었다. 팔 수 있는 것은 모두 내다 팔았고 중국에 갈 수 있는 업체는 모두 중국으로 달려갔고, 지금도 달려가고 있다. 그 동안 우리가 생각해 온 한·중 경제 패러다임은 "어떻게 하면 중국에서 돈을 벌 것인가?"에 집중되어 있었다.

그러나 이제는 달라졌다. 중국을 단지 돈만 버는 지역으로 생각한다면 낭패를 볼 것이다. 중국은 이미 대부분의 분야에서 우리나라와 경쟁관계를 형성하고 있고, 또 세계적인 경제 대국으로 위상이 높아졌다. 따라서 이제는 기존의 패러다임이 바뀌어야 한다. 어떻게 돈을 벌 것인가가 아니라, 어떻게 그들과 함께 갈 수 있느냐가 한·중 경제관계의 패러다임이 되어야 한다. 더 큰 것을 위해 내줄 것은 주고, 양보할 것은 양보해야 한다. 중국의 성장에 대응해 우리가 어떤 산업구조를 형성해야 할지 고민해야 한다. 중국과 상생의 틀을 마련하지 않는다면 우리의 21세기는 낙관할 수 없다.

국경을 걷어내라

우리는 중국의 눈부신 성장에서 비롯된 아시아 및 세계 경제환경의 변화에 어떻게 대응해야 할까. 이 문제는 21세기 우리나라의 운명을 결정지을 심각한 문제다.

우선 우리는 정부나 기업, 일반 소비자에 이르기까지 모든 경제활동에서 중국이라는 요소를 내부인자로 끌어들여야 한다. 중국을 고려하지 않는 행정정책이나 기업활동은 위험하다. 중국을 남의 나라가 아닌 같은 시장, 같은 경제권으로 봐야한다는 얘기다.

단적인 예가 항만 분야다. 상하이 주변에 자리한 작은 섬 양산도에는 지금 세계 최대 규모의 심수항 항만공사가 건설 중인데, 2005년 말 제1기 공정이 끝나 이미 항만으로서의 기능을 시작했다. 이 항구는 오는 2020년 50개 선석, 컨테이너 2,500만TEU 처리 능력을 갖추게 된다. 부산신항(2011년 완공 예정)의 1.5배에 해당하는 수준이다.

문제는 이 항구가 한국에 미칠 영향이다. 그 동안 중국의 항구는 해운 수요를 충족할 수 없었다. 그러기에 칭다오, 다롄 등 중국 북부 지역의 해운물량은 물론 상하이와 그 주변 화물 컨테이너도 부산항으로 흘러들었다. 부산이 그 동안 세계 3대 항구자리를 지켜온 주요 요인이다. 그러나 양산항의 등장은 이 물류흐름을 바꿔놓을 것으로 보인다. 양산항이 중국에서 넘쳐났던 물량을 흡수할 것이기 때문이다. 게다가 칭다오, 다롄, 씨아먼(厦門) 등의 항구는 수년 전부터 대대적인 증설작업에 나섰다. 부산으로 가지 않아도 태평양과 인도양으로 향하는 물길을 자체 내에서 잡을 수 있다는 얘기다.

상하이 총영사관은 지난 2003년 마련한 〈물류보고서〉에서 양산항 건설로 부산항의 컨테이너 환적 화물량이 약 30% 줄어들 것으로 경고했다. 당시 이 보고서에 관심을 두는 사람은 몇 안 되었고, 그런 경고에도 불구하고 부산항은 대대적인 증설을 계속했다. 부산신항은 2006년 초 첫 개항을 시작으로 2011년까지 시설을 늘릴 계획이며 광양에도 신항구가 건설됐다. 한국의 항구로 올 컨테이너가 줄어들 것이 명확함에도 불구하고 우리는 무작정 증설만 하고 있는 것이다.

당초 중국 요소를 고려해야 했다. 항만 지어놓으면 물량은 따라올 것이라는 생각은 너무 단순하다. 중국의 항만정책이 어떤 방향으로 흘러갈지 연구하고, 적절한 방안을 마련해 두어야 했다. 물량 경쟁에 매달린다면 우리는 결코 중국을 이기지 못한다. 파업으로 얼룩진 부산항에 어느 선주가 들어오겠는가. 획기적인 고급 서비스가 없다면 애써 부산으로 올 이유가 없다. 양적 경쟁이 아닌 질적 경쟁으로 중국과 승부해야 한다는 얘기다.

양산항에서 제공할 서비스가 부산항에 비해 턱없이 뒤질 것으로 생각하면 큰 오산이다. 양산항은 중국이 아닌 물류 선진국의 업체가 관리를 맡게 된다. 중국을 고려하지 않은 정책이 부산신항을 '껍데기 항구'로 전락시킬 수도 있다는 우려가 이미 현실화되고 있지 않은가.

중국의 팩터(factor)를 고려하지 않는 행정정책은 국가 자원의 낭비만을 가져올 뿐이다. 생산과 판매, 수출 등 기업의 경영계획에도 중국 팩터는 이제 가장 먼저 고려돼야 할 사안으로 등장했다. 기업경영에서 중국 시장을 해외 시장이 아닌 내수 시장으로 봐야 하는 것이다.

중국은 기업경영에 있어 외적인 요소가 아니다. 같은 시장, 같은 경제권이라고 생각할 필요가 있다. 중국과 한국에 가로놓은 국경을 허물어야 한다는 얘기다. 중국의 성장 동력을 우리 기업 내부로 끌어들이고, 우리 기업이 부족한 점을 중국에서 찾아야 한다.

그런 한편으로 중국의 위기에 대응할 필요가 있다. 중국의 성장 이면에 도사린 위기 요소는 우리나라 경제에 타격을 줄 수도 있다. 우리는 이미 여러 차례 '차이나 쇼크'를 경험했다. 따라서 중국의 위기 요인이 우리나라로 파급되는 것을 차단할 수 있는 '차이나 리스크 관리 시스템'을 구축해야 한다. 중국에 대한 과도한 수출 의존도를 줄일 필요가 있으며, 각 기업은 '중국 올인(정책)'에서 탈피해야 한다.

호랑이 등에 올라타라

중국 우시개발구에는 하이닉스 공장 건설이 한창이다. 2006년 하반기부터 본격적인 가동에 들어갈 예정이다. 하이닉스가 이곳에 공장을 건설하기로 계약을 체결한 것은 2004년 8월이다. 당시 국내에서는 기술유출 논쟁이 거세게 일었다. 하이닉스의 반도체기술이 중국으로 유출될 것이라는 우려였다.

기술유출 주장에는 나름대로 이유가 있었다. 중국은 반도체 분야를 국가중점 산업으로 설정하고 기술확보를 위해 국가적으로 달려들고 있다. 그런 중국에 하이닉스가 진출한다면 이는 곧 반도체기술의 중국이전을 도와줄 뿐이라는 논리였다.

이는 한·중 수교 초기에 제기된 바 있는 '기술 부메랑' 논란과 유사하다. 우리 기술을 중국에 준다면 그 기술은 부메랑이 되어 우리를 칠 것이라는 논리였다. 당시 우리 기업들은 중국 진출에 부담을 느꼈고 정부도 일부 기술에 대해 중국 진출을 막기도 했다. 그러나 그 결과는 달랐다. 중국은 다른 나라를 통해 선진기술을 흡수했고, 우리가 머뭇거리고 있던 시기에 중국은 선진기업의 경연장이 되어 있었다. 우리 기업이 아차하고 중국에 달려들었을 때는 이미 선진기업이 시장을 장악한 뒤였다. 우리 기업은 오히려 후발자의 약점을 보완하려는 과정에서 중국에 '올인' 해야 했고, 그 과정에서 많은 기술이 중국으로 넘어가게 되었다.

하이닉스 사례 역시 그런 틀에서 바라볼 필요가 있다. 중국은 우리가 원하든, 원하지 않든 세계 최대 반도체 시장으로 성장하는 시장이다. PC, 휴대폰, LCD 등 관련 산업이 중국으로 속속 이전하고 있다. 이 시장의 공략방법은 단 하나, 현지 시장으로 파고드는 것이다. 게다가 중국은 하이닉스 기술을 겨냥, "직·간접적으로 10억 달러를 만들어주겠다"는 파격적인 조건을 제시했다. 하이닉스의 기술이 있기에 가능한 조건이다.

물론 국가적인 기술의 중국 유출은 엄격히 막아야 한다. 그렇다고 우리나라의 기술과 중국의 시장, 우리나라의 연구능력과 중국의 생산여건을 통합해 시너지 효과를 얻으려는 기업활동 자체를 막을 수는 없는 일이다. 기술유출을 막는 것은 다른 경로를 통해 해결돼야 할 문제다.

우리가 정말 무서워할 것은 기술 부메랑이 아니라, 중국으로 갈 기술이 없다는 것이다. 기술을 만드는 것은 순전히 우리의 몫이다. 중국이라는 '세계 공장'에서 활용할 수 있는 기술개발을 위해 우리나라는 그 자체를 '거대한 R&D센터'로 만들어야 한다. 그것이 바로 우리나라가 중국과 함께 살 수 있는 유일한 출구다.

중국은 기존 자국 내 기업(이미 진출한 외국기업 포함)으로 풀셋형 산업발전을 꾸려나갈 수 있다고 판단되면 해당 산업의 문을 닫아버린다. 그동안 외국자본이라면 물불 가리지 않고 유치해 왔던 중국은 이제 투자의 질을 살피고 있다. 중국을 감동시킬 만한 기술이 없다면 중국에 진출하기가 더욱 어려워지는 것이다. 하이닉스가 파격적인 조건으로 중국에 진출하는 것도 기술이 있었기에 가능하다.

중국은 마치 무섭게 뛰고 있는 호랑이 같다. 그렇다고 우리가 호랑이의 위세에 눌려 겁에 질릴 필요는 없다. 오히려 어떻게 하면 그 호랑이 등에 올라 탈 수 있을지 연구해야 한다.

대한민국을 거대한 R&D센터로 만들어라

우리나라 언론에는 한국과 중국의 기술격차를 거론하는 기사가 자주 실린다. 어느 분야에서 중국에 추월당했다느니, 어느 분야는 3년 안에 중국에 뒤질 것이라는 등의 수치가 심심찮게 제시된다. 더군다나 중국 기업이 우리나라 업체를 사들이면 "중국의 한국 매입이 시작됐다"는 위기의식이 감돈다. 어쩌면 우리의 의식 속에는 중국의 급부상에 피해의식이 깔려 있는지도 모를 일이다.

그러나 중국의 기술추격은 너무도 당연한 일이며 피할 수 없는 현실이다. 우리가 걱정한다고 해서 중국의 추격이 멈춰질 리 없다. 중국이 우리를 경쟁상대로 여기던 시기는 이미 오래 전에 지났다. 중국 경제는 이미 일본을 넘어 미국으로 향하고 있다. 이제 보편적인 기술로는 중국을 당해낼 수가 없는 시기가 되었다. 기술적 독점력이 확보된 고부가가치 산업을 양성하지 않으면 동아시아의 국제 분업에서 소외될 수밖에 없다. 우리가 지금 해야 할 일은 중국의 강점을 활용해 우리의 약점을 보완할 수 있는 시스템을 만드는 일이다.

우리는 국내에서는 별 볼일 없던 기업이 중국 진출로 크게 흥하는 사례를 많이 목격했다. 중국 비즈니스가 한국 본사를 먹여 살리는 기업도 적지 않다. 이들의 성공은 새롭게 형성되고 있는 아시아 분업구조에 잘 적응했기 때문이다. 따라서 이 같은 사례가 지속적으로 나올 수 있는 터전을 만들어야 한다.

그러기 위해 우리가 해야 할 일은 너무도 많다. 새로운 성장 동력을 발굴해야 하고, 또 기존 기술우위 산업의 수명을 연장시킬 수 있는 방안도 필요하다. 핵심소재 개발에 나서야 하고, 이를 위한 중소기업 지원 대책 등도 마련돼야 한다. 세계의 기술과 자본을 끌어들이기 위한 고급 인재양성 시스템도 구축해야 한다. 중국이 세계의 공장, 세계의 시장이라면 우리나라는 국가 전체를 거대한 R&D센터로 만들면 된다.

대한민국이라는 거대한 R&D센터를 건설하기 위한 터전을 만드는 일에 정부나 기업 모두가 나서야 한다. 이공계 대학 지원자에게 혜택을 제공함으로써 인력풀을 확대하고, 교육 분야에서도 혁명적 사고전환이 필요하다는 얘기다. 또 기업이 마음껏 연구개발에 나설 수 있도록 뒷받침해 주고, 해외의 선진업체를 끌어들이기 위한 혁신적인 투자유치 전략도 마련해야 한다. 중국 창장삼각주나 주장삼각주보다 한 단계 높은 기업 환경을 제공할 수 있는 산업클러스터도 국내에 만들어야 한다.

지금 중국은 21세기 슈퍼 파워를 향한 고속도로를 질주하고 있다. 그것이 바로 '중국의 길'이다. 중국에 길이 있다면 대한민국의 길도 있는 법이다. 중국의 위세에 눌리기보다는 당당하게 맞설 수 있는 경쟁우위 요소를 찾아내야 한다. 아울러 그들에게 '한국은 작지만 무시하지 못 할 나라'라는 인식을 심어주어야 한다. 그렇게 하는 것이 21세기에 중국과 함께 공존할 수 있는 우리의 길이다.

중국의 13억 경제학
– 상하이특파원의 중국경제 현장리포트

지은이 | 한우덕
펴낸이 | 김경태
펴낸곳 | 한국경제신문 한경BP

제1판 1쇄 발행 | 2006년 4월 5일
제1판 5쇄 발행 | 2009년 3월 10일

주소 | 서울특별시 중구 중림동 441
기획출판팀 | 3604-553~6
영업마케팅팀 | 3604-561~2, 595 FAX | 3604-599
홈페이지 | http://www.hankyungbp.com
전자우편 | bp@hankyung.com
등록 | 제 2-315(1967. 5. 15)

ISBN 89-475-2562-6
값 12,000원